U1074950

紙上車影

画说汽车百年

THE STORY OF CAR DESIGN

邹欣 杨洋 编著

机械工业出版社
CHINA MACHINE PRESS

从1886年汽车发明至今将近130年了，这件工业时代的标志性产品，早已深深融入人类的生活，成为人类不可或缺的伙伴。在这一百多年中，汽车是如何从简单粗糙，变得复杂精密？我们今天已经习以为常的外形，曾经历了怎样的演变历程？在汽车设计的历史长河之中，产生了哪些传奇？造就了哪些大家？他们有着怎样的故事……本书都将为您娓娓道来。

本书以时间为序，通过一个个专题，运用文字、资料图片、手绘草图“三位一体”的讲述方式，与您共赴汽车设计百年历史的激越之旅。您可以仔细翻看，探讨设计课题；也可以泛泛而读，获取闲聊谈资——汽车不再是一个陌生的亲密伙伴，它的前世今生，就在这本书中。

图书在版编目（CIP）数据
纸上车影：画说汽车百年 / 邹欣，杨洋编著. —北京：机械工业出版社，2014.3
ISBN 978-7-111-45934-7

Ⅰ.①纸… Ⅱ.①邹… ②杨… Ⅲ.①汽车工业—工业史—世界—通俗读物 Ⅳ.①F416.471-49

中国版本图书馆CIP数据核字（2014）第031813号

机械工业出版社（北京市百万庄大街22号 邮政编码100037）
责任编辑：李 军 孙 鹏 责任印制：乔 宇
北京画中画印刷有限公司印刷
2014年4月第1版第1次印刷
184mm × 260mm · 12印张 · 492千字
0001–3000册
标准书号：ISBN 978-7-111-45934-7
定价：58.00元

凡购本书，如有缺页、倒页、脱页，由本社发行部调换
电话服务
社服务中心：（010）88361066
销售一部：（010）68326294
销售二部：（010）88379649
读者购书热线：（010）88379203
网络服务
教材网：http://www.cmpedu.com
机工官网：http://www.cmpbook.com
机工官博：http://weibo.com/cmp1952
封面无防伪标均为盗版

前言 Foreword

看看书名，本书在讲述“汽车设计的故事”，这是我最初的立意：站在设计的视角上，观察汽车发展的百年历程。随着编写工作的深入，看着一个个“空心”文件变为排满图片与文字的“实心”页面，我却越发感觉到这是个“时间的故事”。

最初筹划此书时，选定了以时间作为讲述线索，一来这条线索合乎逻辑，二来这样的线索相对容易操作，极少有倒叙、插叙一类的“技术活”，可以按部就班地向前推进，适合我这种思维比较单线条的懒人。有了这条线索，汽车就像上了传送带，从某年某月“上带”，到某年某月“下带”，在自己的那段旅程里发生自己的故事，把这些故事串在一起，这本书也就弄出来了。所以，以时间为线索没问题，但问题还是有的：选谁“上带”？以什么方式“上带”？这是个更难的问题。我想起朋友们在闲聊时常会问我“谁谁谁咋长成那样？”，我知道它为何长成那样，但解答起来却颇费口舌还效果不佳，恨不得有一本现成的书，扔给他自己看，看不懂再问我——现在，干脆自己编一本好了。于是，时间的传送带上被我放上了许多小专题，有的是车型的传记，更多的是设计的分析，通过这些专题，将汽车设计的百年历史以点带面、以偏概全地展现在您面前。

这些小专题是我无中生有“发明”出来的，一个个简单易懂的标题下躲藏着一个个设计上的课题，它们确实是在讲解设计的事情，但我为其脱下了“专业”的外衣，因为生怕您听见这两个字就不愿看了。其实，我们的日常生活中到处充斥着设计，设计文化本来就是人类文化的重要组成，汽车文化当然更是如此。如今，谁还会说“汽车与我没有关系”呢？因此，将汽车设计置于大的人文环境中来谈，而不是脱离生活、孤芳自赏，这是本书编写的基本要求，而我也力争让它尽量贴近日常生活，仿佛不是在编写书籍，而是在与并未谋面的您“唠嗑”。

在编写工作开始之后，才知汽车资料浩如烟海，找图片、选择图片、编辑处理图片在整个工作量中占去了很大比重。您看看内页，每一页都很“热闹”，因为我希望在有限的篇幅中尽量传递更多的信息，而不是靠增加页码来方便排版，这会提升售价。本书的内页没有中间“凹下去”的跨页图片，也没有看不清楚的小图片，这些考量都是以信息的准确传达作为依据的，就像汽车设计里的“实用性”。

将要“杀青”之际，回过头来再看编写的日子，却已模糊不清。儿时常听到的一种说法叫做“与时间赛跑”，这回我算是赛过了，输得稀里糊涂。人也好，汽车也罢，总是想与时间赛跑，可是，哪里跑得过呢？因为后者，是唯一永恒的东西。

当您翻开这本书，开始听我“絮叨”时，您就把一部分时间的支配权交给了我，但愿我能对得住您的信任，不至于浪费您的时间，谢谢。

编者　2014年4月

新浪与腾讯微博：@纸上车影

目录 Contents

When Life was a Miracle

遥远的奇迹 T型车传奇

福特 T型车
FORD Model T
生产周期:1908~1927年
总产量:1500万辆

国民车，顾名思义，广大国民买得起、用得上的汽车。它们实用、热销，圆了寻常人家的汽车梦，它们是经典，更是传奇。

国民车的鼻祖不在汽车的故乡德国，而是来自大洋彼岸的美国——福特T型车。对于现代人来说，T型车是一个遥远的奇迹，说它遥远，因为它诞生于20世纪初；说它是奇迹，因为它是世界上第一款国民车，直接推动美国成为了“车轮上的国家”。

从1908年面世到1927年退出历史舞台，19年的时间，T型车共销售了1500万辆，年均79万辆。这个数字即便放在今天，也是一个令各大汽车巨头眼红的销售奇迹。制造业发展至今，已高度先进、高度现代化，汽车只要卖得出去，生产不是问题，产能不足更多地被解释为“饥饿营销”，产量是由销量决定的，能卖多少就生产多少。而在距汽车发明仅仅22年的1908年，汽车的生产主要依靠个体手工制作，卖得多自然是本事，产得多更是本事，销售奇迹的背后必须有一个生产奇迹来支撑。年均79万辆的销量，意味着年均79万辆的产量，在当年，这是一个难以想象的生产奇迹，福特做到了，年产量从初期的1万辆到后来的100万辆，T型车仿佛生产多少就能卖多少，产量反过来决定了销量。

拥有T型车之后，生活充满阳光。

T型车的流水装配线，看起来和屠宰厂没什么联系。

“汽车大王”亨利·福特

缔造这个生产奇迹的关键是以流水线装配替代传统的个体手工制作，有趣的是，这项改变汽车历史的革命性创举竟然源于屠宰厂。就职于福特汽车公司的威廉·C·克莱恩（William C. Klann）在参观了芝加哥的一家屠宰厂之后，被个体工人重复切片并使用传送带传送的生产方式所吸引。简单地说，屠宰厂的工人，切前腿的就只切前腿，割后腿的就只割后腿，各司其职。重复劳动的成果通过传送带进行整合，创造出可观的生产效率，这启发了克莱恩，将相似原理的生产方式引入了汽车制造之中。

当然，克莱恩不可能仅凭一己之力创造历史，他毕竟是打工的，流水装配线的产生与运用离不开老板的支持，这位老板就是“汽车大王”亨利·福特（Henry Ford）。亨利·福特生于1863年，1947年辞世，父母是爱尔兰移民。虽然生于农庄长于农庄，父亲也希望他子承父业，但亨利却是个天生的机械师，15岁时便自己动手造了一台内燃机，30岁出任爱迪生照明公司的总工程师，33岁时制造了自己的第一辆汽车。1899年，36岁的亨利·福特离开了爱迪生照明公司，投身汽车事业，1903年，他创立了福特汽车公司，由此，汽车史上的一段传奇拉开了帷幕。

在德国人卡尔·本茨（Carl Benz）于1886年发明汽车之后，汽车成为了财富、地位甚至特权的象征。当时汽车的生产主要依靠手工个体制作，产量小，售价高，交货期漫长，这注定汽车只能是富人的专享、普通人的梦想。作为一名商人，亨利·福特从现实与梦想的落差中看到了巨大的商机，因此从福特汽车公司成立伊始，他就致力于让汽车走进千家万户。

1908年，在公司成立5年之后，福特T型车诞生了。这款实用型汽车的售价为850美元，而与之竞争的车型售价普遍为2000~3000美元，除了价格上的优势，T型车还提供更快的交货速度，车主无需为其苦苦等待。T型车上市后，第一年的销量就创纪录地超过了1万辆，而这时流水装配线尚未产生。但亨利·福特并不满足于T型车初期的热销，“市场需求不是自发形成的，而是被创造的。如果从现在开始，

1896年之前的英国，在行驶的汽车前方都必须有人手执红旗为其开道，真心摆谱。

20世纪初，富人家里的马车纷纷换成了汽车，它们装饰精美，俨然一件大型手工艺品。

菲亚特 18/24 HP (1906)

别克 Model 10 (1908)

美剧《兄弟连》中有这样一幕：战争末期，101空降师受命“入侵”巴伐利亚。行军途中迎面遇上已经投降的德军大部队，这些军人“即使战败，也仍然带着傲气在行军”（E连连长理查·温特斯语）。入伍前就读于哈佛大学的E连士兵大卫·韦布斯特看到这些面带失落却又内心顽强的德国人，忽然五味杂陈，起身对德军大骂：“嘿！就是你们！向福特和通用汽车致敬！看看你们，只知道骑马，你们当初是怎么想的？”——“向福特和通用汽车致敬”——很显然，这些创造辉煌的汽车巨头是美国民众心目中的骄傲。

我们大量创造物质财富，并且制定足够高的薪酬标准，那消费的飓风将会席卷大地。”1913年，世界上首条汽车流水装配线在福特的工厂中诞生，大规模、高效率、低成本的汽车工业时代正式来临。1914年，福特汽车公司开始执行8小时工作制及日薪最低5美元的薪酬标准。亨利·福特认为买车就该从自己做起，如果汽车工人买不起，那别人也没戏，汽车是工业时代的标志，而汽车的制造者理应是消费时代的排头兵。亨利·福特的创举推动了社会化大生产及消费社会的形成，T型车像一针强心剂，注入美国的社会生活。从那时起，汽车工人成为了让人羡慕的职业，也造就了美国人保持至今的“汽车优越感”——尽管并不是他们发明的。

1917年，福特T型车的总产量达到200万辆；1921年，总产量达到500万辆；而短短3年之后的1924年，第1000万辆T型车就驶下了生产线。由于黑漆着色简便且持久性好，干燥过程也更快，不会拖生产率的后腿，因此绝大部分T型车都是黑色的。产量的大幅提高带来的是售价的大幅降低，只需花费260美元便可开走一辆T型车，不难想象，当时的美国街头，一定是“黑压压”一片。由此，美国的普通家庭率先进入了汽车时代，美国成为了“车轮上的国家”，当然，如果您不喜欢美国，说成“车轮上的‘黑’国家”也可以——不过仍然在车轮上。

传奇总有终结的时候，福特T型车风光无限，但它的巨大成功也成功地刺激了竞争对手，而对生产效率的狂热追求使亨利·福特拒绝对T型车作出大的改进，因此当对手迎头赶上时T型车却在原地踏步。终于，1927年，福特T型车停产，在引领风骚19年、销售1500万辆之后，这个国民车传奇画上了一个圆满的句号。

第1500万辆T型车下线时，亨利·福特已经61岁，大半辈子都给了T型车，或者说——T型车给了他大半辈子。
亨利·福特的杰作既能扫雪又能灭火，还可以接送小朋友上学……这大半辈子，值了！

从诞生的1886年到1929年，称得上汽车的“童年时光”。汽车从马车脱胎而来，并在随后的岁月里渐渐褪去马车的痕迹，有了真正属于自己的模样。这是一个纯真的年代，就像《城南旧事》里所说：每个人的童年，不都是愚呆而又神圣的么。

Somewhere in Time

纯真年代 画说1886~1930年

把马藏起来，安上车头

汽车发明之前，人类的代步工具主要是马或者马车，马就是马车的“发动机”，那时的人可以选择坐在“车”里，也可以直接骑在“发动机”上。

1886年，伟大的卡尔·本茨发明了汽车，他用一台“喝油”的发动机取代了吃草的马。这台单缸发动机的功率为0.75马力(1马力=0.735千瓦)，相当于3/4匹马，但个头远却不及3/4匹马，可以悄悄藏在座位后边。起动之后，这辆没有马的车自己跑了起来，人类也随之“跑步进入汽车时代”。

与马车相比，卡尔·本茨发明的汽车前方空空荡荡，把人推上前台，仿佛一件示众的展品。在人的视觉经验已经习惯了高头大马头前开路的情况下，显得很突兀，就像一场美式足球比赛里面忽然冒出了一个没戴头盔的运动员。好在这种情形很快得到了改变，发动机的功率、体积与重量在增大，屁股后边已经容不下了。于是，发动机被移至前面，前轮也增为两个，这使汽车终于有了车头，而一左一右两个前灯就像两只闪闪发亮的大眼睛，显得纯真并生动，汽车开始有了神采。人在车厢里的位置相对后撤，增加了安全感与私密性，可以心安理得了。

卡尔·本茨（手扶方向盘者）与他的伟大发明，有了它，还要啥自行车啊？汽车厂商很快在欧洲发展壮大，菲亚特是代表之一，1901年已经采用了前置发动机。美洲大陆要落后一些，1903年的凯迪拉克还“没脑袋”，但三年后迅速“长”了出来。

菲亚特 3 1/2 HP (1899)

菲亚特 12 HP (1901)

凯迪拉克 Model A (1903)

凯迪拉克 Model K (1906)

马车的延续

虽然马车正在淡出历史舞台，但其影响仍然在汽车上显而易见，不但车身结构像马车，制作方式也没有多大改变。汽车的生产依靠手工劳作，视觉效果也在追求披金戴银的马车式豪华，它们的买主正是高级马车的拥有者，用汽车替换家中的马车是“与时俱进”的表现，对于这些富人来说，汽车无非是一辆“喝油”的马车。

福特 Model F (1905)

别克 Model C (1905)

速度的刺激

有一点却是马车无法给予的，那就是风驰电掣的快感，人类对速度本能的欲望通过汽车有了满足的可能。随着技术的进步，不断有大功率、大体积发动机被安装在汽车上，在那个纯真的年代，汽车点燃了人类对速度的激情，由此产生的汽车看起来也那么富有激情，甚至幼稚……算了，还是换个词：纯真——单纯而又天真。

布加迪 Type 16 (1912)

菲亚特 S.76 300 HP Record (1911)

布加迪 Type 32 (1923)

法国的布加迪是最老牌的汽车运动健将之一，Type16的外形在当时很咋眼，不过与菲亚特S.76相比……那个家伙简直让人怀疑是靠锅炉驱动的，不知直列了多少个缸，驾驶它的很可能是火车司机。名字就像车鼻一样吓人：HP是马力的意思，“300HP”，还“Record”！布加迪的Type32号称“Tank”，颇有些貌不惊人死不休的意思。

工业化生产

在创建福特汽车公司之前，亨利·福特也是一名不折不扣的速度狂人，还好他没有一直狂热下去，否则汽车的工业化时代不知要迟到多少年。他把激情转投到汽车的生产中来，创造了流水装配线，用另一种方式实现了对速度的追求，这打开了汽车历史的新纪元。

福特 Model T (1911)

3座款

5座款

6座款

有了流水线的帮助，福特可以轻松地为客户提供各种不同的T型车。

去繁就简

福特先生的名言是：“客户可以随心所欲地选择T型车的颜色，只要它是黑色的就行。”——这幽默也是黑色的。工业化生产的汽车不可能再像手工汽车那般小火慢炖，多余的饰品被拿掉，尺寸也被缩减。当然，现在看来，T型车并不小，这是因为现代人不知那时的汽车到底有多大，没关系，“有图为证”——那时的很多汽车真的很大、很浪费。

沃克斯豪尔OE Type看上去很精干，不过尺寸还是大。欧宝4/8 PS这样的经济型汽车就很娇小，尤其是和迈巴赫W3放在一起时，后者完全是宽银幕式的，都是坐两个人，差距怎么就这么大呢?

欧宝 4/8 PS (1909)

迈巴赫 W3 (1924)

沃克斯豪尔 OE Type (1926)

告别马车

到了20世纪20年代末，马车的痕迹已经基本褪去，汽车开始拥有属于自己的模样——代表工业文明的模样。各大厂商纷纷拥有了自己的生产线，产能大幅提升。与此同时，少数品牌仍然坚持手工制造，它们生产的汽车就像瑞士表一样，成为一件贵重的奢侈品。汽车由世纪初的稀罕物变为人类不可或缺的交通工具，从此以后，整个世界……不安静了。

电影《了不起的盖茨比》中盖茨比的座驾——劳斯莱斯 Phantom (1929)

欧宝4/8PS逛街很轻松，但这不是为大人物准备的，比如那位“了不起的盖茨比”。高档汽车虽然产量小、“能见度”低，但高成本下的高制造水平正是汽车工业前进的主要推动力。

画说T型车

光说不画假把式，了解一辆汽车体貌特征最直接有效的办法就是把它画出来。要把一辆汽车画好，先得找到一把标尺，这就是车轮，用车轮对车身进行测量，可以清楚地看到汽车的各种比例关系。汽车外形设计的专业知识与效果图的绘制方法在编者的另一本书《汽车外形设计》中有详细的介绍，如果您愿意一探究竟，可以买来琢磨琢磨，如果您不想太累，那看这本就成。

从1908年至1927年，福特T型车“在世”19年，初出茅庐时，它代表着先进，“职业生涯”末期，它却固步自封被后来者超越。身处汽车设计的变革洪流中但不为所动，T型车仿佛活体与化石的奇异混合物，以它为切入点，可以更好地了解那个时代的汽车设计。

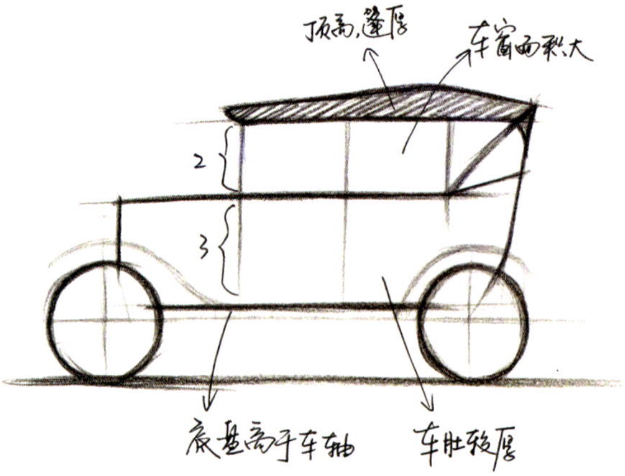

➩底盘高、车窗高、车顶高

福特T型车的底盘高于车轴，在当时这是轿车的底盘高度，如今只会出现在越野车上。高底盘带来了高重心，导致汽车的行驶稳定性较差——无论物理上的还是心理上的。

车窗下沿线的位置较高，使其下方的车肚较厚，车窗面积大，视野开阔，车窗自身的高度与车肚的比值约为2:3，即0.67，如今普遍为0.50以下，而且似乎越来越小，车窗越来越窄。

篷布车顶又高又厚，看上去就像戴了一顶鸭舌帽，也像撑着一把伞。车顶与窗框都成为了组装部件，而不是与车身融为一体。车身事实上就是车窗下沿线以下的车肚加上发动机舱，活像一个浴缸，坐在里面的人仿佛在打着伞泡澡，当然，是穿着衣服的。

导致车肚厚、车顶高的根本原因是后座安排在后轮之上，卡尔·本茨在发明汽车时将发动机“夹”在后轮之上座位之下，虽然后来发动机被移至前方，但后座的位置几乎没有改变。这样的位置也契合当时人们的观念——汽车作为特殊地位的象征，乘坐的人自然高高在上，虽然T型车是面向大众的经济型轿车，但观念的改变是需要时间的。

“打着伞泡日光浴”的现代人，如同行为艺术家。

➪整体比例值很小

从专业的角度来表述，前文的“三高”叠加起来，造成福特T型车的车高太高，而整体比例值太小。整体比例值是指轴距除以车高的结果，比例值越大，汽车看上去越矮、越长，越容易让人产生“稳定”“舒展”的感受，也越感觉“高档”；反之，则让人感觉高、短、“晃悠”“局促”，自然也不会“高档”。

T型车的轴距为3又1/4个车轮，车高为3又3/4个车轮，比轴距还大。整体比例值约为0.87，竟然小于1。而现在的轿车轴距都是大于车高的，即便整体比例值最低的微型轿车，如2007年的菲亚特500，其轴距也是车高的1.5倍，其姿态是“趴”着的，而T型车则是“站”着的，给人感觉头重脚轻，仿佛随便来阵风就能把它吹倒。

整体比例值的比较

菲亚特500:1.55

福特T型车:0.87

随着赛车运动的发展，汽车的速度开始快起来，谋求更低的重心也变得越来越重要，这在赛车上体现得尤为明显：底盘被降低，车手的腿几乎是水平伸向前方，“半躺”着开车，体态就像传说中的美人鱼。民用汽车虽然不可能这般折磨人，但降低汽车高度已是大势所趋，低底盘、窄车窗逐渐成为设计的发展方向，设计师首先要做的就是——将底盘降至车轴之下，并且，“削它”。

汽车高度的降低，更多源自驾驶安全的需求，但有意无意地，汽车找到了美学意向上的基本标准，即整体比例，这是人们对汽车形态作出判断的根源，虽然他们自己并不知情。这样看来，做一个设计师也不是很难，要让你的作品顺眼，只需加大整体比例值，车高能矮就尽量矮，轴距能长就尽量长，不用客气——在那个纯真年代，堵车还不是时尚，设计师不必面对尺寸的纠缠，无需为了“瘦身”而想尽办法锱铢必较。

菲亚特 806 Corsa (1927)

削一削，更抽条

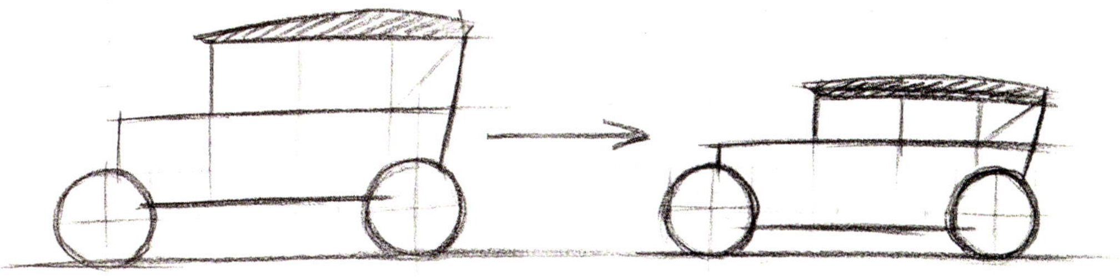

1914年的梅赛德斯22/50底盘就已经很低了，不过车顶还没来得及降低，所以车窗看上去尤其大。
1929年，劳斯莱斯幻影，车窗变窄、车篷变薄，衣着得体、周周正正，和盖茨比倒是确实般配。

梅赛德斯 22/50 (1914) 劳斯莱斯 Phantom (1929)

➪无前悬、无后悬

前悬是指前轴轴心到汽车最前端的距离，后悬是指后轴轴心到汽车最尾端的距离。如果较真，说T型车没有前后悬是有语病的，但这本书就是给您看着“玩”的，不如说话痛快些。更何况，没有任何一辆汽车的前后轴会位于它的最前端与最尾端，那样的话，车轮就不见了。

T型车的前轮冲在最前，后轮拖在最后，汽车的长度就是轴距加上车轮的直径，这与现在的汽车出入很大，但在当时是通行标准。发动机被安装在前轴之后，这也与如今所说的“发动机前置”不同，现在的发动机前置是指将发动机放在前轴上方或者前方，只有少数价格不菲的高性能跑车将发动机放在前轴之后，仿佛一种特权，美其名曰“前中置”，借此告诉车主把钱花在哪儿了。

发动机放在前轴后面，使前轴上几乎没有负载，因此要论转向的直接，现在的汽车望尘莫及。车尾没有行李舱，过弯的时候只要确保后轮通过，整个汽车就一定通过了，这种驾驶乐趣如今只有在Smart身上才能找到，而Smart采用的是后置后驱布局，发动机放在后轴之上。

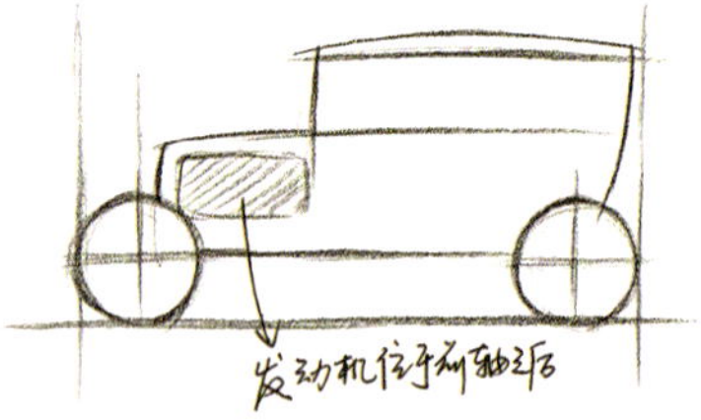

作为经典跑车品牌，阿斯顿·马丁坚持采用经典的前中置布局，这也没什么大不了，按这个标准，纯真年代的汽车几乎全是“前中置”。Smart是如今难得一见的“无前悬、无后悬”车型，博取了极短的车长，但前方没地儿放发动机了，车高自然也低不了。

➪纵置、后驱

最早的前驱车型出现在1928年，最早的横置发动机出现在1931年，横置发动机搭配前驱的动力系统布局方式直到1959年的迷你出现之后才真正影响到汽车历史，在此之前，绝大多数的汽车都采用纵置发动机与后驱结合的布局。

气缸V形排列的发动机在20世纪70年代之后才开始普及，直列发动机是最传统的汽车心脏。发动机的动力输出给变速器，然后再到传动轴，经过一个齿轮组，将原本垂直于车轮的旋转方向改变为平行方向，最终将动力传给后轴，驱动汽车行驶，这是最普遍的动力传输方式。当然也有将变速器挨着后轴的，但无论怎样，变速器总是位于发动机与驱动轴之间。

与如今只有少数高端品牌或者高级别轿车才提供后驱车型不同，纯真年代的汽车，几乎全是后驱车，哪怕是仅售260美元的T型车。

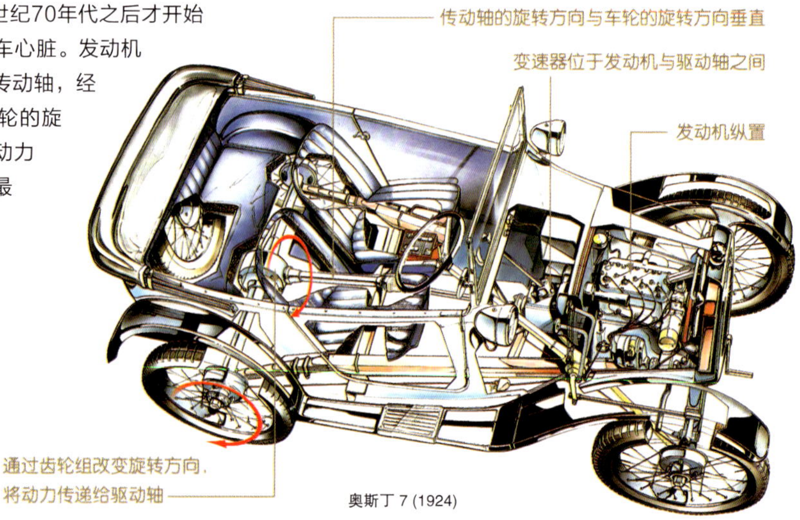

奥斯丁 7 (1924)

➪经典的前后比例

随着功率增大、气缸数增多，纵置直列发动机的长度也在增加，发动机舱自然也在变长，再加上变速器等传动部件，驾驶舱前面需要不小的空间来盛，便出现了长长的车鼻。就像马车，前面套的马越多就越高级，汽车的发动机越大，“马力”就越大，发动机舱就越长。发动机舱长，意味着前轴与驾驶舱离得远，所以判断那时的汽车是否高级有一个简单的办法：看看备胎是否放在前轮与前门门线之间。如果发动机功率不够大，车鼻就不够长，备胎只好放到屁股后边背着。

德国人常言说得好：鼻子长而直的人，做事坚定，目标明确。这种“后坐式”前后比例使驾驶舱远远退在后面，与外人刻意保持着距离，坐在里面的人与你谈话时仿佛永远叼着烟斗、翘着二郎腿、眼望天花板，就像赵辛楣一样，你也会立马感觉自己成了方鸿渐，取而代之的欲望油然而生。

这种机械构造决定的外形比例源自理性，却触及了人的神经，演化为一种感性的判断标准，并且被强化：越是离得远，里面坐的人就越神秘、越傲气，汽车也越让人神往。

当然，对于驾驶人来说未必受用，那时驾驶人的技术一定远远超过今天，除了车鼻，前面什么都看不见，谁开谁知道。

奥迪 Type M (1925)

威兹曼 GT (2006)

“后坐式”前后比例是最传统的审美取向，今天的复古汽车会长出长长的车鼻，向经典致敬。

➪安置对象

与如今的整体式车身不同，T型车上满是零零碎碎的“安置对象”——车灯、挡泥板、脚踏板、车篷、车篷支架、备胎……这些部件少了任何一样，汽车都照开不误，顶多遇到熟人时说一声：“不好意思，刚才滑了一跤……”所以，T型车有很强的拼装感，部件独立，“开着外挂”。

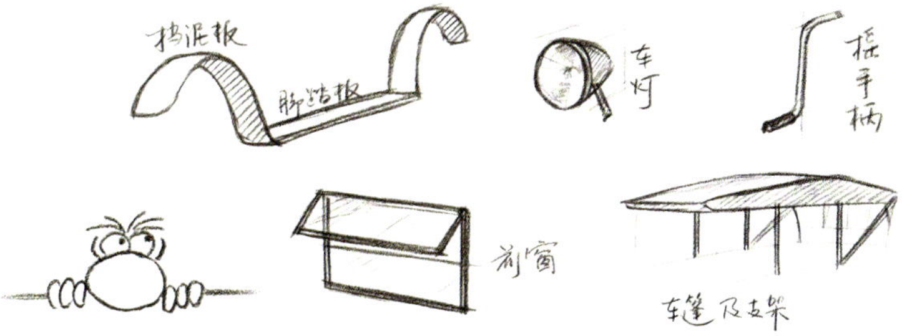

外挂的数量应该有节制，否则像菲亚特S74这样，不知道的还以为是轮胎厂的送货车。敞篷确实拉风，但老天爷面前人人平等，电影《蝴蝶梦》中富翁劳伦斯·奥利弗（Laurence Olivier）娶了穷姑娘琼·芳登（Joan Fontaine），回家途中遇上大雨，不管有钱没钱，都得挨淋。1912年的凯迪拉克Model30是最早使用电动起动机的量产车，1926年之后，福特T型车才全面配备电子点火系统，在此之前，起动基本靠摇。

菲亚特 S74 (1911)

福特 Model T (1908)

凯迪拉克 Model 30 (1912)

别克 Model 10 (1908) 奥兹莫比尔 Autocrat (1911)

标致 145S (1914) 劳斯莱斯 Silver Ghost (1923)

外挂的还有车座，安排方式的确令人耳目一新，问题是：怎么坐？谁去坐？
标致145S的行李箱让人想到一首儿时的歌谣：“采蘑菇的小箩筐，背着一个大姑娘。”对不起，口误。
毕竟标致不是高档品牌，不像劳斯莱斯，提供实木家具。值得一提的是，在1923年的劳斯莱斯Silver Ghost上，已经出现了保险杠。

⇨直来直去

与同时代的其他车型一样，在T型车上几乎都是直线：前窗是直的，侧窗是直的，车鼻是直的，还好车轮是圆的，否则挡泥板恐怕也是直的。这是因为，纯真年代从不拐弯抹角，总是直来直去。这个时代终会过去，流线型时代即将到来，耿直即将被圆滑取代。何时开始？答案在后文“答案在风中”中。

与2001款7系合影的宝马 3/15 (1929) 梅赛德斯-奔驰 680S (1928)

如今，宝马与梅赛德斯-奔驰业已成为豪华品牌的两面旗帜，不过当年可不是这样。
1927年，宝马的第一款汽车3/15才问世，其生产许可还是从奥斯汀汽车公司买来的，所以可没现在那么神气。
而1928年的梅赛德斯-奔驰680S车内就像名表店一样，车身也开始隐约闪现流线型的影子。

梅赛德斯-奔驰 680S (1928)

⇨纸笔组装T型车

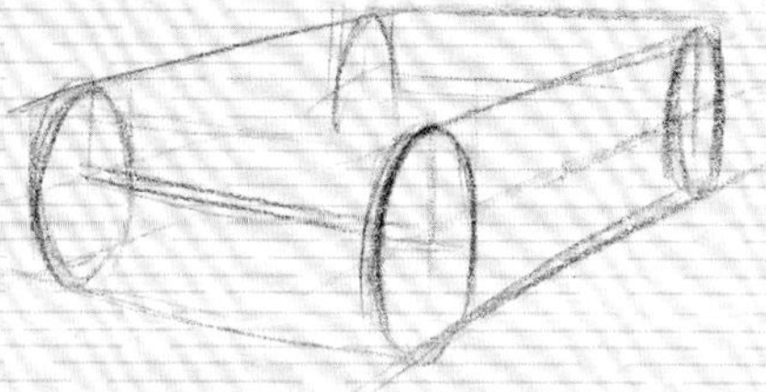

打个“地基”

放上“厢盒”

装上挡泥板、脚踏板

安车灯、插手柄

支起前窗和顶架

扣上帽子，齐活！

Let It Beetle
随它去 甲壳虫传奇

大众汽车 甲壳虫
VOLKSWAGEN Beetle
生产周期:1945~2003年
总产量:2100万辆

1972年2月17日，大众汽车公司的第15007034辆甲壳虫驶下了生产线，这是汽车历史上的一个大日子——福特T型车创造的生产纪录在45年之后终于被打破，一个新的传奇宣告诞生。

要讲述这只“名虫”的故事，就不能不提两位名人——费迪南德·波尔舍（Ferdinand Porsche）与阿道夫·希特勒（Adolf Hitler）。希特勒恶名远扬，无需赘言，那么波尔舍是何许人也——一位大名鼎鼎的汽车设计天才、大师，著名跑车品牌保时捷的创始人。“保时捷”“波尔舍”的英文都是“Porsche”，前者是港译，后者是普通话的译法，如今车名通用“保时捷”，人名也有这样用的，但编者觉得别扭，还是沿用老套的称呼。

大多数中国人都不知道，风靡全球的甲壳虫事实上是纳粹头子希特勒与设计天才波尔舍通力合作的产物。费迪南德·波尔舍1875年生于波西米亚（今属捷克），1905年进入戴姆勒汽车公司，1926年戴姆勒与奔驰合并之后，他的诸多思路与老板不合，于是在1929年离开公司。辞职后，波尔舍创建了自己的公司：保时捷汽车设计所。新公司以赛车设计扬名，不过波尔舍的理想是开发普及型的国民车，早在1931年，他便已经画出了国民车的设计草图，但是没有人对此感兴趣，公司也艰难度日。

转机出现在1933年，这年1月，阿道夫·希特勒成为了德国总理，这

波尔舍博士为戴姆勒汽车公司设计的最后一件作品，以190公里/小时的最高车速傲视群雄。

梅赛德斯-奔驰 SSK (1928)

费迪南德·波尔舍

个大独裁者是一个十足的汽车迷，对福特T型车在大洋彼岸取得的巨大成功心驰神往。在上台之前，希特勒就提出了大力兴建高速公路、发展普及型汽车的设想，热切希望德国拥有属于自己的“T型车”。他非常清楚汽车在国家政治、经济和军事上的重要价值，也知道轿车对普通百姓的巨大诱惑力。希特勒的竞选纲领中有一条：让每个德国家庭都拥有一辆轿车。他把国民轿车概括为：“最高车速100公里/小时，百公里耗油少于7升，可乘载一家两名成人和三名儿童，售价不超过1000马克，可以露天停放，发动机防冻，易于起动。”掌权后仅仅11天，希特勒就亲自主持了柏林汽车展的开幕式，不久后，他召集内阁和顾问开会，专门讨论轿车普及的问题，而顾问们众口一词，推荐波尔舍担此重任。

1933年秋，希特勒在柏林召见波尔舍，他们对国民轿车的设想很接近，两人一拍即合。由此，波尔舍取得了希特勒的绝对信任，获得了研发所需的财政与行政支持，对于一个设计师来说，实现自己理想的机会终于到来了。

1934年6月，国民轿车设计项目正式启动，希特勒要求波尔舍在28个月内拿出样车，也就是赶在1936年10月之前，这在当时是相当惊人的速度。1935年的柏林汽车展上，希特勒宣布国民轿车即将到来，并第一次使用了“大众汽车”（Volkswagen）一词，这个词，后来成为了一个汽车巨头的名称。

纳粹头子的信任与支持并非无条件地给予，而这条件带来的压力是巨大的。虽然波尔舍早就画出了设计草图，但将草图转化为实物要经历复杂而漫长的过程。出于成本控制的需要，样车采用了风冷的后置发动机，而当时的风冷技术并不成熟，一旦环境温度太高，或者长时间连续工作，发动机就会过热，严重时甚至会烧毁活塞。为了解决这个硬伤，波尔舍与同事们绞尽脑汁，但收效甚微。眼看28个月的大限即将来临，波尔舍不得不采取临时措施，用加大发动机散热口面积的办法来避免过热现象。这导致样车的整个后背布满了薯条般的散热口，自然就没地方开窗了，坐在车内向后看去，仿佛置身地下室，而且是一个炎热的地下室。

第一版原型车　大众汽车 V2 原型车 (1935)

第二版原型车　大众汽车 V3 原型车 (1936)

第三版原型车　大众汽车 Kafer 原型车 (1936)

原型车没有保险杠，后背上面积巨大的散热口侵占了后窗的位置，看上去真的像一只虫子。

1938年的“定妆照”

不管怎样，波尔舍还是在1936年10月拿出了3辆样车，交给德国汽车协会。经过5万公里的严酷测试，汽车协会给出了评估报告：新车结构合理，坚固可靠，油耗达标，操控良好，出现的故障都不是源于设计上的问题，易于修改，总之，值得进一步发展。

这份报告极大地鼓舞了波尔舍，也更加坚定了希特勒发展国民车的决心。1937年2月，在希特勒的授意下，波尔舍与希特勒的亲信维林组建了“德国国民轿车销售公司”，开始为国民车的生产与销售作准备。而新一轮样车的研发工作更是快马加鞭，这年年末，波尔舍交出30辆原型车，开始接受前所未有的200万公里测试。这辆发动机排量不足1升、最大功率仅23.5马力的小车，在公路上的平均车速可达98公里/小时，在乡间公路上的平均车速也有82公里/小时，历经200万公里的严苛测试，证明自己非常可靠、耐用。不久后，波尔舍设计出全新的高效率气冷风扇，终于将发动机散热的硬伤解决，“薯条”的数量被减少，后窗又回来了。

1938年8月1日，纳粹统治下的德国出台了一项针对汽车的储蓄计划：普通民众只需每周存上5马克，持续近200周，便可购买一辆标价990马克的VW38。“VW38”只是一个编号，作为车名没有吸引力，于是，这个即将出世的婴儿有了一个名字——“KdF”，德语“Kraft durch Freude”的缩写，意为“欢乐带来力量”。由于第一次世界大战带来的经济衰退，当时绝大部分德国人只能依靠自行车或公共交通工具解决代步问题，而美国的大都市却已经开始修建高架桥缓解交通压力。汽车本是德国人发明的，对于这个自尊心极强的民族来说，美国汽车业的繁荣无疑是很大的刺激。这项储蓄计划极具吸引力，甚至背负了民族振兴的使命。越来越多的德国人开始把KdF视为未来的家庭成员，在他们的憧憬中，生活也会随着它的到来而变得更有力量、充满欢乐。

国民车的诞生仿佛箭在弦上，1937年5月26日，大众汽车公司宣告成立，波尔舍任这个“因车而生”的企业的总工程师；1938年，在沃尔夫斯堡的工厂落成；次年，KdF在柏林汽车展上正式亮相，立即吸引了27万德国人预订。其独特的外形招来美国记者的调侃，戏称它是“Beetle”，这个绰号在1967年“转正”，大众汽车公司最终将国民车的名字确定下来——“甲壳虫”。

大概没有哪个婴儿如甲壳虫这般尚未出世便引来万众瞩目，大概也没有哪只虫子如甲壳虫这般命运多舛，一落生就得——死。1939年7月，国民车正式投产，德国民众满心欢喜，准备迎接这个新生儿进家。然而此刻，希特勒却已经对国民车计划失去了兴趣，他开始实施另一个更为庞大的计划——发动第二次世界大战。KdF仅仅生产不到一个月便停产，它夭折了，甚至没有满月，力量没有带来欢乐，反而为全世界人民送去了苦难。

由KdF改制而来的水陆两用车

美剧《兄弟连》中的“虎式”坦克

在战争面前，什么都变得不再重要——除了战争本身。KdF虽然不能驶入千家万户，却可以冲上战场，波尔舍的设计成果被稍加改动，变成了越野车、水陆两用车，开始为希特勒的暴行服务。波尔舍这样的技术天才也不可避免地被战争征用，他最大的“贡献”便是参与了“虎式”坦克的设计工作，今天，当我们在影视作品中看到这个战争怪兽横冲直撞、所向披靡时，谁会想到它竟然与憨厚可爱的甲壳虫都出自这位设计大师之手？

那是一个疯狂的年代，欧宝的发动机为军用载货车提供动力，而迈巴赫的驱动机构被安装在坦克之上。德国战败后，作为战犯，波尔舍被关押起来，直至1948年才重获自由。在波尔舍是否为纳粹服务、提供了多大服务上较真是无意义的，要知道，他的故乡捷克，便是最早被荼毒的国家之一。还是用The Beatles（甲壳虫乐队）那首经典歌曲的名字来开释这些吧：Let it be——随它去。

战争是毁灭性的，但没能摧毁波尔舍的劳动成果，1945年，在瓦砾堆中，甲壳虫重获新生。此时的大众汽车公司被英军掌控，尽管工厂被炸毁一大半，但是国民车仍然顽强而又神速地开始了生产，单单英国军方就订购了2万辆。1949年，英军将大众汽车公司交还新的德国政府，1960年，公司实现私有化，随后的岁月里，逐渐发展成为全球最大的汽车企业之一。

战后的欧洲，满目疮痍却又百废待兴，生活逐渐恢复到从前正常的样子，人们该上班上班，该买菜买菜，该哭的哭该笑的笑，总之生活还得继续，战争已成为记忆。随着经济的复苏，国民车又重新成为百姓生活的刚性需求。废墟上的市场，几乎等于空白市场，是一个空前巨大的机会，应了那句老话：机会是给有准备的“虫”留着的。对于一款已经成功通过了200万公里严苛测试，甚至曾经生产了一个月的汽车，市场自然而然地张开双臂，将其揽入怀中。甲壳虫迅速“爬”遍欧洲，1945年恢复生产之后，总产量“芝麻开花——节节高”：1951年达到25万辆；1955年达到100万辆；1962年达到500万辆；1967年突破千万大关。不仅仅在欧洲，世界各地到处都是大众汽车的“虫影”。甲壳虫的出口对战后的德国经济起到了决定性的推动作用，这只虫虽小，却是德国经济奇迹的大心脏，这一次，力量真正地带来了欢乐。

走出去，绿水青山可以帮助人们医治战争的创伤。

生活还要继续，收起行囊前行。

不同年代的甲壳虫齐聚沃尔夫斯堡厂区

1998年与2011年的甲壳虫

回到本文开篇，甲壳虫顺理成章地打破了福特T型车的纪录。由于主要市场都在在欧洲以外，1978年，大众汽车公司停止了甲壳虫在德国本土的生产。1981年，第2000万辆甲壳虫在大众汽车的墨西哥工厂诞生，2003年，最后一辆甲壳虫驶下生产线，历经58年，总产量达到21529464辆。

有理由相信，大多数德国人一定有“甲壳虫情结”，这只虫子能让德国人想到太多——狂热、苦痛、卧薪尝胆、扬眉吐气等等等等。多年前，中央电视台制片人师旭平带领《世界体育报道》摄制组登门拜访前国足主教练施拉普纳，施大爷热情款待，并在车库中展示了压箱底的宝贝：一辆20世纪50年代生产的甲壳虫——施大爷送给夫人的生日礼物。作为20世纪90年代的电视人，师旭平老师本能地代表大多数中国观众发出了心声：“这车还能开么？”施大爷顿时面如涂腊：“当然能开，怎么会不能开呢？”师老师是认真的，没开玩笑，施大爷也是认真的，估计从那以后他终于明白为何没能把中国足球队送进世界杯了。

在甲壳虫停产之前的1998年，大众汽车公司推出了“新甲壳虫”（New Beetle），这是一款基于高尔夫平台的紧凑级轿车。不可避免地，新车采用了复古设计，与众不同的外形更像是对辉煌历史的致敬。2011年，新甲壳虫的换代车型上市，但“新”字被去掉，“甲壳虫”真正地成为大众汽车产品线上的一个独立车系。

这是车的故事，也是人的故事，故事结束之前，您是否还会想起那位国民车传奇的缔造者？当1948年被释放时，费迪南德·波尔舍已是一位73岁的白发老人，他以姓氏创建了自己的品牌“保时捷”——这是另一个传奇，一个独具魅力的经典跑车传奇。

今天，不知有多少人看见甲壳虫或者保时捷从身边疾驰而过时，会想到上述已然尘封的故事。汽车，就像一个时间的追逐者，卖力却又徒劳。而时间，无动于衷地稀释着一切。

随它去。

费迪南德·波尔舍博士与孙辈一起分享汽车的快乐，图左的费迪南德·亚历山大·波尔舍长大后设计了叱咤风云的保时捷911，于2012年4月5日与世长辞；
图右的费迪南德·皮耶希则是如今大众汽车集团的掌门人，更加叱咤风云。

French Kiss 赶上架 2CV传奇

雪铁龙 2CV
CITROEN 2CV
生产周期:1948~1990年
总产量:390万辆

“生产队里养了一群小鸭子，我天天早晨赶着它们到池塘里。小鸭子向着我嘎嘎嘎地叫，再见吧小鸭子，我要上学了，再见吧小鸭子，我要上学了。”如果您生于20世纪70年代，看到上面的歌词，您会认为我在忆旧，如果您生于其他年代，那您多半认为我在凑字。

无论您生于哪个年代，您都说对了——我既在忆旧也在凑字。忆旧的原因在于儿时学唱这首儿歌时，脑海里总会浮现一片和谐美好的景象，希望自己某一天也能和小鸭子交上朋友，尽管我们那里没有生产队。凑字的原因在于，本文的主角，在欧洲人送外号“鸭子”，我可以为之找点儿八竿子勉强打得着的关联——当然欧洲更没有生产队。

雪铁龙汽车公司的创始人安德烈·雪铁龙（Andre Citroen），是又一位与产品同名的汽车风云人物，1878年生于法国，比费迪南德·波尔舍小3岁。在1912年参观福特汽车公司之后，安德烈·雪铁龙明确了自己的奋斗目标——做法国的亨利·福特。1919年，他创立了雪铁龙汽车公司，并引入了流水生产线，开欧洲之先河。遗憾的是，这位抱负远大的企业家并未看到自己的国民车2CV风靡法国，他于1935年离世。

2CV源自雪铁龙1939年推出的微型轿车T.P.V，一个只有一只“眼睛”的“怪东西”。不过与随后的时局相比，这点怪也不算什么，第二次世界大战的爆发，使雪铁龙的“国民车计划”仿佛躲进了防空洞，生死不明。

1948年，世界又恢复了秩序，在10月的巴黎车展上，雪铁龙推出了2CV。此时，大众汽车甲壳虫已经开始在欧洲普及，2CV的出现使老百姓又多了一个选择。2CV采用了当时并不多见的前置前驱布局，过弯时转向不足现象严重。或许是因为它行动起来有些“晃晃悠悠”，被生性浪漫的法国人亲切地唤作“鸭子”，这也仿佛在寓意经历了战争的苦难，这个老牌的法国车企重获新生，又开始邯郸学步，蹒跚前行。

安德烈·雪铁龙

T.P.V的发动机舱盖是瓦楞状的，因为钢板太薄，得增加强度。刮水器是手动的、只有一个灯，因为这车主要面向农村市场，目标客户群体力好、眼神好。

“鸭子”也有硬汉形象：四驱的“撒哈拉”。相比之下，“鹅”总是不温不火，保持淡定。

初期的2CV装备排量仅为375毫升的2缸发动机，最大输出功率为“惊人”的9马力，您大概明白它为什么叫“鸭子”了吧。为了把这只“鸭子”名副其实地“赶上架”，1970年，雪铁龙对它的动力系统进行了“大幅”提升——2CV4的排量为431毫升，最大输出功率为23马力；2CV6的排量为602毫升，最大输出功率升至28马力——达到了初期的3倍以上。

以上数据现在看来令人不可思议，而这恰恰如实反映了“鸭子”当年的生存环境：物资匮乏、因陋就简。2CV的车顶是一张卷帘式篷布，因此被揶揄为“四个轮子一把伞”。有轮子，就能跑；有伞，就能避雨。这足够让人们去郊外放松心情了。当“伞”收起来的时候，2CV还成了一辆敞篷车，照样拉风。经济的拮据抹杀不掉法国人浪漫的天性，2CV就像一个“French Kiss”，吻在一颗颗饱受战争磨难的心灵之上。

也许因为这些，人们对2CV有着特殊的感情。1967年，雪铁龙推出新车型Dyane，意在取代过于朴素的2CV，把“鸭子”升级为“鹅”，然而让人没想到的是到了1983年，“鹅”已经停产，“鸭子”却还健在。

1990年，当最后一只“鸭子”从葡萄牙Mangnalde的工厂中款步踱出后，2CV完成了自己的历史使命，共计生产390万辆——这个法兰西之吻，足够深，也足够长。

法国国情是：就算长得不咋地，浪漫也是义务和权利。因此在绝大部分时间里，2CV都是情意绵绵的。

1930年之后，汽车进入了成长期，在解决了机械问题之后，汽车厂商将关注重点放在了外形设计上，主题就是对风阻的研究。设计师们在风中找寻答案，那里回荡着鲍勃·迪伦的歌声——

The answer, my friend, is blowing in the wind.

The answer is blowing in the wind.

Blowing in the Wind

答案在风中 画说1930~1950年

流动的空气

小时候游泳喜欢跳水，一个猛子扎下去，凭借着惯性让身体的行进轨迹在水中由下至上画个圆，然后四脚朝天地浮上水面，整个过程感觉自己就像一只在空中滑翔的飞鸟。长大后琢磨了一下，发现人在水中的情形与鸟在空气中的情形很相似。

栖息在树上的鸟与飞行中的鸟，其姿态是不一样的——在树上时，鸟站着，在空气中飞行时，鸟则被“放倒”了。鸟为何不“立着飞”——这就像人从不“立着游”一样。相信您有这样的感受：如果在水中直立行走，会感到举步维艰，而如果将身体“放倒”，平行于水面游进，便会轻快得多。这是因为身体垂直于水面前进时的迎水面积远大于平行于水面前进时，迎水面积越大，遇到的阻力便越大，对体力的消耗也越大。

在空气中行驶的汽车好比在水中游泳的人，是被“放倒”了的，行驶中遭遇的空气阻力（风阻）越大，油耗自然就越高。第二次世界大战前，汽车厂商逐步意识到了这个问题，于是展开了对空气阻力的研究工作，以降低油耗。

只用三言两语就把汽车与空气阻力的关系说清楚几乎是不可能的，但还是让我尝试一下，如果您能看明白，说明您善解人意，如果您看不懂，就怪我没本事说清楚，希望您善解人意。

简单讲，行驶中的汽车遇到的空气阻力大小由两个因素决定：汽车的截面面积与风阻系数，二者相乘的结果便是空气阻力值。截面面积越大，阻力越大，这不难理解，而当截面面积相同时，不同的风阻系数如何影响汽车呢？还是用进入水中的物体来打比方：一颗子弹，当它垂直落入水中时，无论弹头朝下还是弹头朝上，它的截面面积都是一样的，那么它受到的阻力相同么？

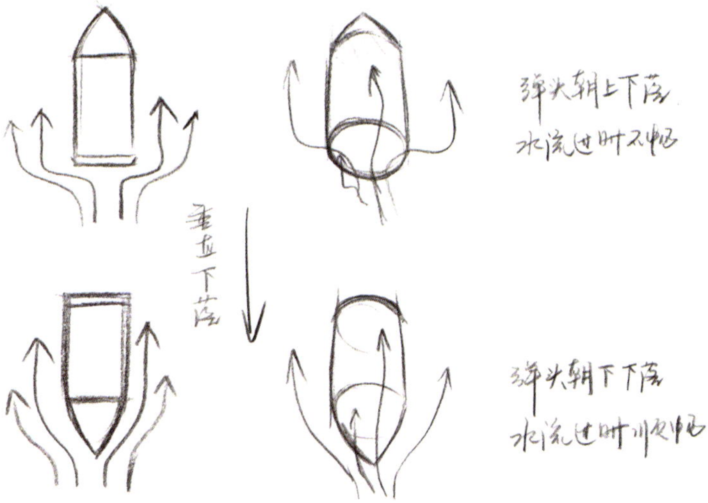

虽然截面面积相同，但是弹头的形状降低了阻力系数，因而弹头朝下时，所受阻力较小。

通过前面的图示可以看出，当物体的截面面积相同时，阻力系数小的形状更利于水的通过，也就是“不兜水”。这个道理移至空气中同样适用，即：“不兜风”的形状更利于空气的通过，因此，在汽车的截面面积相当的前提下，降低汽车的风阻系数便成为降低空气阻力的最有效方式。

汽车的风阻系数可由风洞试验测出，风洞中有一个巨大的秤，将汽车停放在上面，并保持车轮旋转，鼓风机吹出的风以140公里/小时的速度通过车身，车轮下的秤测量出汽车所受的力，受力越小，风阻系数就越低。如果将一个立方体放置在秤上，它的迎风面是完全直立的，测出来的风阻系数是1，这就类似于前面提到的弹头朝上的子弹，受的阻力较大。

前文中“直来直去”的福特T型车的风阻系数为0.70，是1的70%，这意味着与立方体相比，T型车少承受了30%的力，这部分力由于汽车形状的原因而被“躲掉”了。还能尽量多地“躲掉”么——这就是各个汽车厂商希望达到的目标。

站在今天的角度说这些都是“现成”的，比较轻松与明晰，如果将语境换至当年，一切都显得模糊与不确定，因为那时，这些都是全新的东西，空气仿佛因为汽车才开始流动起来。

正在接受风洞测试的梅赛德斯-奔驰SLS（2009）与宾尼法利纳Cambiano（2012），今天的研究条件是当年无法想象的。

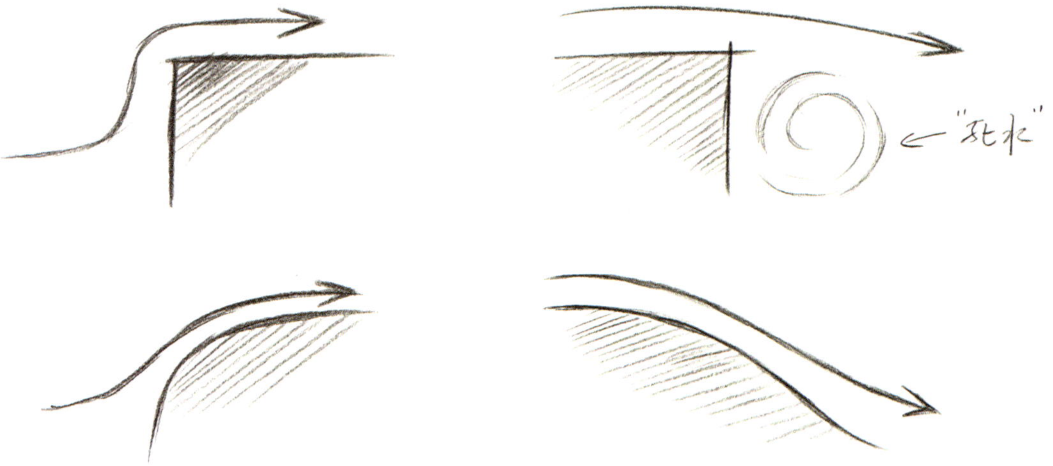

气流通过直立的前部时，必须“攀爬而上”；通过直立的尾部时，又会产生一个真空的涡流，被称为“死水”。这些都将增大空气阻力。
如果将直角“削一削”，气流会更容易通过，也可减小甚至消除涡流，空气阻力便能降低，这就是所谓“流线型”设计。
好像为人处事也是这样：性情耿介总容易得罪人，而性格圆滑则“人缘好”。
如果按照以上原则将“耿介”的T型车改造一下，便会“求出”下面这个形状，是不是有些似曾相识？

克莱斯勒Airflow的平面广告

1934年，世界上第一款流线型的量产汽车在美国问世——克莱斯勒的Airflow——“airflow”的意思就是“气流”。厂商称它“will stay modern for yeas”，这仿佛在宣告一个流线型时代的到来，在当时人们的眼中，这就是一个摩登时代。

下图中解析的各个要点影响了整个第二次世界大战时期的汽车设计，后来者大多遵循这样的设计方向，从这个意义上来说，Airflow是当之无愧的弄潮儿。然而第一个吃螃蟹的人往往消化不良，1937年之后Airflow便不再生产，也没有后续产品，仅“stay modern for 3 yeas”。也许是因为人们还不习惯汽车也圆滑世故起来，更愿意它保持方头方脑的形象，而Airflow又显得过于激进，有些“脱离实际”。具体原因且不去深究，总之窗户纸已被Airflow捅破，一种新的设计语言呈现在世人面前。

没猜错的话，这应该是克拉克·盖博（Clark Gable）吧，发型很像，和车很像。

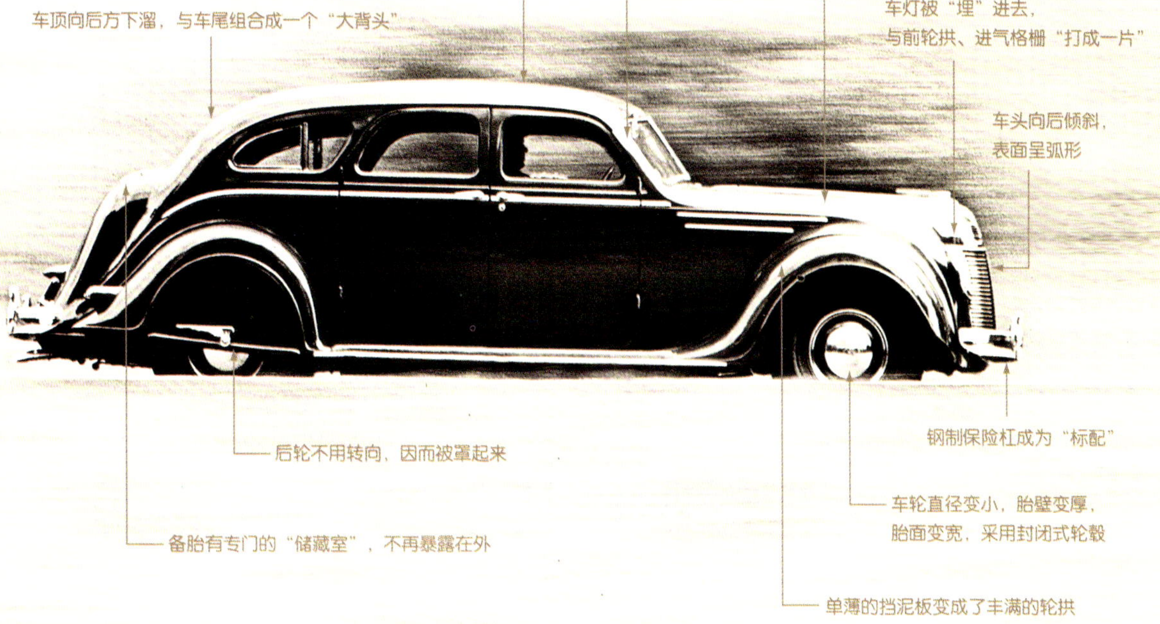

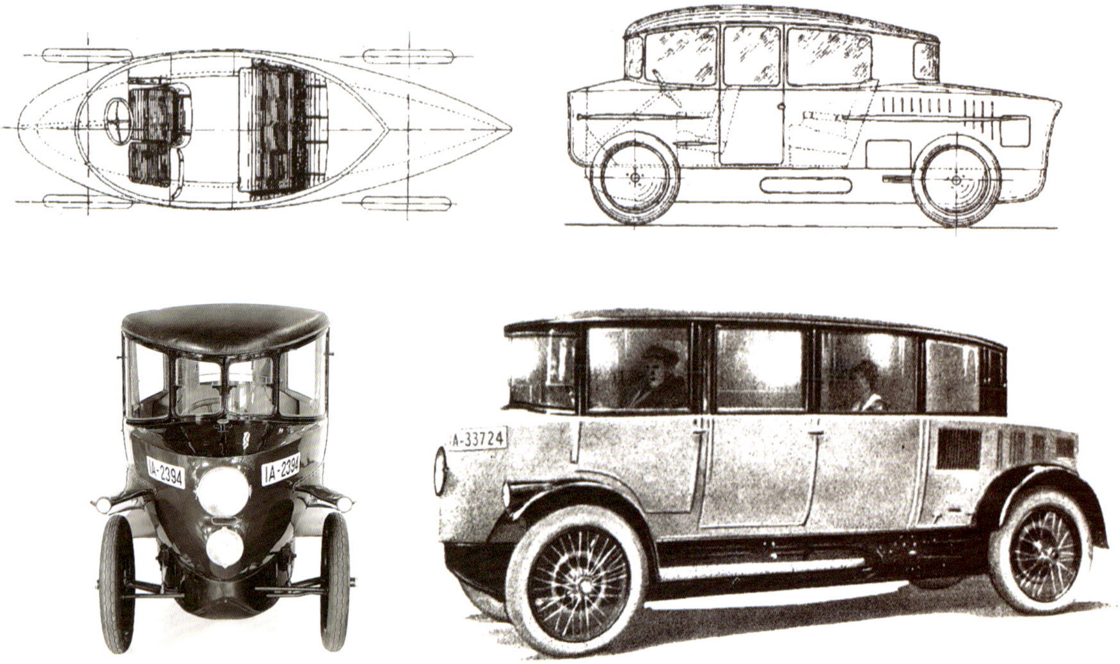

赫伯乐 Tropfenwagen (1921)

Airflow是最早的流线型量产汽车，但并非这个领域的先驱。
早在1921年，德国空气动力学家赫伯乐（Rumpler）研发的Tropfenwagen可算是鼻祖。
它的外形像是把一艘小船放在了四个轮子上面，看上去很雷人，现在看都雷，当年就别提了。
这样的外形注定不会有商业前景，但这种尝试的意义却是重大的——Tropfenwagen的风阻系数仅为0.28！这个数字更雷人。

就像前卫作曲家的实验音乐，Tropfenwagen很有想法但难以被人接受，曲高和寡孤芳自赏，当然，也会落落难合郁郁寡欢。
而Airflow则像一首传唱一时的流行歌，虽昙花一现但影响颇广，
欧洲的沃尔沃、亚洲的丰田，都有“翻唱作品”向其致敬。

克莱斯勒 Airflow (1934)

道奇 Airflow 油罐车 (1938)

沃尔沃 PV36 (1935)

丰田 AA (1936)

躁动的青春

第二次世界大战前的汽车仿佛一个青春期的少年，每天都在发愁穿什么更合意。空气动力的原理并不复杂：缩小截面面积、降低风阻系数。当截面面积成为定数时，风阻系数就成了变数，而降低风阻系数最有效的办法就是：为汽车设计一身好外衣，迅速地扎入空气，然后干脆利落地甩开空气。这身以降低风阻系数为设计导向的衣服不“兜风”，但看上去却很“拉风”，甚至会给人奇装异服的感觉。汽车设计犹如一场时装竞赛，就像崔健唱的：我们根本没有什么经验，我们也不喜欢过去，可是心里明白干下去一定会有新的结果。朋友给你一个机会试一试第一次办事，就像你十八岁的时候给你一个姑娘。噢……我们一有机会就要表现我们的力量。

梅赛德斯–奔驰 SSK (1930)

皮衣、皮裤，外加高筒皮靴，
SSK扮相冷峻，一副重金属乐队主音吉他手的派头。
1930年还不兴说“概念车”，但SSK看上去非常“概念”。

540K气派并且优雅，与以前相比，前轮拱向前包裹得更多。
从它的俯视图上可以清晰地看见一个前窄后宽的车鼻，这正是Airflow不被接纳的真正原因——鼻子寻不见了。

梅赛德斯–奔驰 540K (1934)

布加迪 57SC (1936)

与540K一样，布加迪57SC的发动机进气格栅也是陡直的，但车灯位置较低，并被包裹起来与轮拱合为一体，这使车鼻孤零零地躲在后面，仿佛挨了一拳。

A柱的倾角已经较大——不但向后倾，居然还向外倾，使得前窗上宽底窄，女士可以戴着比肩还宽的帽子乘车。

法国车历来如此：喜欢的人觉得有个性，不喜欢的人觉得真的很别扭。

布加迪 57SC (1936)

大倾角的A柱实际早在1930年的布加迪46上便已出现，这逐渐成为跑车的标志性特征之一。

低矮的车身也是跑车的特征，1937年的布加迪57S，轮拱比车鼻还高，随时随地“架着势耸着肩”。

实用性缺失是跑车无法回避的问题，为了弥补这个缺陷，布加迪57在后背上开了个口，装上一张折叠椅，不坐人时拉风，坐人时兜风。

——体贴，同时不堪。

布加迪 46 (1930)

布加迪 57S (1937)

布加迪 57 (1937)

劳斯莱斯 Phantom (1939)

劳斯莱斯 Phantom (1934)

连劳斯莱斯这样的保守派都按捺不住，大潮特潮起来，可想而知，那个飘在风中的答案是多么吸引人。

不知这两款幻影生产了几辆，只能算是样车吧，居然弄了个圆的车门。

就像T型台上模特的霓裳艳影并非人们平常生活的写照，大批量生产的汽车，不会那么特立独行不着四六，否则在文艺界怎么混。

这就是那个时代，一些设计今天看起来像是恶搞。

在与风阻的对抗中，汽车厂商们呈现出百舸争流、百无禁忌、百花齐放、落英缤纷的风貌：

车灯的位置被挪来挪去，只罩后轮不够给力、前轮也裹住，前窗可以放倒，屁股上甚至还插上了飞机的尾翼……

——看上去很美。

标致 402 (1936)

太脱拉 T87 (1936)

塔尔伯特 Lago (1938)

Delahaye 135 (1937)

别克 YJob 概念车 (1938)

风向的确认

驾驶这辆“外星车”的是哈利 · J · 厄尔（Harley J. Earl）——通用汽车的首位设计总监。从1938年到1951年，厄尔外出就这么招摇过市，必要时还可以炫耀一下神秘的前照灯以及世界首创的电动车窗，简直就是通用汽车的一块活体广告牌。

别克YJob是世界公认的首款概念车，概念车分为品牌概念车与产品概念车，产品概念车是近些年的“新物种”，更接近量产车，像是新片上映之前的预告片，厂商借其试探消费者对新产品的态度。而品牌概念车的作用主要是展现品牌未来的设计方向，比较不食人间烟火，因此YJob作为概念车的鼻祖当之无愧，它不但规划统筹了通用的设计语言，甚至预报了整个汽车世界未来的风向。

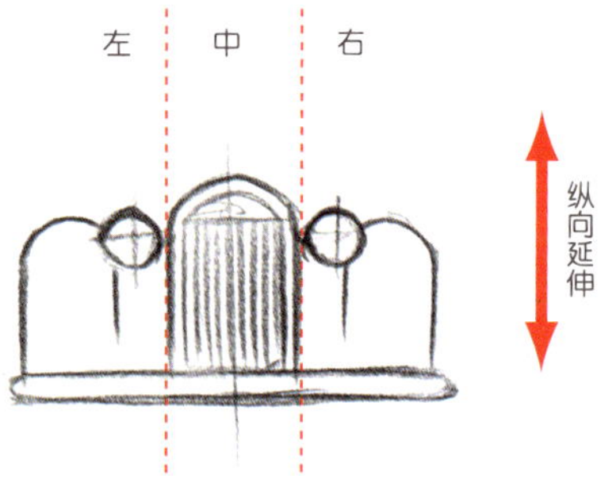

车头各个部位的排列组合格式由“左中右”变为“上下”，线条的走向也由垂直的纵向延伸变为水平的横向延伸，汽车因而由“显得高”变为“显得宽”。车头下部成为视觉主体，上部的车鼻更像是个隆起的“鼓包”。

车头有前悬，车尾有后悬，而且后悬明显长于前悬。轮拱形状不再严格地遵循车轮同心圆的轨迹向外扩散，变成了自由的“异形”，驾驶舱的宽度增加，轮拱开始融入车身，为其将来的彻底消失埋下了伏笔。

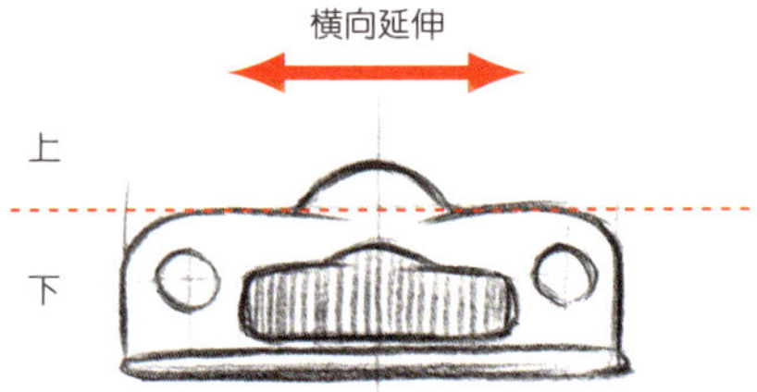

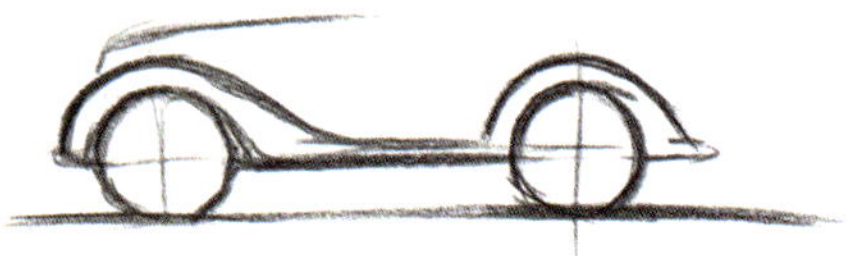

别克 Brochure (1940)

雪佛兰 Special DeLuxe (1940)

凯迪拉克 Fleetwood Sixty (1941)

奥兹莫比尔 Special 60 (1940)

庞蒂克 DeLuxe (1941)

克莱斯勒 New Yorker (1940)

1917年便已完成各项国内兼并的通用汽车集团，旗下拥有凯迪拉克（高端）、别克与奥兹莫比尔（小康）、庞蒂克（运动）、雪佛兰（入门）五大品牌，还在20世纪20年代末收购了德国最大的汽车公司欧宝，一个庞大的“通用帝国”已然成型。别克很快将通过YJob确认的格式贯彻执行，并同步覆盖其他的通用子品牌，看上去来势汹汹，现在管这个叫“家族性”。

而率先吃螃蟹的克莱斯勒自然不甘人后，在Airflow不痛不痒地收场之后，通过纽约人（New Yorker）继续争当弄潮儿。“Be modern，buy Chrysler！”——营销的诉求点仍然是“摩登”，意思就是“买纽约人，做潮人！”

大洋彼岸的时尚之风似乎吹不到欧洲大陆，翻了半天资料，也就看到欧宝与阿尔法·罗米欧采用了与美国类似的设计手法，当然，本就属于通用的欧宝可以不算数。或许欧洲人希望自己的汽车像建筑那般恒久，而美国的建筑都是新的。

那时的欧洲汽车有两个关键词：

其一是“豪华”，霍希（奥迪的前身）便是代表之一。

其二是“运动”，人们热衷于各式各样的汽车比赛，宝马的运动基因便是那时种下的。

还有其三——“开战”，第二次世界大战即将开始，豪华也好，运动也罢，好日子都不长了。

欧宝 Kadett (1938)

霍希 853 (1937)

宝马 328 Touring Coupe (1939)

阿尔法·罗米欧 6C (1942)

梅赛德斯-奔驰 G4 (1934)

欧宝 Blitz Maultier (1942)

万国 KR11 (1940)

吉普 威利斯 MB (1942)

道奇 WC54 (1942)

覆巢之下焉有完卵，战争的风暴将汽车产业卷入其中，很多品牌都成为了军用车辆的生产商，吉普正是从那以后扬了名立了万。
战后，“好动”的欧洲人很快就坐不住了，汽车运动得以恢复，1947年法拉利推出了第一款赛车125，其设计语言已然脱离了战前的条条框框。
以胜利者的姿态，苏联的嘎斯车跑遍了社会主义国家，小时候觉得这名字真难听，长大后才知道它嘹亮的学名——高尔基汽车制造厂（GAZ）。
发明汽车的德国在半个世纪中两度沦为战败国，作为其汽车业的代表，梅赛德斯-奔驰顽强地坚守传统，展现着日耳曼人的较真，甚至是固执。
而在标致203这样的战后新车上，已经能看到“YJob语言”的完整使用，欧洲开始出现新旧碰撞带来的短暂胶着。
美国则大不同，战争的胜利使设计的语境异常宽松，人们愈发期待新潮、光鲜的刺激出现。
1949年的福特Custom大张旗鼓地抹平了车身，轮拱正式消失，仿佛寓意着新的开始、旧的决裂。

法拉利 125 (1947)

嘎斯 M20 (1946)

梅赛德斯-奔驰 170V (1946)

标致 203 (1948)

福特 Custom (1949)

战争结束了，我们需要一个“缓冲页”，在讲完了以上纷繁复杂的内容之后，喘口气。所以这一页的素材选择以好看为原则，排版可以“文艺”一点儿。

1948年的塔克鱼雷（Tucker Torpedo）把进气格栅换成了一个车灯，就像鼻子的位置长了一只眼睛。鱼雷的创新之处并不仅停留在外表，它是世界上第一款配备安全带的汽车。因此，它被美国同行排挤，说什么“需要配安全带的车肯定不安全”。

嘎斯概念车的入选好像违背了本页的原则，是啊，这车无需配备安全带，并且丑得过瘾。但体谅人家一下吧——没有功劳也有苦劳，没有苦劳还有疲劳嘛。

软体动物一般的别克流线火车（Streamliner）与捷豹XK120做了一次远隔重洋的神交。多年后，流线火车无人再提，XK120却成为经典车型，像一件贵重陈列品，被后人津津乐道、啧啧称奇。

萨博92是少有的将前轮罩起来的车型，它就像放在自家院子里被自然风“吹”出来的一般，与周遭环境和谐统一。更重要的是，它纯朴、实在，与车主保持着朋友关系。

下图的175则是一枚纪念品，与布加迪、塔尔伯特一干战前的小众品牌一样，Delahaye在战后的经济环境中找不到生存空间，留下的只是记忆。

战争倒是结束了，人和风的战斗才刚刚开始。汽车像是战场，同时又是双方攻击对方的武器。打出个一二三没有？反正现在还在打。这种不明不白的事情总会让人类语焉不详起来，对此鲍勃·迪伦（Bob Dylan）说过，并且还弹着吉他吹着口琴唱了出来——

塔克 Torpedo (1948) 嘎斯 M20 (1949)

别克 Streamliner (1949) 捷豹 XK120 (1949)

萨博 92 (1949)

How many roads must a man walk down before they call him a man?

How many seas must a white dove sail before she sleeps in the sand?

How many times must the cannonballs fly before they're forever banned?

The answer, my friend, is blowing in the wind.

The answer is blowing in the wind.

Delahaye 175 (1949)

后面的文章

甲壳虫是为数不多的后置后驱轿车，即发动机安放在后轴之后，后轮驱动。为何采用这样的布局？

传统的前置后驱布局，发动机输出的动力需要通过一根又长又沉的传动轴来传导，这自然导致制造成本与车重的增加以及动力的损失。对于大功率、高价位的汽车来说这不是问题，但对于价格低廉的国民车来说，这样的方案太浪费了。

将发动机移至驱动轴旁边，无疑是直接有效的解决办法。这样一来，汽车前部就变成了行李舱，所以我们会看到甲壳虫的乘客从车头取放行李，这与我们今天的习惯可不一样。

与甲壳虫相比，采用前置前驱布局的“鸭子”就“正统”得多，因为后置后驱的散热是一大难题，当年波尔舍博士花费了大量时间与精力才将其解决。这位设计大师不但能设计外形，同时也是技术天才，而技术难题的攻克又为外形设计提供了便利——由于前部没有发动机，车头迎风面可以划出自由的曲线，这帮助甲壳虫实现了0.40的风阻系数。

1948年，获释的波尔舍博士与儿子菲利·波尔舍（Ferry Porsche）在奥地利的一个仓库中生产出了保时捷356，这是保时捷品牌的第一款跑车，由菲利负责开发，波尔舍博士完成设计，其基础正是甲壳虫。中国人会说这叫“虎父无犬子”或者“父子老爷车”。

保时捷356的发动机在哪儿？当然在车尾。从356到它的继任者911，后置后驱布局使保时捷在跑车阵营中独树一帜，牢牢地抓住了拥趸的心，成为他们热爱保时捷的鲜明理由。

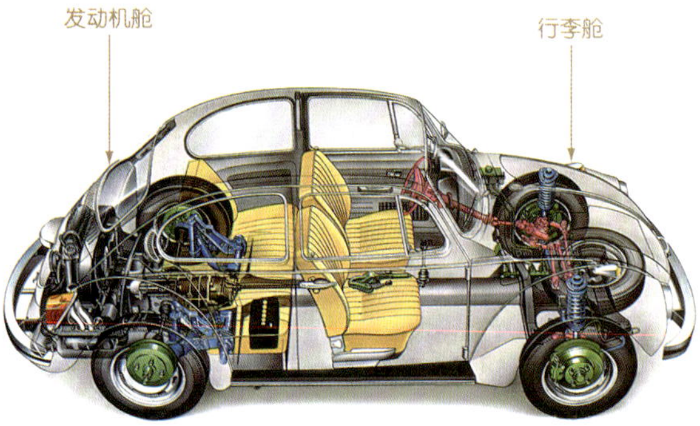

大众汽车 甲壳虫 (1938)

保时捷 356 (1948)

大众汽车 甲壳虫 (1938)

保时捷 911 (1970)

廉颇老矣，尚能饭否？波尔舍博士说：“任何一颗螺钉我都不会搞走样！”

这位其貌不扬并且有些矮小的波西米亚人，却是汽车世界里的巨人。

早先一直纳闷为何甲壳虫与保时捷长得挺像，后来才知人家原本就是亲戚。

911发展至今，自然少不了与时俱进的升级与更新，但它永远都是911，只不过被“包浆”了——“新浆”。

保时捷 901原型车 (1962)

保时捷 911 Carrera (2011)

笔尖下的1930~1950年

儿时疯狂地喜欢汽车，课本的边边角角全被画满，成为不认真听讲的铁证。长大后参加小学同学聚会，经常有发小跟我说：“那时你整天画汽车，还教过我呢，不记得了？”

我发现总有一部分男孩儿痴迷汽车，其中又有一大部分喜欢画汽车，好像随时都会手痒，不比划两下就没着没落的。陈丹青先生说他对油画完全是生理需求，这说到我心里去了。

大学之后很少再画，直到接受任务去贵州大学客串老师，才又把笔拿起。重操旧业后却发现，以前自己都在乱画，这样子去教人岂不是误人子弟？于是，艰难地自作聪明，“创造”了一套画法，保证自己画得像的同时还能用来教学生。“手气”不错，这套画法通过了教学检验，孩子们只用一年时间便画得有模有样，比我当年强得多。而我在吃透了这套办法之后，有恃无恐地又开始乱画。

画法在这里就不介绍了，如果您或者您的小孩感兴趣，可以买《汽车外形设计》慢慢研究，总之掌握之后的效果是：能从任何角度画像任何一辆车，不是临摹，而是“组装”——“任何一个角度我都不会搞走样！”为了证明这点，本页的甲壳虫我画了不同的视角，但是不太工整——崔健说：“是否叫摇滚并不重要，重要的是自由创作的精神。”在这里篡改他的话：“是否工整并不重要，重要的是笔尖和纸面摩擦时的快感。”

大众汽车甲壳虫（1938）

与同时代的其他车型相比，甲壳虫最大的不同之处在于车鼻。
相比发动机前置的车型，甲壳虫的驾驶舱更靠近前轴，所以鼻子不长。
由于车头没有发动机，因此没有进气格栅。
鼻梁可以不受限地“瘪”，鼻头则是圆的。
这些使其形象非常友善，也有些傻乎乎的。

霍希853（1938）

第二次世界大战之前，霍希一直在与梅赛德斯-奔驰叫板，
双方就像现在的好莱坞大片一样，拼效果、拼场面、拼浪费。
霍希853体型硕大，前脸进行了有分寸的包裹，
发动机进气格栅像是镶在左右轮拱之间的工艺品，
车灯独立在外，车窗线向后方下坠，对霍希的“范儿”进行了标注：
并非“赶时髦”，而是“摆架子”。

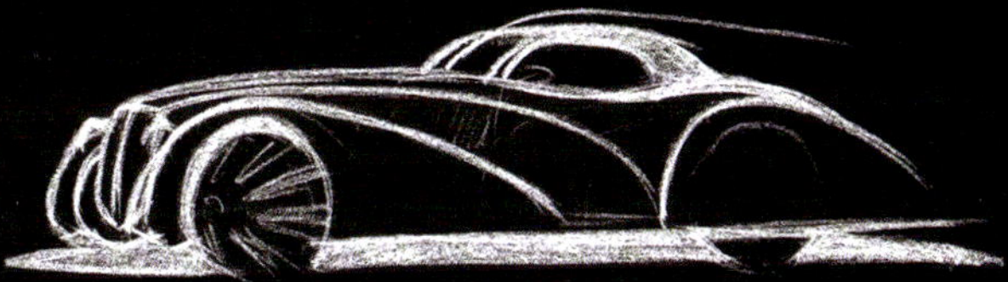

福特Custom（1949）

福特Custom做出了一个大胆的举动——将车身侧面彻底抹平，
1949年也因此成为汽车史上一个具有特殊意义的年头。
在画Custom的时候，明显感觉简单多了，我猜生产时也会更容易。
不过与前面的霍希相比，好画倒是好画了，但很乏味，
因此我索性将Custom的特征提出来，乱画了一些不存在的车型，以免睡着。

Turn Turn Turn

滚的蛋 Isetta传奇

宝马 Isetta
BMW Isetta
生产周期:1955~1962年
总产量:16万辆

这是汽车么？是的，这我可以肯定地告诉您。叫什么名字？嗯……这个嘛，我就不太肯定了，反正德国人叫它“滚动的鸡蛋”（Das Rollende Ei），法国人叫它“奶酪罐”（Yogurt Pot），智利人叫它“小鸡蛋”（Huevito），一位德国的汽车编辑叫它“跳蚤”，我干脆叫它“滚蛋”。

外号一箩筐，并不等于它没有学名。Isetta——“埃塞塔”，还是满好听的。这是个意大利名字，意为“小型ISO”，那么“ISO”又是什么？是一家意大利企业，第二次世界大战之后主要生产电冰箱和三轮摩托。有一天，ISO的老板任佐·里沃塔（Renzo Rivolta）决定开发一款微型汽车，于是他的工程师艾尔门内吉尔多·普雷迪（Ermenegildo Preti）和皮耶尔路易吉·雷吉（Pierluigi Raggi）就把Isetta设计出来了，那是在1952年。

两位工程师的设计思路远比他们的姓名简单，Isetta原本只有一个后轮，但试验后发现太容易翻车，于是又加了一个后轮，二者之间的距离仅为48厘米，这使Isetta看起来仿佛一辆三轮车。不过这么短的轮距是有道理的，增加了稳定性的同时把差速器也省了，所以Isetta在转弯时左右后轮的转速是一样的——有些寒碜，唉，能说什么呢？有两个轮子就不错了，还想转得不一样快？能省则省罢。发动机则不是“像”摩托车了，直接就是。ISO在Isetta的尾部装上了一台236毫升的2缸2冲程发动机，最大输出功率9.5马力，搭配4速手动变速器。

ISO共生产了2万多辆Isetta，不过这个蛋跟随生产许可证滚遍欧洲，西班牙、比利时、德国、英国、法国甚至巴西都在生产Isetta，法国还同时推出5个版本：普通版、敞篷版、“豪华”版、“运动”版，直到——“赛车”版！真是麻雀虽小五脏俱全。

与其说开门，不如说开盖。方向盘与盖子同步靠边站，否则人进不去。

Iso Isetta (1953)

有点儿像小鸡破壳而出的场景吧。

侧面很“抠门”，不过后视镜还是有的。
从后边看，便能确定这是四轮车了，
小伙伴随时保持立正姿势，也不稍息一下。

尽管遍地开花，但真正结果的也就是德国这一枝。宝马买下了Isetta的生产线，保留其外观，但车身是全新的，甚至不能与原车共用零部件，而本就是摩托车老手的宝马自然“看不惯”那台2冲程发动机，取而代之的是一台宝马的250毫升单缸4冲程发动机，12马力。于是，1955年4月，换装宝马心脏的Isetta贴上BMW的车标，开始销售。

1956年10月，排量升至298毫升、13马力的Isetta300推出，最高车速达到87公里/小时。当时在德国，驾驶Isetta只需持有摩托车驾照就行，所以我现在有些糊涂，Isetta到底是不是汽车？它的轴距仅有1.5米，车长2.35米，体重360千克，它划出了2座车的底线。这是德国战后经济复苏时期的产物，特殊生态下的特殊物种。到1962年停产为止，7年间Isetta总共生产了16万辆，这个数字不算大，但拯救了宝马。不说不知道，一说吓一跳，如今在豪华车领域挥斥方遒的宝马，竟是靠着这个“蛋”走出了当年的困境。

世事难料，我的耳边响起了飞鸟乐队（The Byrds）的那首歌《Turn Turn Turn》，就用歌词来结束此文吧：

To everything-turn turn turn.
There is a season-turn turn turn.
And a time to every purpose, under heaven.
All time to gain, all time to lose.
All time to rend, all time to sew.
All time for love, all time for hate.
All time for peace,
I swear it's not too late.

变速杆在左边，那里本应是摇车窗的把手，由此可见，车窗不能升降，但这并不影响Isetta成为一个安乐窝，对普通人来说是这样，对万人迷加里·格兰特（Cary Grant）也一样。当这只“蛋”被一匹匹“名马”挤兑到角落里时，很少有人记得——其实，没有“蛋”就没有“马”。

Roman Holiday
过街小鼠 菲亚特500传奇

菲亚特 500
FIAT 500
生产周期:1957~1977年
总产量:350万辆

本文的中文名与英文名似乎不匹配，那我先解释一下：菲亚特500的绰号是“老鼠”，这个称谓源自其前身菲亚特Topolino500——“topolino”的意思就是老鼠。至于“过街”嘛，从上面这张图片您肯定已经体会到了，满眼尽是。而英文名并没有牵强附会，这只可爱的小老鼠在电影《罗马假日》里充当了一件重要的道具，“驮”着记者与公主在罗马城中走街串巷。

1934年，年轻的设计师丹特·吉亚克萨（Dante Giacosa）接受了一项任务：设计开发一款意大利的国民车。“人们都梦想着拥有一辆汽车，急切需要一款高性价比的车型，因此乔治·阿涅利（菲亚特的老板）要求我们造出一辆只卖5000里拉的汽车。”虽然吉亚克萨年龄不到30岁，但出色地完成了任务，用了不到两年的时间，他不但交了答卷，还通过Topolino500确定了当时汽车的底线：全钢车身、4缸发动机、13马力、2座。

就这样，“小鼠”不仅在吉亚克萨的笔下跃然纸上，1936年之后更是撒着欢跑到了街上，活蹦乱跳了20年。尽管经历了第二次世界大战的折腾，Topolino500仍销售了50多万辆。

电影《罗马假日》中格里高利·派克（Gregory Peck）的体操分解动作。
在欧洲，七尺男儿从小车里钻进钻出是常事，高中锋克里斯蒂安·维耶里（Christian Vieri）就钻过标致206。
请留意后面开过去的那辆小车，它也是Topolino500，按现在的话叫做“中期改款”。

1936年的菲亚特Topolino500，著名的沃尔特·迪斯尼（Walt Disney）非常喜欢它，专门买了一辆并改装为"米老鼠之车"（Michy Mouse's Car），其实不用改，本来就挺像。不过，1949年以后就没谱了。

1949年，菲亚特Topolino500依照前文别克YJob指引的方向，做了一个整容手术，新的前脸倒是与时俱进符合潮流了，可怎么看也不像小鼠。通行的时代标准就像一个追不上的美女，当你为了她而"整顿"自身时，往往离被甩就不远了。事实上，"过时"的不只是前脸，战后人们的要求更多、更实际了，有两个孩子的普通家庭迫切需要第二排座椅，同时又希望保留汽车短小精干的身材。这是一道新的考题，而吉亚克萨再次交出令人满意的答卷：他引入了甲壳虫式的后置后驱布局，并将发动机缩小为2缸，放置在第二排座椅后面。这种更合理的设计通过1955年出产的菲亚特600得到了检验，不但提供了2排4座，同时将车长成功地控制在3.22米。菲亚特600很受欢迎，从1955年到1969年停产为止，共生产260万辆。

3.22米？对于经济上受惠于第二次世界大战的美国来说，这只是轴距的数字。是啊，欧洲小车的尺寸在大手大脚的美国人看来是不可思议的，而更不可思议的还在后头——1957年，菲亚特500面世，车长连3米都不到，仅为2.97米，轴距呢？更别提了，1.84米。这些"以小见大"的"天文数字"造就了本文的主角——菲亚特500，小鼠又回来了，只是相比Topolino500，它更饱满圆润一些。

菲亚特500搭载0.5升的2缸发动机，最大输出功率为13马力，后升至22马力，最高车速接近100公里/小时。心脏那么小还能跑那么快，这得益于其极轻的体重：510千克。好比一个严格控制饮食的模特，吉亚克萨仿佛患上了"极简强迫症"，他将配置降至最低程度，手摇车窗不提供，连后视镜也没有。而"鸭子"的那把"伞"无疑是一个既吸引人又实惠的创意，吉亚克萨自然将其赋予"小鼠"，使它成为当年最小的敞篷汽车——如果"蛋"不算汽车的话。

丹特·吉亚克萨

虽然500明显比Topolino500短一截，但实用性却远超前辈，这是丹特·吉亚克萨的人生华彩，他左右菲亚特的设计长达40年之久。

菲亚特 600 (1955)

周末到了，开着车带着孩子出去转转，玩玩农家乐——世界人民的休闲方式貌似都和中国的差不多。

菲亚特 500 (1957)

菲亚特 600 Multipla Taxi (1956)

菲亚特 500 (1965)

相比当年，1965年的菲亚特500作了适度升级，车门不再使用“自杀式”前开门，改为现在通行的后开式。
而早在1959年，手摇车窗也已配备，不过，还是舍不得安装后视镜。
500的后置后驱布局来自其“兄长”600，“老大穿过的衣服老二接着穿”，这种布局方式还被延伸到以600为基础的出租车上。

Topolino500代表的底线还是高了，吉亚克萨通过菲亚特500重新划定了4座轿车的底线，它与Isetta就像两件紧身衣，一点儿也不多，但一点儿也不少。从1957年至1977年，“小鼠”共生产350万辆，风靡意大利几十年，如今的大众汽车集团设计总监沃尔特·德·席尔瓦（Walter De Silva）便有一辆，还经常开着去跑长途——“除了没空调，其他都挺好”。看来这根底线接受起来并不难，并且还延续了下去。1972年的都灵车展上，菲亚特发布了500的后续车型126。这回位高权重的吉亚克萨不再亲自“掌勺”，设计工作由著名的设计公司博通完成。轴距仍为1.84米，仍采用后置后驱布局，发动机还是2缸，照样没有后视镜。这使126更像是500“换汤不换药”的影子，就像一些足球教练所说：既然这套阵容能赢球，干嘛要换它？

126的主要阵地是东方，绝大部分产自菲亚特在波兰的工厂FSM，从1977年至2000年，共生产467万辆。我国曾在20世纪80年代进口了3万辆波兰生产的126P，它被北京人唤作“小P”、贵阳人唤作“甲壳虫”（我一直对此持保留态度），作为最早的出租车型之一，穿梭于城市的街头巷尾。

如果加上影子“小P”，菲亚特500“神形兼备”地存在了43年，寿命不可谓不长。然而事情还没完，2007年，新的菲亚特500上市，“小鼠”又回来啦——again！

“小鼠”的旅行款“女园丁”（Giardinera）、影子“小P”，以及现在的复古“小鼠”——严格地复古，连拍照的场景都“照单子抓药”。

菲亚特 126 (1972)

菲亚特 126 (1972)

菲亚特 500 Giardiniera (1957)

菲亚特 500 (2007)

战争的阴霾终于散去，世界迎来和平的阳光。对美国来说，20世纪50年代大抵是最美好的时光，被称作“黄金年代”。在这个“车轮上的国家”，汽车就像恣意怒放的花朵，开得铺张烂漫。而苦熬一个严冬的欧洲同样走进了春天，但气温没有美国那么高，花儿也依照各国国情，量体裁衣、适度开放。这个时期，汽车世界的主角，是美国。

This Masquerade

阳光灿烂的日子 画说1950~1960年

第二次世界大战对美国汽车的影响

这是一个很大的命题，我没有能力讲它。但仍然选择从这里入手，是因为作为战胜国，美国的国民经济与战前相比，发生了很大变化，而这些变化，自然也会影响到美国的汽车业。

在美剧《兄弟连》的结尾处，连长理查·温特斯简单地盘点了他的兄弟们战后的“下落”，从这些普通一兵身上，我们可以间接地感受一下战后美国人的生活状况，进而想象一下那个年代美国的经济环境对汽车业带来的影响，当然，仅仅是想象。

巴克·康普顿（Buck Compton）：
E连排长，战后成为洛杉矶的一名检察官。

大卫·韦布斯特（David Webster）：
E连士兵，战后在星期六晚邮报、华尔街日报任专栏作家。

乔治·勒兹（George Luz）：
E连士兵，战后成为一名杂务工。

乔·里嘎（Joe Liebgott）：
E连士兵，战后成为一名出租车司机。

弗兰克·帕康提（Frank Perconte）：
E连士兵，战后成为一名邮差。

强尼·马丁（Johnny Martin）：
E连班长，战后开设了自己的建筑公司。

“大牛”兰道曼（Bull Randleman）：
E连班长，战后从事土方挖掘工作。

罗纳德·斯皮尔斯（Ronald Speirs）：
E连连长，1958年重返德国任斯班道监狱典狱长，以中校军衔退役。

卡尔伍德·利普顿（Carwood Lipton，左）：
E连排长，战后在一家玻璃工厂做主管。
哈瑞·威尔旭（Harry Welsh，右）：
E连排长，战后在一所学校任行政主管。

路易斯·尼克森（Lewis Nixon，右）：
E连参谋，战后继承了尼克森化肥公司的产业。
理查·温特斯（Richard Winters，左）：
E连前任连长，战后在尼克森化肥公司任人事经理。
后在宾夕法尼亚买了一个农场，安度余生。

理查·温特斯说：“我们都因共同的经历而紧密相连，同时也为重新融入社会而竭尽全力。”以上一张张面孔，无论是在罗伯特·肯尼迪遇刺案的审判中举足轻重的检察官，还是默默无闻的杂务工，都沐浴在温暖和煦的阳光下。相信他们都安居乐业，相信他们都拥有一辆或不止一辆汽车，检察官的可能是气派稳重的三厢轿车，专栏作家的可能是充满个性的跑车，杂务工的可能是实用的旅行车，挖掘土方的可能是有力的越野车。与欧洲不同，战后美国厂商生产的汽车令人眼花缭乱，人们手头宽裕，消费诉求多种多样，而可供选择的产品也“摆满了货架”。在这个“车轮上的国家”，汽车仿佛比人更多、更重要。

亨利·卡迪埃-布勒松（Henri Cartier-Bresson）的摄影作品：一场垒球赛（1957）。
正如几十年前亨利·福特所说：“消费的飓风将会席卷大地。”如麻的画面颠倒了人的逻辑，看上去倒像是一群群车开着一辆辆人来到了赛场。

玛格丽特·伯克-怀特（Margaret Bourke-White）的摄影作品：等待救济粮（1937）。
尽管洪灾中衣食无着的百姓愁眉不展，宣传画上的标语仍然激动人心：“世界最高生活标准”“美国式生活独一无二”。
而这美国式生活的标志，显然就是汽车。

对比卡迪埃-布勒松与伯克-怀特的这两件摄影作品，可以看见1957年人们排队进入体育场看球，1937年的穷人却正在排队领吃的。当时美国正身陷一场波及全球的经济大萧条之中，人们颓丧、灰头土脸，而短短不到二十年之后，人们自得、红光满面，整个社会完成了一个“华丽的转身”。

美国人开着汽车进入汽车影院，与心上人相依，看着屏幕上的飞机掠过，听着不远处的火车驶过，“美国式生活”在当时果然独一无二。

左：O·温斯顿·林克（O Winston Link）的摄影作品：快车西进弗吉尼亚（1956）。
右：福特雷鸟与雪佛兰克尔维特，窈窕淑女，君子好车。

在这样复杂的页码内写文字好比去花鸟市场做演讲，最后自己都不知道自己在说什么。请允许我只是简单地交待一些必要信息：页上是1951年的别克广告——“开启一个充满全新体验的世界”，页下是1950年的别克广告——“1950的时髦”。与前面的小鼠相比，同是一家四口去吃农家乐，美国人的占地面积明显更大，“经济复苏”与“黄金年代”是有区别的，单看汽车与人的比例关系，还以为美国是小人国呢。

下页是1951年的福特广告，车型一大堆，并把每款车的价钱都标出来了。您觉得眼睛不够用么？那就对了，厂商的广告费不是白付的。这大约就是所谓“充满全新体验的世界”——现在看着都新鲜。

菲亚特 500 (1957) 别克 Century (1956)

FORD
BIG 1951 NEWS IS FORD'S FIRST H/T ("HARDTOP CONVERTIBLE,") THE VICTORIA !
(110,286 BLT.!) $1925.
TOTAL 1951 PRODUCTION : 1,013,381
CONVERTIBLE, BUSINESS CPE., CLUB CPE. and TUDOR SEDAN ALSO AVAIL.
FORDOR (232,691 CUSTOM, 54,265 DELUXE)
(CUSTOM HAS MORE CHROME TRIM)
$1465.
$1553.
1595.
CRESTLINER
(8703 BLT.)
51
new GRILLE
MORE PRONOUNCED TAIL LIGHT-HOUSING EXTENSION AROUND SIDE OF FENDER w. CHRM. TRIM
DUAL SPINNERS IN GRILLE
new VICTORIA H/T
VICT. WRAPAROUND REAR WINDOW
VICTORIA INTERIOR
$2029.
COUNTRY SQUIRE
(29,017 BLT.)
new DASH
You can pay more but you can't buy better!
1951
$1925.
VICTORIA H/T with WINDOWS OPEN
REAR (SEDAN)

凯迪拉克1957年广告——“就没有不认识的人”。
相比“小康”的别克，凯迪拉克针对的是“上流社会”，是名流们“见谁跟谁打招呼”时的最佳背景。

凯迪拉克1956年广告——“令他们永生难忘的圣诞”。
如果没猜错，这位美女便是玛丽莲·梦露（Marilyn Monroe），她一直与凯迪拉克的埃尔多拉多“有染”。

克莱斯勒1955年广告——“蓝色月下买到的最美面容”。
“100–MILLON–DOLLAR”？——不知啥意思，直译的话怪吓人的。

克莱斯勒1954年广告——“美国最好的车已经造出来啦”。
那又怎样？那会儿的汽车就像时装，就算是最好的，也会迅速过时。

如果又没猜错，右上这位趴在1955年DKW36发动机舱盖上的美女便是“茜茜公主”——德国电影明星罗密·施奈德（Romy Schneider）。
施奈德“代言”的DKW与梦露“代言”的埃尔多拉多相比……唉，确实有些寒酸。
DKW是不是太没名气了？差不多，只知道它是奥迪的又一个前身。
其实我很喜欢施奈德，梦露的电影倒是一部也没看。

月色撩人、歌舞升平、阳光灿烂、纸醉金迷、罄竹难书……如果您愿意，可以拉出一个冗长的四字诀清单来形容美国的黄金年代。从1949年至60年代末，美国的股票市场翻了5倍，财富以爆炸的方式增长。无论是入门还是小康抑或高端，美国人总能找到对自己胃口与钱袋的车，风光无限、志得意满。据说那时美国的汽油价钱和水的价钱差不多，因此家庭妇女们开着V8的“大轿子”去超市买面包、打酱油——Why not?

在消费大潮的推动下，任何商品都极易过时，宛如坐过山车一般，火速蹿红、立马黯淡，哪怕给新车裹上保鲜膜放进冰箱，也无法延缓其长皱纹的进度。汽车的排量惊人，外形比排量更惊人，各式各样的新鲜刺激刺激着眼球、刺激着神经。车型高频次地刷新（用“更新”太淡定），因为刚一上市，就要下架了。

厂商像卖衣服一般卖汽车，消费者像买衣服一般买汽车，设计师挖空心思殚精竭虑，否则只能坐以待毙。在历史进程中，这是个疯狂的时代，但从设计的角度来说，这未必不是好事，各种可能性会被一一尝试，就像一个贪吃的馋鬼，可能消化系统不堪重负，但是至少，吃过了，晓得是什么滋味。

雪佛兰克尔维特1960年广告，这是美国大马力“肌肉车”的代表之一。

凯迪拉克，布鲁斯

“沃特斯先生，我们是您的大粉丝，我们乐队便是用您的一首歌命的名。”

“是吗？”

“嗯，‘滚石’。”

这是电影《蓝调传奇》（Cadillac Records）中的一幕：1965年的一天，几个发型怪异的英国青年飞跃重洋，来到美国芝加哥，在路边卸行李时遇见一个中年黑人，小伙伴们有点惊呆了，遂上前搭腔。这个黑人，名叫穆迪·沃特斯（Muddy Waters），而这几个英国青年，只算说话的，名叫米克·贾格尔（Mick Jagger），把没说话的全算上，叫做滚石乐队（The Rolling Stones）。

电影《蓝调传奇》讲述的是一位唱片公司老板与几位布鲁斯（即蓝调）音乐家的真实故事。1947年，波兰后裔莱昂纳德·切斯（Leonard Chess）在芝加哥黑人街区自己开设的酒吧中遇到了来自密西西比的佃农沃特斯，被他演奏的布鲁斯吉他所吸引，不久后为他录制了一首自弹自唱的歌曲，并一起开着新买的凯迪拉克四处奔走，不惜贿赂电台DJ，播放沃特斯的这首歌。穆迪·沃特斯迅速火了起来，成为最早演奏电声布鲁斯吉他的大师，那辆凯迪拉克，也归了他。1950年，切斯创建了芝加哥最好的录音棚，从此拉开了切斯唱片公司的帷幕。

“蓝调传奇”是意译，英文名直译是“凯迪拉克唱片公司”，这是因为音乐家一旦“出息”了，老板切斯便会将一把新款凯迪拉克的车钥匙交给他，所以“Chess Records”又被戏称为“Cadillac Records”。在黑人街区，凯迪拉克可是围观的对象，有多少凯迪拉克被开着来上班，就表明公司里有多少大腕。有多少大腕呢？穆迪·沃特斯、里特·沃尔特（Little Walter）、霍林·沃尔夫（Howlin' Wolf）、查克·巴瑞（Chuck Berry）、艾塔·詹姆斯（Etta James）。这些都是当时的

Muddy Waters

Chuck Berry

Willie Dixon

大明星，查克·巴瑞更是“摇滚乐”（Rock N' Roll）的开山鼻祖，同时代美国当红乐队沙滩男孩（The Beach Boys）的流行金曲《Surfin' USA》除了歌词以外，其余部分都与巴瑞的某首歌没有区别，为此，巴瑞起诉沙滩男孩并胜诉。还有一位幕后大腕——威利·迪克森（Willie Dixon），他为里特·沃尔特、霍林·沃尔夫、艾塔·詹姆斯创作歌曲，20世纪60年代红得发紫的英国重金属乐队齐柏林飞船（Led Zeppelin）因为侵权，赔了他一百万美元。我翻出唱片来听了一下，有首歌确实很像将迪克森的两件作品合二为一的产物，其中的反复和弦完全是照搬，而这首歌，曾经在2008年北京奥运会闭幕式的“伦敦8分钟”中演出。由于拥有歌曲的著作权，迪克森甚至比大部分乐手过得好，大名鼎鼎的鲍勃·迪伦、大门乐队（The Doors）、滚石乐队都曾演唱他的作品。

布鲁斯这种相当于底层黑人“劳动号子”的音乐形式成为了现代流行音乐的“地基”，甲壳虫与滚石在出道初期，都翻唱了大量布鲁斯作品，并大受欢迎。但在那个种族隔离尚未消除的年代，黑人注定只是主流社会的陪衬。音乐的消费者喜爱那些撩拨全身的旋律与节奏，但不在乎它来自谁——不，很在乎，如果唱歌的是一个同样撩拨全身的俊男，那就只剩下尖叫了，同时用双手捶打下颌或是撕扯头发——这样的情景不断在“猫王”埃尔维斯·普雷斯利（Elvis Presley）的演唱会中出现。

20世纪50年代美国的流行符号是玛丽莲·梦露与“猫王”，他们都与凯迪拉克关系过从。若单论拥有凯迪拉克的数量，“猫王”让人望尘莫及——100多辆！就算匀着开，一年下来，每辆车只分得到3天。

仿佛赤兔马之于关公，凯迪拉克简直就是“符号之符号”，与其光鲜形象相比，布鲁斯是晦涩的，它始于人的内心，亦止于人的内心。这起点与终点，都与凯迪拉克不相干。

凯迪拉克1954年广告——
“你都不用问他们是开什么车来的”。

“猫王”与他百里挑一的凯迪拉克。

电影中的这一幕存在大“穿帮”，您能找到么？
提示一下：此时切斯的录音棚还不存在。
找不到也没关系，再往后看几页您自然就明白了。

Queen

The Beatles

Sex Pistols

The Who

Led Zeppelin

Pink Floyd

David Bowie

Dire Straits

The Rolling Stones

Elton John

Wham!

Eric Clapton

The Police

Pet Shop Boys

U2

Annie Lennox

The Cure

Sinead O'connor

这一整页的乐队、歌手都是世界流行音乐史上举足轻重的人物，他们皆来自英伦三岛。点一下名：甲壳虫（The Beatles）、皇后（Queen）、滚石（The Rolling Stones）、齐柏林飞船（Led Zeppelin）、性手枪（Sex Pistols）、谁人（The Who）、大卫·鲍依（David Bowie）、埃里克·克莱普顿（Eric Clapton）、安妮·莱侬克斯（Annie Lennox）、宠物店男孩（Pet Shop Boys）的作品都入选了2012年的伦敦奥运会开幕式，出现在歌曲串烧或是运动员进场仪式中。其余没“参加”开幕式的埃尔顿·约翰（Elton John）、恐怖海峡（Dire Straits）、平克·弗洛伊德（Pink Floyd）、威猛（Wham!）、警察（The Police）、U2、治疗（The Cure）、辛尼·奥康纳（Sinead O'connor）也都是响当当的大腕儿。腕儿太多，开幕式的舞台太小，根本盛不下，再者这些都是一人一台戏的主，奥组委愿意请，人家还未必愿意来。

英国的流行音乐实在太强，强到无需为奥运会“征集”主题歌，强到年逾七旬的“老甲壳虫”保罗·麦卡特尼（Paul McCartney）现场表演，根本不需要“技术处理”，自己真弹真唱不说，还撺掇着全场人一起“啦啦啦”。从英国的流行音乐档案室里随手一划拉，便能将经典曲目装满一麻袋，这些音乐家的风格各异——重金属、布鲁斯、迷幻、朋克、后朋克、乡谣、新浪潮、舞曲、雷吉、灵歌……他们作品众多——如果您想上网搜搜试试，我劝您打消这个念头，不消3分钟，您就会发现自己面对的是一个浩若烟海的世界，套用我们耳熟能详的电视腔——“一场音乐的饕餮盛宴”——只怕耳朵会消化不良，而以上提到的这些音乐家，只是这个岛国流行音乐产业的冰山一角——请原谅，我对流行音乐知之甚少，无法为您开据详尽的名单。

自从1957年甲壳虫乐队诞生之后，英伦三岛的乐队、歌手如雨后春笋一般层出不穷，巨大的唱片销量为英国带来巨额的外汇收入，无需烟囱的流行音乐产业也成为这个老牌工业强国的骄傲。难怪伦敦奥运会开幕式上英国人给流行音乐留足了篇幅，因为这些作品也给他们挣足了颜面。而早在2008年北京奥运会闭幕式上的“伦敦8分钟”，英国就派出了齐柏林飞船的主音吉他手吉米·佩奇（Jimmy Page）在鸟巢演奏自己的经典曲目——这可是摇滚乐史上最牛的吉他手之一。

扯得有些远了是吧？本是在写美国汽车，怎么会唠叨起英国音乐来？是的，与美国汽车一样，20世纪50年代之后，英国音乐迎来了黄金年代。对现代人来说，音乐也好，汽车也罢，其黄金年代都已付水流，成为一些关心它们的人心中的记忆。不同的是，音乐的存储方式使其更容易被人想起，于是装进记忆五斗橱的上面几层抽屉。而汽车，时间长了就变成废铁，只能放入最底的几层。

在英国音乐爆发性发展的年代里，人们迫切希望看见新面孔，听见新声音，因为流行音乐本就不是地久天长的“耐用品”，而是日新月异的“消费品”。在一开始的新鲜劲过去之后，接踵而至的往往是空虚与乏力，而解决这乏力的办法是，迅速填入新的空虚。所以人在消费一张唱片的时候，准确地说，其实是在消费“想买这张唱片的欲望”。钱付掉之后，这欲望得到了满足，但很快空虚与乏力便会袭来，遂又产生新的欲望，促成再一次的消费。人类便在这消费——空虚——再消费的循环中“找到自己”，所以面对消费大潮，人类防身的“武器”就是钞票，以消费来对抗消费。我们身边不是经常有人发狂地买衣服，然后不穿，挂起，再买么？

长时间听一首歌自然会让耳朵起老茧，推陈出新便成为音乐产业的一大主题。于是，形式、内容不断变换，音乐家都希望自己的风格能够迅速扣人心弦，同时还要经久不衰。相比之下，前者更容易做到，因为人总有好奇心，而后者就难以实现了，大浪淘沙一般，最终剩下的，便被称为“经典”。这也许就是伦敦奥运会不在乎主题歌的原因——经典那么多，拿出来用就是了。

黄金年代的美国汽车也有着类似的发展轨迹，就像听到一首歌能让人想起一段岁月一样，看到一辆车，也能让人感受到当年的气息。汽车身上汇集了当下人们的审美情趣，它是时髦的载体，因为如果它不时髦，就卖不出去了。那么时髦之后是否还会有经典呢？会有的，但是是少数。

在后文中，就让我们梳理一下20世纪50年代美国汽车的发展轨迹，读一读黄金年代的时髦图谱。

福特 Custom (1949) 宝马 328 (1939)
Cisitalia 202 (1947) 凯迪拉克 Sixty-Two (1948)

平整的车身

第二次世界大战结束之后，车身的抹平成为汽车外形最显著的变化，代表车型就是福特于1949年推出的Custom。在那个“喜新厌旧”的年代，它可谓应运而生，仿佛随着这款车的上市，人们翘首以盼的“新时代”亦开启大幕——事实也基本如此，这种新的设计语言主导了之后的汽车设计。

事实上，福特Custom并非最早采用平整车身的车型，早在1939年的宝马328身上，轮拱便已消失，此外，零零星星一些小众车型也采用了这样的设计手法，不过影响不大。而通用帝国自然不甘人后，1948年的车型上已经删除了前轮拱的弧线，不过“迟来一步”的福特Custom做得更彻底，前后轮拱同时消失，车身表面就像一面湖水，仿佛什么也没发生过。

既然1939年就能这么做，这说明车身的抹平并非技术问题，而是一个观念问题，是消费者的审美选择。从诞生以来的几十年里，汽车在人们心目中的形象一直都是轮拱罩着车轮，并脱离车身“支”在外边，如果不这样，似乎就不是汽车了。忽然把车轮“收编”，缩进车身里面，这让人不适应、不习惯。但与战争中的不测风云、旦夕祸福相比，这点儿变化又算什么？战后人们对变化的容许程度提高了，美国人对消费品的态度更是盼着变、怕不变，而汽车设计传统深厚的欧洲正忙于经济复苏，话语权已旁落美国，即便有心发声，也无力宏亮，因此美国担任“领唱”亦是顺水推舟、自然而然。

观念放在一边，纯粹从设计的角度来说，平整车身的真正意义在于功能性的提升，这要绕到车头才能看出来——车身外扩，与车轮齐平，这无疑加大了车内空间，这一点仅在外面看是很难感受到的，因此我猜很多美国人是坐进福特Custom之后才真正决定买下它。

与普通人的认识不同，设计工作的真正重心在于解决功能问题，即怎么才能“好用”而不仅仅是“好看”。好用是可以通过后天努力来完善的，而好看更像是先天塑造，是一种更接近“感觉”的东西。比如女人，美貌倾城不易，德行高尚更难，既美貌倾城，又德行高尚，这是“极品”。而人在面对“不好看”时，亦有“审丑疲劳”，即便是“鸭子”也会有“翻身”的一天——“吐着吐着就习惯了”。所以，“吐也吐不习惯”的更是“极品”，就像某些网络红人。

好看与否只是相对的，具有时效性，随着时代的变迁，标准在发生改变甚至颠倒，好用与否却是绝对的，标准只会越来越高。因而平整车身逐渐成为主流的根本原因并不在于它新鲜的形象对人眼的刺激，而是在于它更合理，更好用。

❶ 车身窄车轮宽：驾驶人没有得到宽度的好处，却要应付宽度带来的麻烦——“蹭上了？可是我已经很注意了……”
❷ 车身与车轮同宽：驾驶人享受的福利与应尽的义务成正比——“蹭上了？哦，下回注意。”
❸ 车身宽而车轮窄：驾驶人貌似得到宽度的好处——“蹭上了？别扒瞎！蹭上我能不知道？”

萨博 UrSaab (1947)

您觉得第三种设计很无厘头是吧？真有的：为了“流线”，把前轮罩起来，可是前轮要转向……只好把车身再向外扩，给前轮腾地儿。
此即过犹不及，看上去活像一位穿长裙的女子赶路，前面总是遇到泥塘，只好总是提着裙子踮着脚，不知道的还以为是芭蕾演员。

三厢的形成

电影《斯巴达克斯》中，斯巴达克斯说他想知道风是怎么来的，瓦莲尼亚告诉他：“从前，在一个山洞里，住着一个年轻英俊的神。他梦见了姑娘，叹了口气，于是，就变成了一股风。”我本想把这段初中时听着睡觉的台词拿来比喻三厢轿车的形成，却发现二者基本不相干。虽然三厢的形成就像身边吹过的一阵风，让人不知不觉，但总不能说：“他梦见了姑娘，叹了口气，于是，就变成了一辆三厢轿车。”好像《阿甘正传》里的一句台词更能牵强附会一些：“当我到了那里，我想既然我都跑了这么远，不如继续跑下去。”这是在说汽车上的一根线条——当前轮拱消失之后，发动机舱盖变成了一个整平面，它与侧面的转角几近直角，这使两个面的交接位置出现了一根直线条。这条直线从车头出发，向后延伸，经过侧窗，并将侧窗下沿线吸收进来，共同向车尾行进。到达尾窗（C柱的位置）时，“既然跑了这么远，不如接着跑”，于是线条继续向后延伸，超出了尾窗，行李舱便出现了——这种说法太一厢情愿，几近胡诌，但是看看下面的图，您大概又会觉得还是有道理。

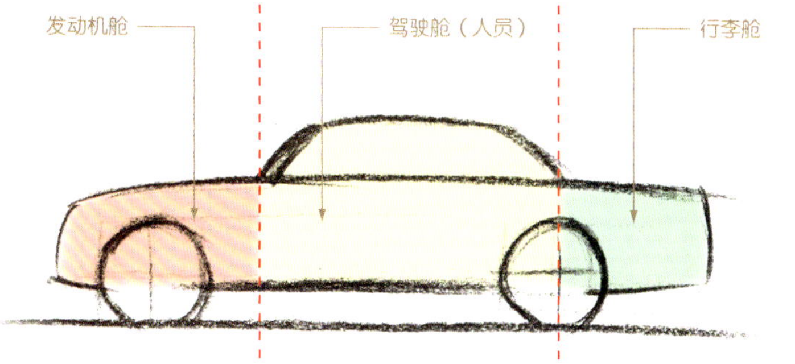

这条直线从车头始发，至车尾终结，途径发动机舱、驾驶舱、行李舱三个“大站”，纵贯车身，将这三个相互隔离的厢体串联起来，这就是“三厢轿车”的概念。从20世纪50年代出现直到今天，三厢一直都是轿车厢体划分的主流形式。

别克 Roadmaster Riviera (1957)

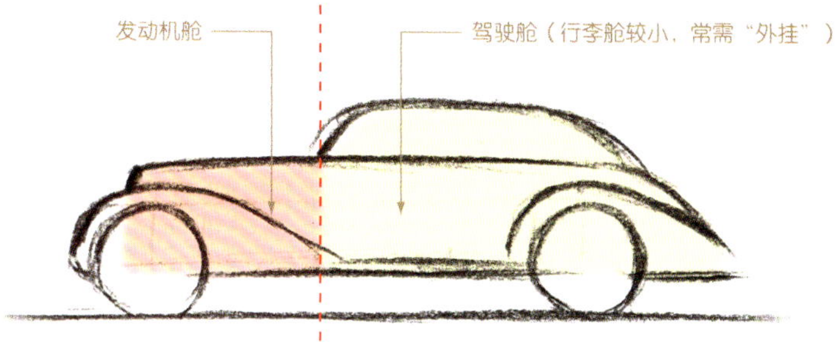

梅赛德斯-奔驰 170 (1937)

在三厢轿车出现之前，轿车上同样有这样一条直线，不过似乎并不明显，这是因为：首先，这条直线行至后轮上方便下坠消融在车尾；其次，前后两个轮拱很“夺目”，在视觉上弱化了这条直线。因此，轮拱消失之前的轿车，现在看来更像如今所说的“两厢轿车”。其车身结构是“前加后”式的，A柱位置仿佛有一根垂直的“分界线”将车身切开。而三厢轿车的结构则变成了“上加下”，这条水平线将汽车拦腰切开，从侧面看，仿佛一个梯形扣在了一个长方形之上。

这个“长方形”带来的最显著变化就是后悬的加长，发动机舱盖与行李舱盖长度相当，产生了一种视觉上的均衡感。从功能性上来说，后排座椅位于后轮之前成为固定格式，后轮罩则在行李舱内，这使功能区域的划分更加清晰，不会出现之前某些车型上的“人货混装”情形，而后排座椅放在后轮的前方，也使汽车的宽度不被浪费，这些空间布置方式经住了时间的考验，一直沿用至今。

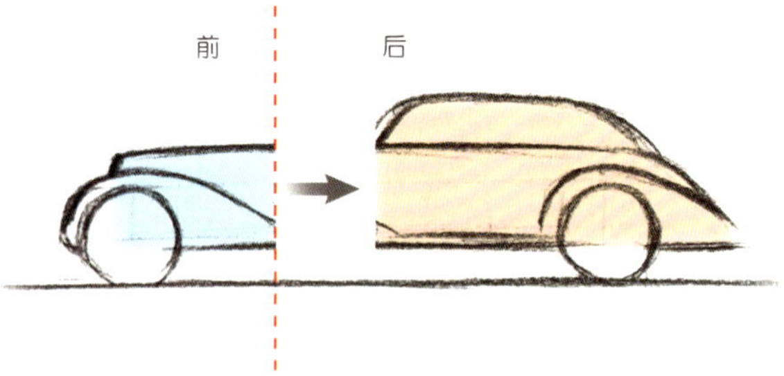

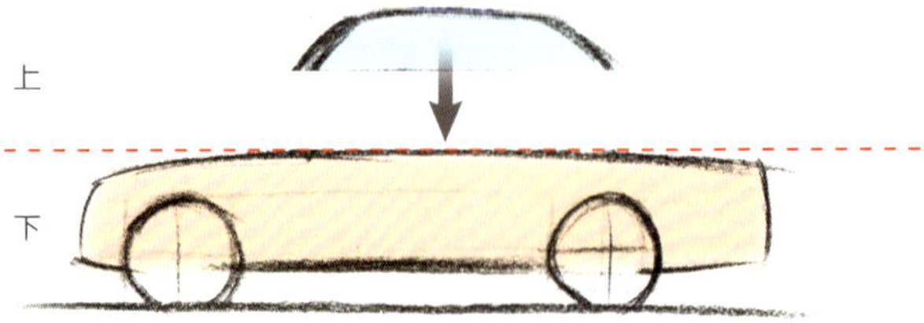

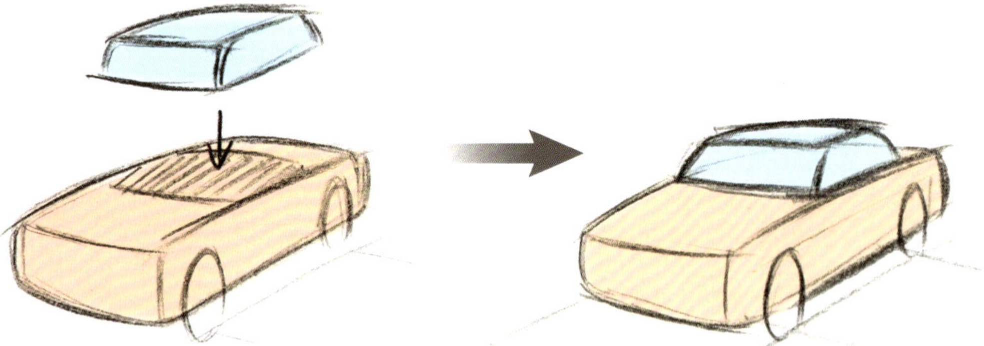

1937年的梅赛德斯-奔驰320Pullman后座“夹在”后轮之间，好处大概就是可以用后轮罩做扶手。
1954年的凯迪拉克弗里特伍德后座“枕着”后轮，充分利用了车身宽度，2米的车宽使前后座都能松快地乘坐3个人，后座中间不坐人时则可以提供一个硕大的中央扶手。

梅赛德斯-奔驰 320 Pullman (1937)

凯迪拉克 Fleetwood (1954)

不单单是后排乘客，20世纪50年代以后的汽车令坐在车头拍照的美女也失去了扶手，舒适程度与安全程度皆有所下降。

车头变平整、车身变平整、后悬变长……按说，三厢轿车与之前的轿车形象相去甚远，人们应该感觉不适应才是，怎会就这么欣然接受了呢？原因之一便是前文提到的，战后人们对变化的容许程度提高了，尤其是美国人，而美国对世界的影响力巨大；原因之二在于，三厢轿车并未超出人们潜意识里对汽车形象的设定，甚至还产生了某些自己都不清楚的暗合。

三厢形成之前，汽车形象是与马车的暗合，发动机舱对应的是前面套着的马，驾驶舱对应的是马后面拉着的车厢。那么与三厢轿车对应的暗合又是什么呢？

是的，轿子，英文“sedan chair”，三厢轿车的英文称谓就是“sedan”。中国的南方也把轿子称作“滑竿儿”，轿夫就是“抬滑竿儿的”——参见电影《抓壮丁》，而北京话里也把“轿子”用来称呼轿车，比如“奔驰的大轿子”——参见电影《没完没了》。把轿车称作轿子，这算得生命轮回转世投胎了，直截了当戳穿了我在前面设下的埋伏——什么“暗合”？根本是“明合”。好罢，弃暗投明，看一看怎么个合法？

有了这样的潜意识呼应，三厢轿车没花什么力气便得到了认同。而它后边的行李舱确实好用，无需再把箱子绑在车外背着。于是这种“前面有鼻子后面有尾巴”的车身形式逐渐被固化，形成了人们评判汽车形态时所调用的观念。

在中国，这观念更是“遭到”强化——“八抬大轿”——这个词不仅是在公布抬轿子的人数，还顺带引申出一些其他含义，诸如“气派”“排场”“地位”之类。现在您大概明白中国人为何对三厢轿车情有独钟了吧？在很多人眼里，两厢轿车仿佛被剪掉尾巴的公鸡——“光秃秃”的。

有趣的是，从上文可以看到，其实早期轿车的形态更接近于两厢轿车，这与先三厢后两厢的历史顺序似乎不符，却为后来高尔夫的成功做了潜在的铺垫，当然，此乃后话。

在20世纪50年代的美国人眼里，行李厢就不止是“公鸡的尾巴”了，而是“孔雀的尾巴”，或者燕尾服的“燕尾”。长度不够便会很寒酸，仅仅够长也还是寒酸，这个部位承担着炫耀的功能，好比那句话：“打球要看下半场”。

别克 LeSabre (1959)

克莱斯勒 300C (1957)

奥兹莫比尔 98 Fiesta (1953)

水星 Montclair (1958)

我们都知道美国人身高腿长，但与他们的克莱斯勒300C相比真是小巫见到大巫了，小两口一起去吹吹风也这么大动干戈。
别克LeSabre的这张照片有些变形，可能是因为使用了大广角，看起来很宽，真真多此一举，这画面中的一切本就都是16:9的。
奥兹莫比尔98Fiesta的行李舱让人误以为是用来晒被子的凉台，而水星Montclair的车尾则像电影《疯狂的赛车》里的台词：“你这还是复式结构？”“不好意思，我们这是往下一层好吧。”
下图埃尔多拉多的尾巴蔚为壮观，令人叹为观止——“哇，又升仙啦！！嗯？为啷个要说‘又’嘛？”（四川话版）。

凯迪拉克 Eldorado (1959)

雪佛兰 Corvette (1959)

雪佛兰 Bel Air (1955)

一个朋友曾跟我说起他在美国威斯康辛留学时的经历，让我印象最深的是那里的人家不锁门。有位中国母亲去看儿子，一天外出时照中国习惯锁上了房门，恰好儿子回家取忘带的电脑，心急火燎却进不了屋，因为他根本就没带钥匙。后来埋怨母亲：“锁门干嘛呀！”母亲顿时无言以对。

我猜敞篷车就是这种“一不怕偷，二不怕惦记”的美国习俗在汽车上的充分体现。敞篷可以使车内乘员与外界的沟通更顺畅，在PM2.5不爆表的前提下，是个亲近大自然的好渠道。早期的轿车大多是敞篷的，使用篷布制作的软顶，就像折叠伞，收起来不占地方。后来硬顶轿车成为主流，但没人想要把顶敞开，因为卸下来没地方搁。随着车尾比车顶还长的三厢轿车遍布美国，硬顶敞篷成为可能，因为长长的车尾为车顶提供了休息室。像福特Fairlane这样的收纳过程是非常高端大气上档次的：行李舱盖自行掀开，整个车顶拆迁一般地整体挪进车尾，行李舱盖再自行合上，一点儿痕迹也不露，下雨时又反着来一遍，时髦得很。只是，敞篷时行李舱就变成“实心”的了，再装不下其他物品。不过对于黄金年代的美国人来说这倒也没什么，要装东西的话，就再买一辆旅行轿车，换着开。

福特 Fairlane 500 (1959)

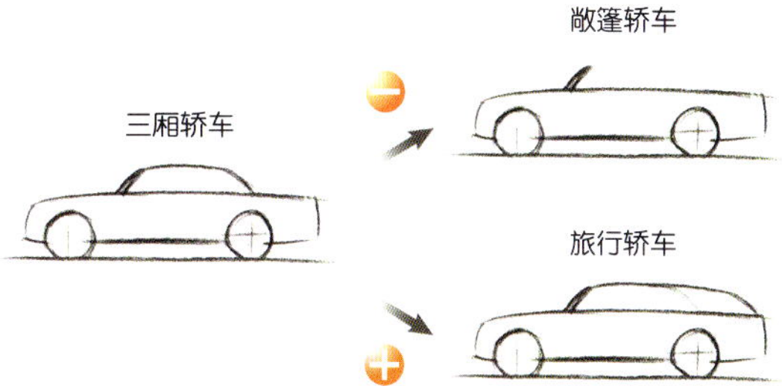

敞篷轿车是在三厢轿车上“做减法”的结果，看上去像“一厢轿车”，如果“做加法”，得出的结果就是旅行轿车了。旅行轿车的车顶一直延伸至车尾，把行李舱上方的那块“闲置空间”纳入了车内，类似新房装修时的“封凉台”，驾驶舱与扩充后的行李舱合为一体，最大限度地创造了车内空间。随着尾窗的后移，C柱不再位于驾驶舱的最后端，取而代之的是新增加的D柱，而行李厢盖也变成了一个巨大的尾门，可以装载、取放三厢轿车无法应对的大件物品。与敞篷轿车上功能性的缺失相反，旅行轿车的装载能力远胜三厢轿车，而此类装载需求往往出现在举家外出游玩的时候，故而得名旅行轿车。说白了就是既能装人又能拉东西，两方面都不耽误，很实惠。

庞蒂克 Star Chief Safari (1957)

雪佛兰 Bel Air Nomad (1955)

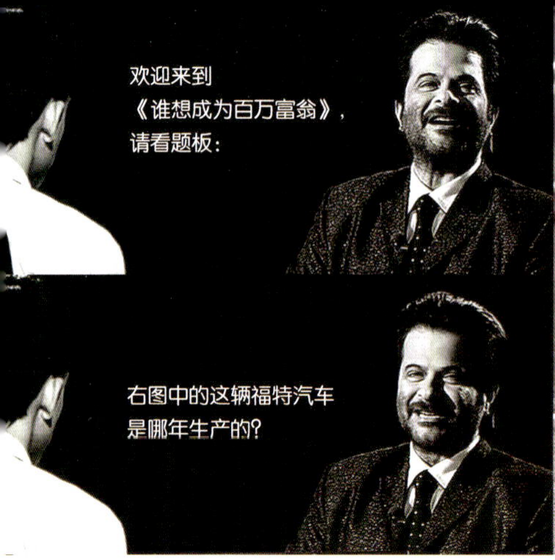

福特 Glasspar (1951)

视而不见的曲面

这是电影《贫民窟的百万富翁》中的片段（当然，被我杜撰过了）：“欢迎来到《谁想成为百万富翁》，请看题板：右图中的这辆福特汽车是哪年生产的？A. 1951；B. 1953；C. 1956；D. 1959。”您的答案是哪个？1953？恭喜您答错了。请看右下图，1952年的福特Customline就已经是个样子了，什么样子？您看出来了么？这又能说明什么？请注意左边的小图，答案就在里面，包括前文提出的关于“大穿帮”的答案，也在里面。

福特 Customline (1952)

“题目中”的跑车是1951年的福特Glasspar，我的好朋友觉得它非常轻盈，像一只刚刚滑过水面的燕子。我同意他的看法，但有一点不和谐的地方我没有告诉他，因为打算留着写在书里。这辆Glasspar周身被柔和的曲线包围，如果您不注意，不会看到那个“不搭”的部位——前窗——唯有前窗是直挺挺的，没有曲线。是设计师故意而为么？当然不是；是设计师感觉不到这直线与周身曲线的冲突？当然更不是。其实和设计师没有关系，造成这种不和谐的原因在于：那时候还没有曲面玻璃，设计师也是难为无米之炊。与同期的其他汽车一样，福特Glasspar的玻璃不能“拐弯”，只好在中间位置折一下，由两块平面玻璃拼成前窗，所以前窗中间有一根“筋”。这显然太不时髦了，与黄金年代格格不入，1952年，曲面玻璃开始普及，福特Customline前窗也不再“一根筋”。

其实曲面玻璃在1950年便已出现在汽车上，看看右边两张凯迪拉克的照片，您大概明白电影《蓝调传奇》中的穿帮镜头是咋回事了吧？切斯站在自己酒吧的门口，这说明当时不到1950年，因为1950年这酒吧已经消失了，切斯用火灾得到的保险赔款创建了录音棚。可是跟他说话的美女却坐在一辆前窗玻璃大幅度弯曲的凯迪拉克中，1950年之前，玻璃还不能如此委婉动人。

凯迪拉克 Sixty-Two (1950)

凯迪拉克 Eldorado (1953)

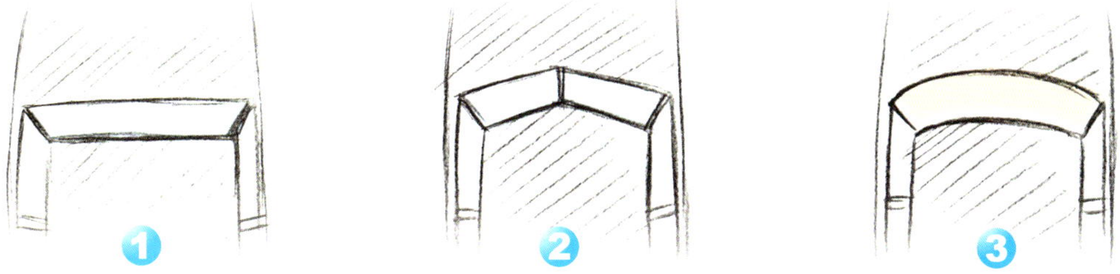

在曲面玻璃出现之前，汽车的前窗有两种形式：平行于车轴的一块整玻璃或者与车轴成一定夹角的两块组合玻璃。第一种形式中间没有“筋”，但会增大风阻；第二种形式有利于降低风阻，但中间必须“加筋”。这两种形式从汽车发明开始，顽强地存在了半个多世纪。无论是否增加风阻，反正都不好看，尤其是在全身上下曲线流动的车型上，更显得突兀。直到1950或者1951或者1952年，曲面玻璃普及，这个问题才迎刃而解。既降低了风阻，又美观大方，特别是，设计师不但可以摆脱玻璃的掣肘，而且还能借题发挥了，透明的车窗不再被人视而不见，转而开始夺人眼球。

玻璃可以弯曲，意味着A柱不再必须与玻璃保持一致的倾斜角度。于是A柱与玻璃的关系出现了以下三种形式：①A柱与玻璃几近平行，它与水平线的夹角小于90度；②A柱“不理会”玻璃的倾斜角度，它与水平线的夹角等于90度；③A柱与玻璃的倾斜方向完全相反，它与水平线的夹角大于90度。显然，第一种形式更接近于早期的汽车，没什么新意；第二种形式进步得较为克制；第三种形式则像体操里的高难度动作，对玻璃的制作要求更高，距离“旧时代”更遥远，更有新意，也更时髦、更“显摆”。

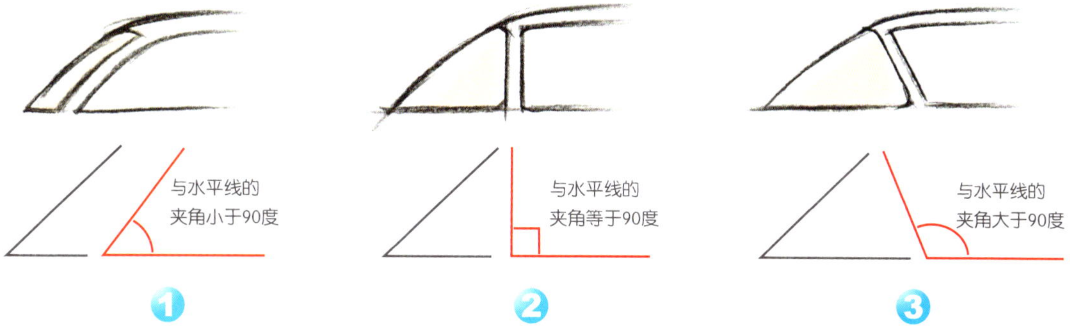

C柱与尾窗玻璃的关系也如是，因此造就了一些今天看来充满“逆向思维”意味的车窗组合，仿佛把长方形之上的那个梯形装倒了。

事实上，除了观感新奇，这种垂直甚至“逆反”的A柱、C柱有其厚道的实用功能——开阔视野。现代人驾车都有这样的体验：越是“动感”的汽车，A柱就越粗越倾斜，同时也就越碍事。尤其左转弯时，仿佛眼里有一粒硕大的眼屎永远挥之不去，弄得探头探脑如同偷窥一般，就这样还难保斜刺里闪出一个未经预告的人影吓您一跳。而黄金年代的驾驶人就没这个烦恼，A柱退得很靠后，前窗基本是全景的，与如今的对比就像崔健的歌词：“你的视野开阔而我的窄，我看不清你对我是好还是坏。”

别克1958年广告“内什么，一眼看穿”。

福特 Ranchero Custom 300 (1957)

雪佛兰 Bel Air (1959)

凯迪拉克 Eldorado (1953) 凯迪拉克 Eldorado (1959)

车高的固定

上图中两款车都是凯迪拉克的埃尔多拉多，左边的是1953年款，右边的是1959年款。只用了6年时间，埃尔多拉多完成了一项与“旧世界”彻底决裂的转变，这就是车高的降低并固定。1953年款的车高是1.53米，1959年款的车高是1.41米，降低之后，车标不能站着了，只好躺着。

从汽车诞生开始，轿车的车高一直在走“下坡路”，问题是，降到多低最合适？答案是1.4米左右。这个高度既能提供较好的操控性，又能兼顾舒适性，因此，今天的轿车车高普遍在1.4米到1.5米之间，而确认这个数字的年代，就是20世纪50年代。

低的车高能带来高的整体比例值，这使汽车看起来更修长。尤其美国轿车，轴距动辄3米以上，宽度动辄2米以上，车长动辄5米以上，配以1.4米的车高，看起来“扁扁”的，这正是长期以来美国轿车留给人的印象。

别克 Invicta (1959)

水星 Montclair (1955)

凯迪拉克 LaSalle II 概念车 (1955)

凯迪拉克 Sixty-Two (1954)

从1950年到1959年，9年间人的身高应该不会大变，当他们与车合影时比例不同了，这说明车高在变。
LaSalle概念车这样的车高也就是弄着玩玩儿，像一把小马扎，不留神怕是会被它绊一跤。
Sixty-Two这样的“大浴缸”才是主流，不过没多久就被Bel Air这样的“大澡盆”取代了。

雪佛兰 Bel Air Impala (1958)

前脸格式的确认

雪佛兰 El Camino (1959)

随着车高的降低，美国轿车的前脸也在“辞旧迎新”，由初期的“YJob格式”转变为一直沿用至今的固定格式——“三段体”。

初期，车鼻以“鼓包”的形式存在着，前脸的截面面积较大，显得比较“厚”；中期，“鼓包”被铲平，原本隆起的部分与前灯持平，有些车型甚至下凹，形成两边高中间低的格局；末期，车高继续降低，整个发动机舱盖完全“找平”，前脸的截面面积有效减小，看起来很“薄”。它的三个主要组成部分——前照灯、进气格栅、保险杠之间的组合关系也在发生变化。

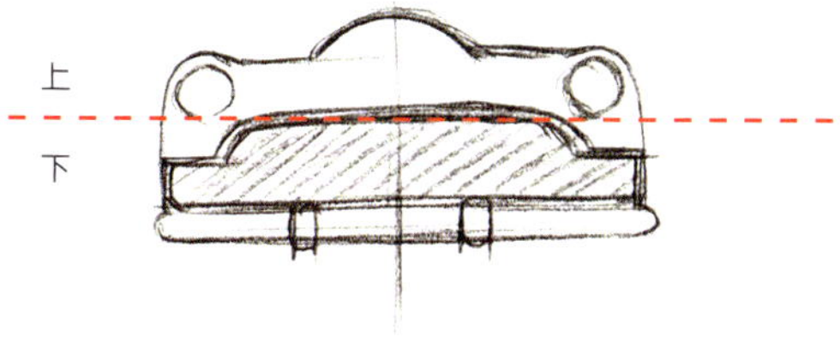

初期，前灯独立存在于前脸上部，进气格栅、保险杠整合为一体，居于前脸下部，三者保持“上、下”的组合关系，这是“YJob格式”的延续。

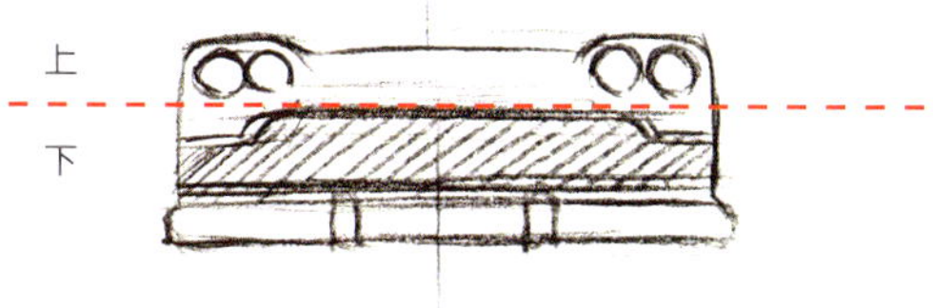

中期，隆起的“鼓包”消失，三者仍然保持“上、下”关系，开始出现两个前灯合为一组的形式。

末期，极少数车型上出现了“三段体”。前灯仿佛被“挤进”进气格栅的领地，二者整合为一体。保险杠上提，前脸被分为上、中、下三部分。虽然车型极少，但日后这种“三段体”成为了轿车前脸的固定格式。

凯迪拉克 Eldorado (1953)

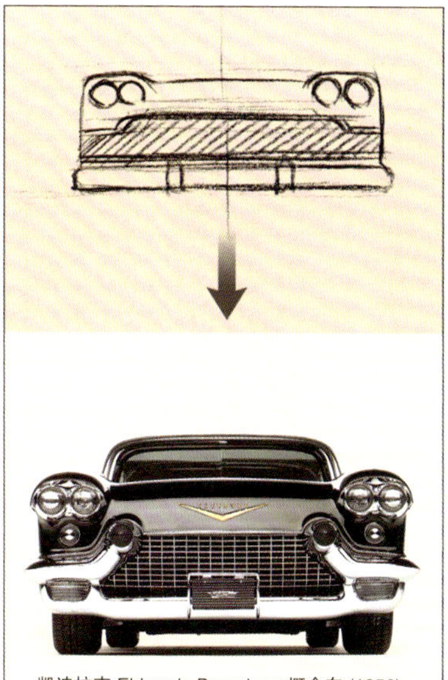

凯迪拉克 Eldorado Brougham 概念车 (1956)

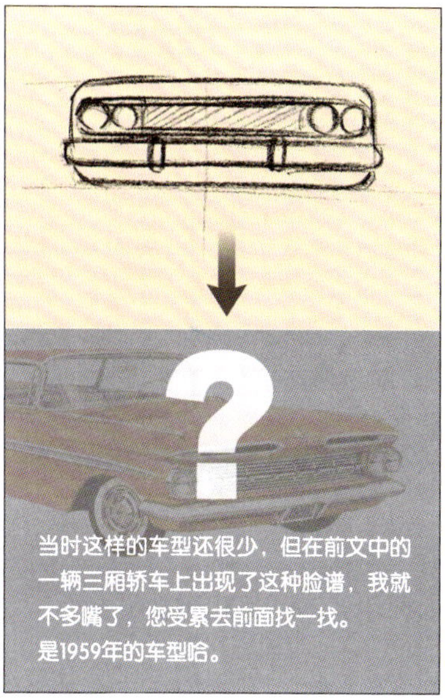

雪佛兰 Bel Air (1956)

摩登符号——双色车身

每当看到双色车身，我总会想到电影《因父之名》中杰瑞一身嬉皮打扮回家的情形——
一双红白相间的双色皮鞋出现在镜头中，接着The Kinks乐队的歌曲《时尚的忠实追随者》（Dedicated Follower of Fashion）起奏。
在贝尔法斯特阴沉的街道上，杰瑞显得那么咋眼，孩子们跟在他屁股后面看稀奇，“Cause he's a dedicated follower of fashion”。
有上图作证，表明我的感觉不是空穴来风，这是当年的摩登符号。

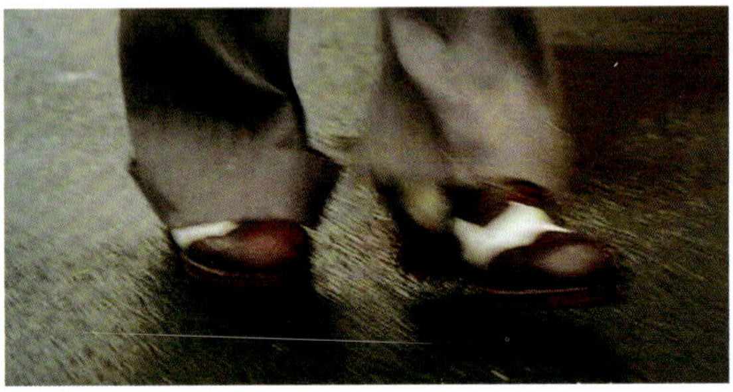

我想双色车身的产生与软顶敞篷车有关，做车顶的篷布与车身的“躯干”部分材质不同，颜色也不同，这就使车顶部分剥离出来，刺激了设计师色彩搭配的欲望。然后，变本加厉地，就算是硬顶轿车，不管敞篷不敞篷，同样可以将车顶设计成另一个颜色，这很快成为时尚。
另一个原因在于轮拱消失之后，车身的躯干部分变得“一马平川”，过于整洁，过于素净了，需要新的装饰。因此双色交接处的形状令人想到轮拱——车身抹平之前，轮拱与躯干不同色本就是一种常见的处理方式，这像是一种旧的回顾、新的展望。
对比强烈的色彩置于灿烂的阳光下，就像姜文在《阳光灿烂的日子》里的独白——
“仿佛永远都是夏天，阳光充足、太亮，使人眼前一阵阵发黑”。

奥兹莫比尔 Super 88 (软顶，1957)

福特 Thunderbird (硬顶，1957)

福特 Ranchero Custom 300 (1957)

吉普 FC-150 (1958)

雪佛兰 Corvette (1959)

克莱斯勒 New Yorker (1950)

福特 Country Squire (1957)

还有一种独特的车身形式：木质镶嵌。这种老传统在那个浮华的年代显得像老古董，产品倒也借此强调了豪华感。随着时代的发展，实木逐渐被乙烯涂料漆成的仿木玻璃纤维取代。

欧洲的双色车身不多，最令人过目不忘的要数大众汽车T1，其形象与后来的嬉皮文化不谋而合，是追求自由的年轻人的挚爱，昵称“Bulli”。如今，双色搭配往往出现在车顶，就像戴了一顶平顶帽。

大众汽车2011年推出的概念车Bulli，复刻了当年T1的双色车身。在官方图片中，Bulli停在了屋内，旁边的台灯下放着两把Fender电吉他，也是双色搭配。虽然很刻意，但我还是感觉很煽情——厂家“真会挠痒痒”。

梅赛德斯-奔驰 220S (1956)

大众汽车 T1 (1951)

路虎 揽胜 极光 (2010)

迷你 Cooper (2006)

大众汽车 Bulli 概念车 (2011)

摩登符号——镀铬件

凯迪拉克 Eldorado (1954)

查了半天百度百科和维基百科，关于铬他们说了一大堆话，断章取义之后，大概归纳出以下几条意思：

1. 1797年，铬由法国人路易·尼古拉·沃克朗发现并分离提出。
2. 铬具有很高的耐磨性、抗腐蚀性和对光的反射能力。
3. 由于镀铬层具有优良的性能，因而在电镀工业中一直占有重要地位，被广泛应用于防护性与装饰性镀层体系，其中装饰性体系对应的是外表镀层，防护性体系对应的是功能镀层——说白了就是既好看又好用。
4. 铬大量用于制造不锈钢、汽车零件、工具、磁带和录像带等。
5. 镀铬也叫“克罗米”——我爸就习惯那么说，他的老凤凰20自行车，车把、车铃、车轮的“克罗米”都镀得很漂亮。
6. 铬是人体必需的微量元素，主要摄取渠道是粗粮、水果等，青少年时期的铬流失“有助于”形成近视眼。
7. 1994年，兵马俑二号坑中取出的一批秦朝青铜剑外层被检测出镀有约10微米的铬盐化合物，可惜使用的冶炼工艺已失传。
8. （这是最让我宽心的一条）铬的读音，字典上念“各”，金属材料加工等行业读“洛”，属于“学术领域和行业术语读音”，所以，这两种念法都对，都不丢人。
9. 就是以上8条了，不再补充。

福特 Custom (1949)

克莱斯勒 D'Elegance 概念车 (1953)

庞蒂克 Bonneville (1957)

凯迪拉克 Eldorado Brougham 概念车 (1956)

由于铬有以上优点，所以被广泛应用于汽车行业。
漆面车身也能解决防腐问题，因此在黄金年代的美国，铬的使用更偏重于装饰性，或者说“装修性”。
铬的反光性很强，镀铬金属件与漆面车身之间形成了较大的反差，二者相辅相成。
套用音乐的概念来说，漆面就像中音、低音，而镀铬件就像高音，属于嘹亮、悦耳的那部分。
而从视觉的角度来说，镀铬件就是所谓“highlight”，即“高光”区域，现在也称为“亮点”。
“highlight”的概念时常出现在体育电视节目中，比如NBA的“今日五佳球”，是全天比赛的浓缩。
由上可见，使用镀铬件，意味着“精华”，面积越大，精华越多；形状越复杂，精华越丰富。
这太匹配那个股市不断翻番的年代了，设计师会把车身拆分为两部分来对待，
漆面是“基础”部分，镀铬件则是“提亮”部分。
“提亮”部分的比重自然不能少，否则仿佛是在“借机污蔑大好形势”。
其实从汽车诞生开始，镀铬工艺就没有缺席过，早期镀铬件更多起到的是“画龙点睛”的作用。
但对于20世纪50年代的美国汽车来说，先前的做法太节制了，黄金年代的龙眼，应该分外地大。
镀铬件自然会增加车重、增加制造成本，但美国汽车不在乎。
您能想象一个美国人开着2CV那般“灰头土脸”的汽车出入灯火辉煌的夜场么？
时至今日，大面积的镀铬件使用仍然是美国大型货车的标志性特征之一。

别克 Super Riviera (1958)

庞蒂克 Bonneville (1957)

万国 Lonestar (2008)

福特 Thunderbird (1955)

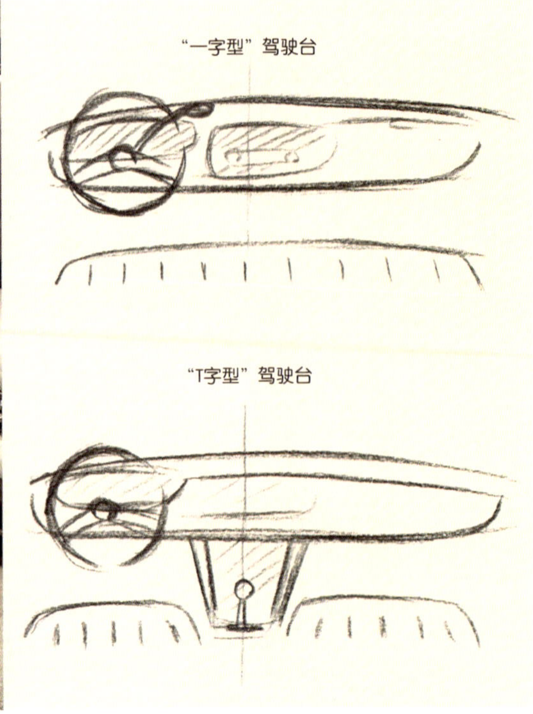

摩登符号——内装修

据说"鸭子"2CV的"路感"不一般，因为坐在车里便能透过稀松的地板看见路面。
这种事永远不会发生在美国车身上，所以试车编辑都爱说美国车的路感不太好。
20世纪50年代的美国汽车室内仿佛一个精装修的起居室，装修材料如下：真皮、镀铬金属件、合成塑料、木料、毛料地毯等。
如上图所示，那会儿的驾驶台大多为"一字型"，而非现在通行的"T字型"，
因为美国车比较宽，前排设计的是三人位，"T字型"驾驶台会使中间乘客的脚没处放。
而自动变速器已经开始流行，操作变速杆的时候不多，放在正中间太碍事，移到转向柱上，此即所谓"怀档"。
与怀档一样，镀铬金属圈作为汽车喇叭的"按钮"，也是那时美国汽车的著名特征。
这个设计还是挺好用的，它能确保无论驾驶人的手处于方向盘圆周的"几点钟"位置，其与喇叭的距离都一样，伸伸大拇指便能鸣号。
前排阔气的大沙发就没看起来那么好用了，平整的靠背与坐垫使人几乎得不到包裹，
如果高速转弯，可想而知，一定需要下很大力气才能将自己固定在车座上。
每当我看到这些夺目的对比色、匀净的针脚、精致的配件时，总感慨"倾力打造，尽享奢华"，同时也总有一种"没事儿，闲的"的感觉。
比方下图右侧那个兜了无数个圈子才能抵达的小时钟，简直比得上马三立先生的"挠挠"了。

奥兹莫比尔 98 Fiesta (1953)

福特 Country Squire (1957)

雪佛兰 Corvette (1954)

别克 Roadmaster (1955)

凯迪拉克 Eldorado (1957)

那时候，安全带还不是强制性配置，所以在部分车型上能看见两点式安全带，三点式要等到1959年以后才由欧洲的沃尔沃率先配备。
克尔维特装上了全景天窗，有点儿蔬菜大棚的味道。
形容别克Roadmaster的此类内饰，骆玉笙先生的大鼓这么唱：“冰凉凉，彻骨寒从背底生”，现在则叫做“充满运动感”。
把埃尔多拉多的杂物箱拉开，竟是一个酒柜，可能交警还没配备酒精检测仪，驾驶人不用去“吹”。
相比之下在后排喝酒比较靠谱，别说喝酒，看电视也没人管，好像正在放《天涯歌女》。

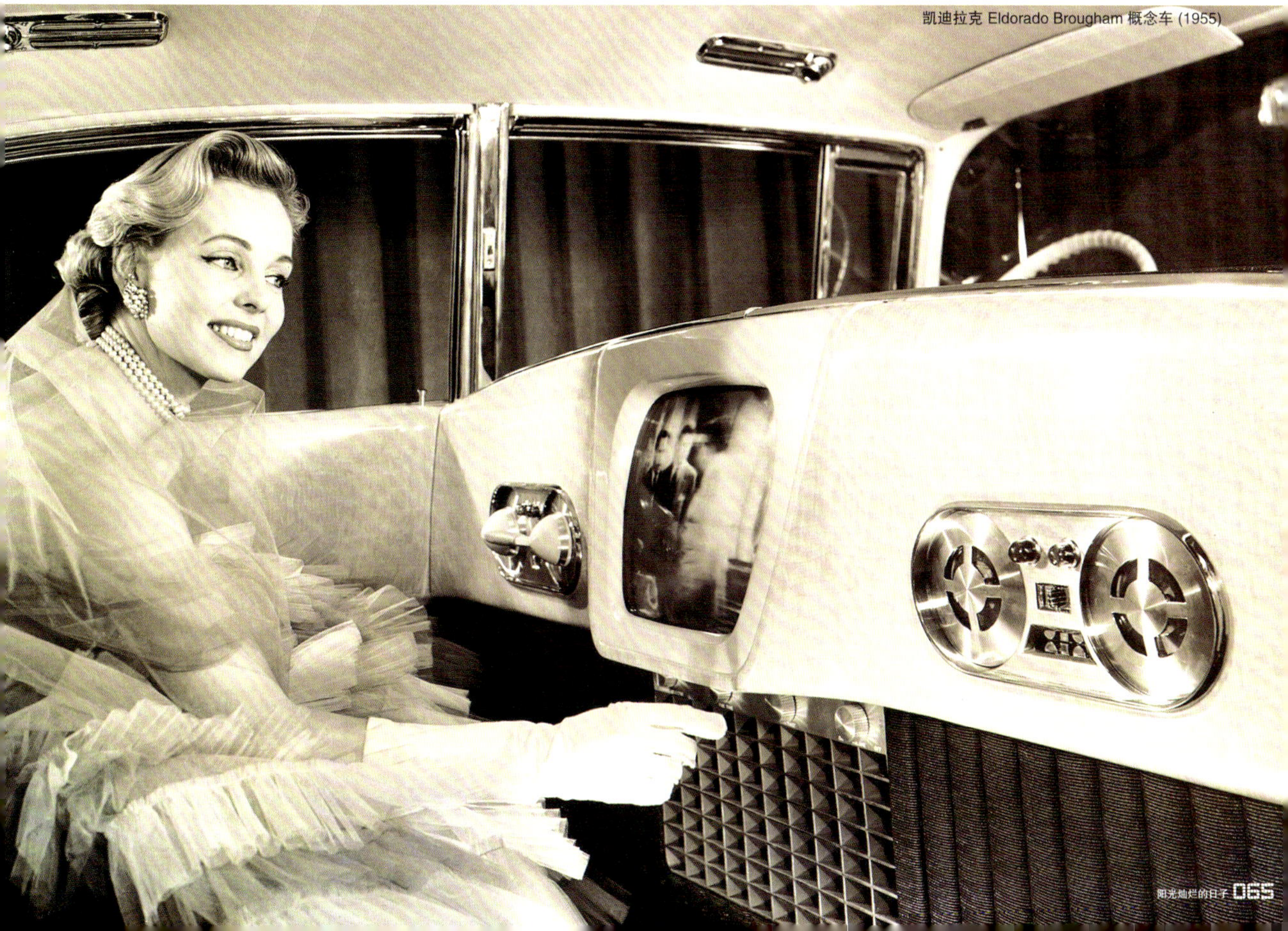
凯迪拉克 Eldorado Brougham 概念车 (1955)

通用汽车 Firebird III 概念车 (1958)

梦之车

人们将1992年巴塞罗那奥运会上的美国国家男篮称为“梦之队”（Dream Team），那些梦幻般的篮球巨星终于来到人间比赛，球迷带着梦想成真的兴奋，争相目睹活的乔丹、约翰逊们与凡人同场竞技，甚至连对手也神情恍惚，当自己是免票的第一排观众。

黄金年代的美国汽车也经历了一次“造梦”旅程，很多充满未来色彩的概念车粉墨登场，被称作“梦之车”（Dream Car）。不过与梦之队相比，这些梦更像是白日梦，观众们明知不靠谱，但仍愿意看个热闹，好比对待肥皂剧的心态，只是消遣，没人当真。或许那时美国的国土面积已然缩小，盛不下美国人日益膨胀的优越感，甚至地球都嫌小，不够美国汽车开，要转向天空去驰骋。事实上，1986年“挑战者”号航天飞机失事之前，美国人一直认为飞天并非难事，而“挑战者”号事故调查的结论中有一条便是“不切实际的飞行计划”——这一条我觉得用来形容“梦之车”倒挺合适，有点儿歪打正着的意思。

凯迪拉克 Cyclone 概念车 (1959)

通用汽车 Firebird II 概念车 (1956)

通用汽车 Firebird III 概念车 (1958)

凯迪拉克 El Camino 概念车 (1954)

奥兹莫比尔 Golden Rocket 概念车 (1956)

通用汽车 Lesabre 概念车 (1951)

坐在“澡盆”里的厄尔

还记得前文那位“火星车”的“驾驶人”么？是的，哈利·J·厄尔——通用汽车的首位设计总监，这堆怪物全是由他做的主。

1951年的Lesabre虽然看上去像一条大章鱼，但一些元素还是在量产车中有所体现，比如车身侧面的装饰带、车尾的尾鳍。

据说这样的尾鳍能提高空气动力性，不晓得您信不信，反正我是不信。

不过这副尾鳍与后来的Firebird相比……真怀疑艾尔是不是NASA潜伏在通用汽车的卧底，要不就是选错行了。

以现在的眼光去看那个年代，确实有些摸不着头脑，

有成功人士开着火箭或者导弹去打高尔夫，有美女坐在章鱼肚子里与外面的俊男谈笑风生……

我无力去猜测这些设计的动机，只想发布一个“免责申明”：

本节的内容可能会引起您的不适或者内心冲突，所以，您可以翻过此页，下一页就好多了。

别克 Wildcat II 概念车 (1954)

福特 X 2000 概念车 (1958)

林肯 Futura 概念车 (1955)

法拉利 410 Superamerica Ghia (1956)

通用汽车不是“独孤求怪”，其他厂商也不省油。都是老郎中，谁手里还没有两颗大力丸？甚至“殃及”千里之外的欧洲。
只不过其他厂商是诚心诚意地怪，不像通用帝国那么成规模可持续，仅势欺人地怪。
如果实在觉得太不食人间烟火，解决办法就是拉上个把人来个合影，
表示在这个星球上的所有生物中，它们最愿意与人亲近，而绝非乌贼和鱿鱼。

福特 FX-Atmos 概念车 (1954)

道奇 Fire Granada 概念车 (1955)

雪佛兰 Biscayne Motorama 概念车 (1955)

别克 Centurion 概念车 (1956)

Karen Carpenter (1950-1983)

Are we really happy with this lonely game we play?
Looking for the right words to say.
Searching but not finding understanding anyway.
We're lost in this masquerade.

不知前面的“免责申明”对您是否有效，反正对我没用。
看过这么多不着调的图片后，我难以克制地感到精神疲乏，
就像长时间听一个五音不全的人唱歌。
现在我能理解为何电视晚会的导演要对演唱做“技术处理”了，
甚至开始感谢他们。
幸而此刻我的手机响起，
为我在这围拢过来的疲乏中戳了一个洞。
铃声是卡伦·卡彭特（Karen Carpenter）的《化装舞会》（This Masquerade），
那段忧伤的、听不厌的前奏。

是的，卡伦·卡彭特该出场了。
在改革开放的初期，
她以一曲《昔日重来》（Yesterday Once More）拨动了不知多少中国青少年的心弦。
这位生于黄金年代的美国女歌手，
凭借歌喉登上了“世界之巅”（Top of the World），
却在自己33岁生日即将来临之际离开了人世，
卒于神经性厌食症。

卡伦的嗓子过于特别，我不太受得了，
但《化装舞会》这首歌我却一直深深地喜欢，
她倦怠的声音更适合这样萧条的歌曲，
仿佛将人带入了时间的废墟，
满目尽是浮华后的苍白、喧嚣后的冷清。

美国汽车的黄金年代不正像一场盛大的化装舞会么？
于是，我决定用这首歌的歌词来为它收尾——

我们真的在这孤独的游戏里感到了快乐么？
不断地找寻正确的语言，却只是在找，并未找到，更不理解，
我们迷失在这场化装舞会里。

同期的欧洲

似乎美国文化总是自己玩儿，不弄什么“与国际接轨”。MLB（棒球）、NFL（美式足球）、NHL（冰球）、NBA（篮球），拿下这些职业体育联盟的冠军，便是“世界冠军”。世界人民倒也没什么意见，争相“与美国接轨”，姚明、大小加索尔、帕克、吉诺比利……这些国际球员如果不在NBA打出名堂，就没人承认他们的含金量。F1跑遍全球巡回吸金的时候，美国人在家里玩自己的纳斯卡、印地，因为他们对F1没兴趣。文艺界也如是，电影有奥斯卡，音乐有格莱美，从爵士乐到嘻哈乐，自己喜欢就好，没有“美国的就是世界的”之类的口号。而许多世界著名的音乐巨星，身上的美国痕迹却很重，比如伦敦奥运会闭幕式上露面的乔治·迈克尔（George Michael），音乐风格源自黑人的灵歌。流行音乐史上最重要的吉他大师之一马克·诺夫勒（Mark Knopfler），早年曾担任鲍勃·迪伦唱片的制作人。诺夫勒的音乐风格以乡谣与布鲁斯为主，看看这些歌名：Calling Elvis（呼唤猫王）、Salling to Philadelphia（远航去费城），让人忘记了他来自苏格兰。

20世纪50年代，与所有的消费品行业一样，美国的汽车业飞速发展，在世界上一枝独秀。受制于经济环境、交通状况、文化传统等因素，汽车的对外输出并不是那么简单容易，因此美国汽车也基本处于“自己玩儿”的状态。而正在复苏中的欧洲经济与美国经济不可同日而语，其汽车景观亦与美国大不同。

欧洲是汽车的故乡，因此在设计上自有其传统。然而发明汽车的国家也发动了第二次世界大战，在这场摧毁一切的灾难面前，汽车设计？还“传统”？这都成不了话题。如果说战前欧洲与美国在汽车设计领域不相上下、各有千秋的话，战后的欧洲明显掉队了。战后，德国率先恢复生产的三款车型都是战前的设计：大众汽车的甲壳虫、欧洲福特的Taunus、欧宝的Kapitan——后两个其实都是美国车，1949年伯格瓦德（Borgward）推出的Hansa才算得上是真正意义的新车。纵观整个欧洲，虽然也有前文提到的保时捷356、Cisitalia202这样的新设计，但是毕竟产量小“能见度”低，街上跑来跑去的不外乎“虫子”和“鸭子”，要么就是“跳蚤”和“小鼠”。

福特 Taunus (1948)

伯格瓦德 Hansa (1949)

欧宝 Kapitan (1948)

标致 401 (1934)

标致 402 (1937)

标致 402 (1937)

1922年，美国出现了世界上首款可将车顶折叠收纳的硬顶敞篷车，但“没冒多大泡泡”。1934年，标致将此技术优化，以401为基础生产了少量硬顶敞篷车；1937年，又以402为基础，更上一层楼，此后两年内，共生产了600多辆。作为一件新鲜事物，这个产量还是很不错的，但是，战争不请自到，标致所有的敞篷车于1940年被迫停产。

标致设在索肖的工厂还制造火箭，因此标致402也被称为“索肖火箭”。它有着倾角很大的车头，两个前照灯就像比目鱼的眼睛一样挤在进气格栅后边，不仔细看还以为它“没长眼”，再加上表演成分很重的车尾和车顶，在当时无疑是非常新潮的设计。这使我不由得假想：如果不是被战争耽误，欧洲的汽车将会如何发展？与大洋彼岸的美国上演一出对台戏是不是会很精彩？遗憾的是，历史无法修改，这些都无从谈起，一方已是伤痕累累，一方则开始欣欣向荣，对台戏变成了独角戏。

第二次世界大战后的欧洲，受经济环境冲击最大的当属那些小众的豪华跑车品牌。
战前，布加迪创始人伊托·布加迪（Ettore Bugatti）的公子让·布加迪（Jean Bugatti）可以写意地“玩票”，由他设计的Type 55 Roadster虽然仅售出38辆，但丝毫不影响其备受赞誉。
而到了战后，市场的宽容度陡降，这个经典运动品牌在推出Type 101之后，于20世纪60年代初正式消失，此后又复活、破产、复复活……经历了好几番折腾，直至1998年被大众汽车收购才算安定下来。
当然，大众汽车并不指望布加迪盈利，收购它或许只是希望集团的形象别过于“大众”了。

布加迪 Type 55 Roadster (1932)

布加迪 Type 101 (1950)

布加迪 Veyron (2004)

塔尔伯特-Lago T150C (1936)

小时候曾经在昆明街头看到过塔尔伯特——一款两厢小轿车，黄色的。

车头那个圆圈“T”的车标让我发愣，因为当时我自诩能分辨所有品牌的汽车，“这是个‘神马’牌子？”

后来知道这是来自法国的塔尔伯特（Talbot），中国不知在什么时候进口了一些。

平淡的外表激不起我的兴趣，感觉和波罗乃兹一个档次。

事实上，这个灰姑娘当初也有穿水晶鞋的花样年华，两相比较，跨度很大。

“生活的压力和生命的尊严哪一个更重要？”（赵传《我是一只小小鸟》）

——不用选了，活下来才打紧。

尽管塔尔伯特洗心革面，但是也就勉强撑到20世纪80年代，最终还是没能生存下来。

塔尔伯特-Lago T26 (1946)

塔尔伯特-Lago T26 (1951)

塔尔伯特 Samba (1982)

Delahaye 135MS (1938)

Delahaye 135 (1936)

Delahaye 165 (1936)

与塔尔伯特相似，Delahaye也在“流线时代”大放异彩，甚至惊世骇俗。
然而在务实的大环境中，惊世骇俗是一个矫情的概念，人们无暇顾及，即便有暇，也无钱顾及。
这个曾经狂放不羁的品牌变得很沧桑——“两眼睁开却充满委屈”，
“我想唱一首歌宽容这儿的一切，可是我的嗓子却发出奇怪的声音。”（崔健《宽容》）
Delahaye没能熬到20世纪60年代——“就像秋风吹落的黄叶，再也没有感觉。”（费翔《只有分离》）。

Delahaye 135M (1947)

Delahaye 235M (1950)

Delahaye 235 (1952)

宝马 502 (1954)

宝马 501 (1952)

宝马 502 (1954)

那是一个艰难的年代，汽车厂商面对的是关乎生死存亡的大是大非，小众品牌难以为继，大品牌也在经历煎熬。
换到今天，有谁相信宝马会投产一款摩托不摩托车不车的小东西，而且还对它如此依赖？
在“滚蛋”Isetta之前，宝马的主要产品是501/502，这是所谓“新经典”风格的代表，
虽然轮拱不再独立于车身之外，但依照其形状划出了优雅的弧线。
后悬加长，增大了行李舱的容积，车头与车尾仍然保持战前那种圆鼓鼓的形式。
周身优美的曲线使501/502得名“巴洛克天使”，表现出对昨天的缅怀与不舍，
同时又无力抗拒明天的到来，欲走还留，令人难以释怀。
是啊，欧洲的设计传统遭遇了断层，想要返回潮流中去，先得“端正态度”，再看潮流带不带你玩儿。
昨天是留不住回不去的，三厢轿车的形式很快被运用在新的车型上，车虽然没有埃尔多拉多大，但也不小。
连广告照片的拍摄也充满改革开放的气息——“浪漫的夏季还有浪漫的一个你，给我一个粉红的回忆~~~~”。

宝马 Isetta (1955)

宝马 503 (1956)

宝马 507 (1956)

与心上人开着双座敞篷的507出去兜风，这一定是当时众多工薪族的梦想——想想总可以罢。
对厂商来说，光想可不行，于是“Calling Elvis”，把猫王请来做推销员，
这个美国高富帅有一百多辆凯迪拉克，很幸福。
最终，宝马507生产了252辆，成功地超过了猫王凯迪拉克的总数。
如果再用507去问大家“你幸福吗？”，宝马就不会幸福了，
工薪族会说“为何你总笑个没够？为何我总要追求？”（崔健《一无所有》）。
还是根据国情，创作一些群众喜闻乐见的作品更靠谱。
后置后驱的宝马700接了“滚蛋”的班，姑且叫它“扁蛋”吧。
工薪族也能开着它去林子里吸氧、听鸟叫，简直都不像工薪族了。
此类紧凑、亲民的小型汽车，在未来很多年里都是欧洲街头的主角。
美国的设计概念被搬了过来，但是尺寸搬不过来，售价搬不过来，谱摆不过来。
美国不与世界接轨，世界想与美国接轨，也没那么容易。

宝马 700 (1959)

梅赛德斯-奔驰 300 (1951)

不可能所有的品牌都不好过，尤其当这个品牌还是汽车的发明者时。德国人抠门、老顽固，是个宝贝就得捧着，战争中受损的老建筑逐次照原样修复，布兰登堡门更是舍不得拆。恋旧的德国人固执地认为通过盖房子不能成为强国，但是仿佛造汽车可以。作为物质与非物质双料文化遗产，梅赛德斯-奔驰当然必须保护，况且，国家元首总得坐车，总不能进口美国车来为德国的领导人服务吧。

梅赛德斯-奔驰300是联邦德国第一任总理阿登纳的座驾，并深受喜爱。除了作为“国宴用酒”，这窖陈酿也以不同的包装出现在高端的民间场合，加长型、两门的轿跑车型，甚至还有拿掉B柱的四门轿跑。这相当于别人家炸虾片调剂味觉的时候，他家不但顿顿吃肉，还能隔三差五地用真的海鲜打牙祭。

从梅赛德斯-奔驰300身上也能找到与宝马501/502相似的地方，这也是“新经典”风格的代表——其实不用代表，“新经典”风格拢共只有几款车，全都是代表，无非是争争表哥或者表叔而已。车轮上方的曲线仿佛是“为了忘却的纪念”，直到今天，仍有很多欧洲人固执地认为“新经典”是汽车最理想的姿态，与后来者相比，更优雅、更有“车味儿”。

有趣的是，即便在这么高级别的汽车上，我们也寻不见右侧后视镜，可见当时的交通不拥挤，不用随时担心后车追尾，刻板的德国人也缺乏随机应变的精神，不兴右侧超车，这被视为五行缺德，另外停车位肯定也很富余，不用锱铢必较。现在的人拿着这车得不会开了，没有后视镜、没有倒车雷达、没有倒车影像，坐进去后“突然发现一个完全不同的我”，只好跟着感觉走。

作为战败国，在战后短短几年的时间里，就能拿出这样有派头、有风度的产品，令人感叹老顽固顽固得有脾气、有道理。梅赛德斯-奔驰300被厂商视作S级的前身——至少是精神上的，今年新S级上市之时，这些老家伙又被请出来亮相，真让人羡慕嫉妒恨。毕竟历史就是历史，除了老老实实地跟着时间走并接受时间的检验之外，没有速成班，大概是金钱唯一奈何不了的东西了。

梅赛德斯–奔驰 220A "Ponton" (1953)

梅赛德斯–奔驰300这样的车型就像一面广告牌，向外界展现了自己的造车能力，同时夯实了自己的高端形象，但这类车市场需求小，不能靠它来填肚子。

20世纪50年代对于梅赛德斯–奔驰来说是一个新的起点，它如今产品线的源头正在彼时。

底盘编号W120的“Ponton”是E级的前身，作为中产阶级或者“成功人士”的识别符号，一直延续至今。

底盘编号W120的220SE则是S级真正意义的前身，作为“高产阶级”或者“更成功人士”的标签，一直贴到现在。

它们都告别了“新经典”，彻底使用了三厢概念。“Ponton”的轿跑车版220S涂上了大洋彼岸时髦的双色车身，220SE则应景地长了一对并不明显的尾鳍，都有点儿半推半就的“美国Style”。

梅赛德斯–奔驰 220S (1956)

梅赛德斯–奔驰 S级 (2013)

梅赛德斯–奔驰 E级 (2013)

梅赛德斯–奔驰 220SE (1953)

梅赛德斯-奔驰 300SL (1954)

Mille Miglia、柏林、勒芒、纽博格林、墨西哥的泛美大赛……1952年问世的梅赛德斯-奔驰300SL把这些比赛的大奖拿了个遍。

“SL”就是“Super Light”——“超级轻”，300SL采用了独特的管状车架，这副车架仅重50千克，但抗扭刚度极高，它为300SL带来了出色的运动成绩，也造成了一点小尴尬——传统的车门位置上遍布钢管，导致无法从正常位置开口。设计师们顺水推舟，把车门设计成朝上的“翻盖式”，当这对凹凸有致的“盖子”上翻时，就像海鸥展开的翅膀，因而得名“鸥翼车门”。“鸥翼”仿佛赋予了平地跑的汽车更多的象征意义，让人感觉它还能“飞得更高”，这也成为300SL最令人津津乐道的地方。另一处令人难忘的设计就不是向上励志的了，反倒有些垂头丧气的——它的方向盘可以向下翻折，方便驾驶人进入车内，这个设计非常体贴人心，但多此一举并且逻辑不明——如果方向盘会阻碍一个人坐进去，那么他的肚子得有多大？就算落座了，方向盘回位之后会不会卡在肚子上？如果他开车走了，哪个会先受不了，肚子还是方向盘？

尽管如此，这样的奇思妙想还是挺有意思，设计本就应该勇于尝试，不好使大不了以后再改回来，关键是要有买单的。鸥翼车门的300SL共生产1400辆，而“民用版”的190SL从1955年到1963年共销售了将近2万6千辆，SL也成为了梅赛德斯-奔驰的一个车系，今天称为“SL级”。2009年推出的SLS重温了当年300SL的经典元素，其中自然少不了那对励志的车门，不认真学习上车动作可是会被卡住的。

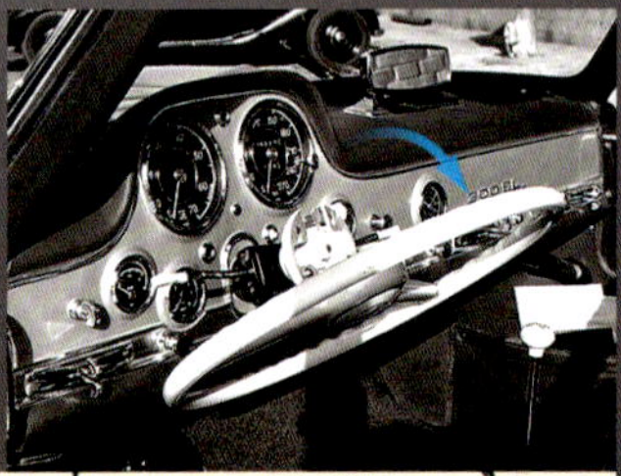

梅赛德斯-奔驰 190SL (1955)

梅赛德斯-奔驰 SLS (2009)

阿尔法·罗米欧 B.A.T. 7 (1954)

对于欧洲汽车来说，20世纪50年代既是昨天的终点，亦是明天的起点，经过多年沉寂，该发出自己的声音了。意大利的博通是引领潮流的设计公司，虽然发言有些怪，但亦令人侧耳倾听——话说回来，不怪也没人在意是吧?

阿尔法·罗米欧 B.A.T. 5 (1953)

阿尔法·罗米欧 B.A.T. 9 (1955)

雪铁龙 DS (1955)

记得小时候有一次我哥跟我说起他刚看的译制片《蛇》：“里面那些车哦……”——脸上密布让你不知所云的兴奋表情。长大后我找到了《蛇》，才知道当年他说的是雪铁龙DS，确实充满了现代、未来、神秘、诡异的色彩，很符合电影故弄玄虚的调调。

1955年面世的雪铁龙DS大概是历史上口碑最好的法国车了，很多著名设计师都把它视作自己最喜爱的车型，第二次世界大战后法国首任总统戴高乐也是其粉丝。DS身上汇集了当时最先进的技术——液压悬架系统、盘式制动器等等，撇开这些不谈，最令人念念不忘的还是它的外形以及……“健身球制动踏板”与“引蛇出洞方向盘”。

我挺喜欢这部电影，尤其里面听到的都是毕克邱岳峰们的声音，我也挺喜欢DS，尤其当它的底盘一声叹息之后向下一沉，就像一艘即刻逃亡的诺亚方舟。后来在好些电影里又看见了DS，它不像一件道具，完全就是一个电影明星。不能否认，DS很迷人，但同样不能否认的是，它看起来很怪——就像我第一次在《卡桑德拉大桥》里看见索菲亚·罗兰（Sophia Loren）时的感觉。

《卡桑德拉大桥》中的索菲亚·罗兰

亨利·方达的《蛇》

斯皮尔伯格的《慕尼黑》

以前只是觉得DS怪，但不知怪在哪儿，现在来分析一下，看看它怎么个怪法。

1 尖车头

在DS之前，前照灯通常都是位于车身的最前端，分居车头左右，中间夹着发动机进气格栅。而DS的前照灯并非位于最前端，车头的中间部分伸了出去，像子弹的弹头一般，因此前悬较长。这么做有利于让车头“扎”进空气里，降低风阻系数，因此这种形式后来常常出现在跑车上。但前轴之前的这部分空间放不下发动机，能放什么呢？备胎——反正闲着也是闲着。

法拉利 275 (1967)

雪铁龙 DS (1955)

2 短屁股

DS的后轴非常靠后，因而轴距很长，长到后门线可以切着后轮垂直下落，也就是说后排座椅完全位于后轮之前。这倒不是“前卫”设计，相反有些“后退”，此形式在第二次世界大战前很常见。后轴靠后，导致后悬非常短，前后比例轻度失衡，DS可能是同时代唯一的前悬比后悬长的车型。后悬短的一大“恶果”是：行李舱容积大大减小，因为后轮大大侵占了行李舱的空间。所以，DS要加长后悬搞一个旅行款，诡异的是，前后均衡反倒没什么看头了。

克莱斯勒 Airflow (1934)

雪铁龙 DS 旅行款 (1973)

3 前大后小

如果您把食指放在DS的前窗上沿、拇指放在地面的位置，沿着DS的车身向后捋，是不是很像您在手机屏幕上重复过无数次的动作？在广播节目里，这被称为“渐弱”（Fade out），为的是让声音的消失不显得突然，让人不知不觉。DS就这么不知不觉地甩开了空气，风阻系数仅为0.33，即便在今天，这也是很出色的数据。向后下坠的形态很匹配法国人慵懒的性格，当然，戴高乐将军看重的应该是耸立的前窗，就像昂首挺胸的高卢雄鸡——后边矮了，前面自然就高了。

分析一下，觉得DS也不“怪”了，换成“特立独行”似乎更合适。在它身上，融合了“瞻前顾后”的设计语言，仿佛新旧世界的混血儿，这也注定此类车身形式无法真正地向下延续，那些著名的设计师在夸赞DS的同时，心里比谁都清楚这一点——光是那个几乎为零的行李舱就得让人打315投诉电话。

今天，雪铁龙让DS复出作为旗下一个强调个性的分支品牌，它会像当年的DS那样倾国倾城么？

雪铁龙 DS3 (2009)

雪铁龙 DS5 (2011)

雪铁龙 DS (1957)

雪铁龙 2CV 4x4 Sahara (1960)

雪铁龙DS通过外貌展现了法国人奔放的思想，而同样出自雪铁龙的另一款车则通过内在构造表达了法国人不羁的逻辑：在1960年的“野鸭子”撒哈拉上，装备了两台发动机、两套传动系统、两个独立的油箱，像是把两辆车身上最值钱的部位全部塞进了一辆车里，这是专为在非洲殖民地驻扎的法国政府和公司开发的，令人无语。

不光法国人有奇思妙想，德国人同样也敢想敢干，他们把加法做在了面儿上，看看右边这位，是不是很像两个“蛋”被粘在了一块儿？这个连体婴儿名叫Janus，是Zundapp公司1957年推出的新产品，也是他们唯一的汽车产品。发动机被放在了前后轴的中间，两排座椅“卡帕”地贴着发动机，两个车门分别向着前方和后方的天空敞开心扉，多亏只有一个方向盘，否则会弄得人神经分裂，还好，Janus1958年就停产了，一直都是婴儿。

“二手玫瑰”乐队的那首歌咋唱的来着……

“看着你我也再说不出什么词儿呀，什么词儿……”

Zundapp Janus (1957)

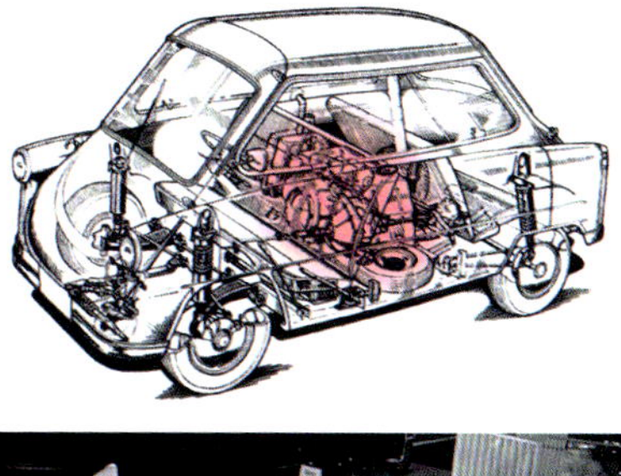

福特 Taunus (1957)

伯格瓦德 P100 (1959)

欧宝 Kapitan 1958)

前文提到的第二次世界大战后德国第一款新车的生产商伯格瓦德，在Hansa面世10年之后，于1959年推出了P100。这却是其最后一款产品，1961年，公司破产。上面三张图片的选择是为了与前文呼应，下面的捷豹Mark2也呼应了前文，这是“新经典”的又一个代表，所以有些像前面的两个代表。萨博95的旅行款车厢不是看点，看点在于扶着车门的瑞典女模特，她的样子让人真正相信战争已经过去，否则不会笑得那么洋气，好像英格丽·褒曼（Ingrid Bergman）的祖国尽出这样的笑容。斯柯达Octavia（现在叫“明锐”）图片的入选主要是为了看背景中的捷克古城堡，相信如果今天在这个位置再拍一张，除了车和人不一样，其他的仍然照旧。古堡不兴“换代”，天天都在和过去“呼应”。

捷豹 Mark2 (1959)

萨博 95 (1959)

斯柯达 Octavia (1959)

萨博 Sonett (1956)

20世纪50年代到此讲完，

不管是美国的还是欧洲的。

我们还得向前进，请看迷你“向前进”。

My Funny Valentine
简单幸福 迷你传奇

迷你
Mini
生产周期:1959~2000年
总产量:540万辆

前文中的国民车都是以“厂商+车型”（如“大众汽车甲壳虫”）的格式出现，本篇的迷你却不同，车型名称前面没有厂商名。这不是我疏忽大意，而是因为这款小车虽然简单，身世却挺复杂，当过它“监护人”的厂商有好几个，用嘴说怕是说不清，不如请您直接看右表。

虽然“姓”换来换去，“名”却没人舍得换，一直都是“Mini”。这个词的本意是“小型、袖珍”，但现在它的中文意思就是“迷你”，“迷你”就是“小型、袖珍”，这种以音译成功取代意译的越俎代庖现象也发生在“Jeep”（吉普）身上。在中国都能这样，可想而知在它的祖国，“Mini”这个称谓的影响力有多大。

除了袖珍，迷你最先吸引我的地方在于车身上一些难得一见的特征：（没有外后视镜就不提了）车窗并非升降式，而是平推式；车门上两个无敌的铰链，让人觉得憨豆先生的那把明锁也不稀罕，说不定还是受此启发；钣金的接缝被“公示”出来，就像包饺子捏出的边儿。

年份	姓名	监护人
1959	MORRIS Mini Minor（样车）	BMC（BRITISH MOTOR CORPORATION），MORRIS是其前身
1959	AUSTIN SEVEN AND MORRIS Mini Minor（量产车）	BMC
1969	AUSTIN SEVEN AND MORRIS Mini Minor	BLMC（BRITISH LEYLAND MOTOR CORPORATION）
1980	AUSTIN Mini	AUSTIN MORRIS
1988	ROVER Mini	ROVER
2001	Mini	BMW

平推式车窗　外露式车门铰链　立体式钣金接缝

1958年的原型车，进气格栅一直延伸至车身侧面，看上去不够萌。
与丹特·吉亚克萨相仿，伊西格尼斯爵士最得意的作品也是最小的作品，是故，小车更难设计。

以上特征显然都不符合空气动力学的要求，但是符合控制成本降低售价的要求。不过迷你的设计师亚历克·伊西格尼斯爵士（Sir Alec Issigonis）可不是靠因陋就简而名扬天下的，他的这件作品具有划时代的意义，因为直到迷你出现，人们才真正看清前置前驱对于汽车设计的影响，尽管距离汽车发明已经过去了70多年。

如何影响这里就不展开说了，放在后文“向前进”中详细解释，一言蔽之，就是与前人相比，伊西格尼斯爵士创造了获取车内空间的最合理方案。随着岁月的荡涤，此方案非但没有过时，反而被时光固化，成为一种通行的基本格式。藉此，这辆小得不能再小的小车能提供四个座位，或是两个座位外加足够的载物空间。

迷你的轴距2米、车长3米，它能省则省，因此仅重620千克。其实它还可以更轻，因为这个小家伙竟然搭载了一台4缸发动机——现在的迈腾也才4缸，这台0.8升的发动机能输出37.5马力，这个数据与前面出现的几款国民车相比，无疑实惠得多。有了4缸发动机，那个内衣外穿的铰链算啥？所以，省并非偷奸耍滑，而是为了让人买得起。

在并入宝马之前，共有540万人买得起迷你，它与人的亲密关系就像那首老爵士里唱的一样——

You are my funny valentine, sweet comic valentine.

You make me smile with my heart.

......

But don't change a hair for me, not if you care for me.

Stay little valentine, stay.

Each day is valentine's day.

除了常规的两厢轿车版本，迷你亦有“旅行款”提供，虽然体格大了些，但还是“little valentine”。
随着2000年“终版”（Final Edition）的推出，老迷你正式挥手告别。

憨豆先生堪称世界最著名的屌丝，他与迷你的故事可以通称为《屌丝的幸福生活》。
其实是屌丝不要紧，只要不苦、不被逼就好。
仅有1.41米宽的迷你异常灵活，因此《伯恩的身份》也选中它在巴黎狭窄的街巷里与警察玩猫捉老鼠的游戏，给人感觉摩托车都比它大。

2001年，宝马推出了新的迷你，体型大了一圈，价格也不再亲民，“沦为”白富美与高富帅的宠物。宝马用迷你填充了自己产品线上小型轿车的空缺，并将这个称谓真正地品牌化，在轿车大受欢迎之后，又接连推出旅行轿车、SUV、轿跑车等衍生产品。而通过生产迷你，原本没有前驱车型的宝马亦积累了足够丰富的经验，为将来前驱宝马的诞生提供了信心与技术支撑。

虽然已经过去了50多年，迷你还是迷你的模样，只是作了适当的变化以适应时代的变迁。对于喜欢它的人来说，仍然“每天都是情人节”。

迷你 Cooper (2001)

迷你 Roadster (2012)

迷你 Countryman (2010)

迷你 Paceman (2013)

迷你 Clubman (2007)

经济的不景气促使设计师对汽车实用性的探索做到了极致，简单说就是体型尽可能小，空间尽可能大，这在迷你身上被充分体现。而正是这样略显偏执的追求，帮助人们看清了动力系统布局与车内空间之间的辩证关系，找到了精打细算的起始原点。
当然，这是在说欧洲，美国，还那样。

Simple Life

向前进 画说1960~1970年

代码-234

在迷你之前，另外两款国民车大众汽车甲壳虫和菲亚特500/600都采用的是后置后驱布局，与之前菲亚特Topolino 500的前置后驱布局相比更经济、更合理，这使后置后驱成为经济型轿车动力系统布局的主流方案。

从前置后驱到后置后驱，可以说是经济型轿车的一次进化，但后置后驱亦有其不足之处，如下图所示：

大众汽车 甲壳虫 (1938)

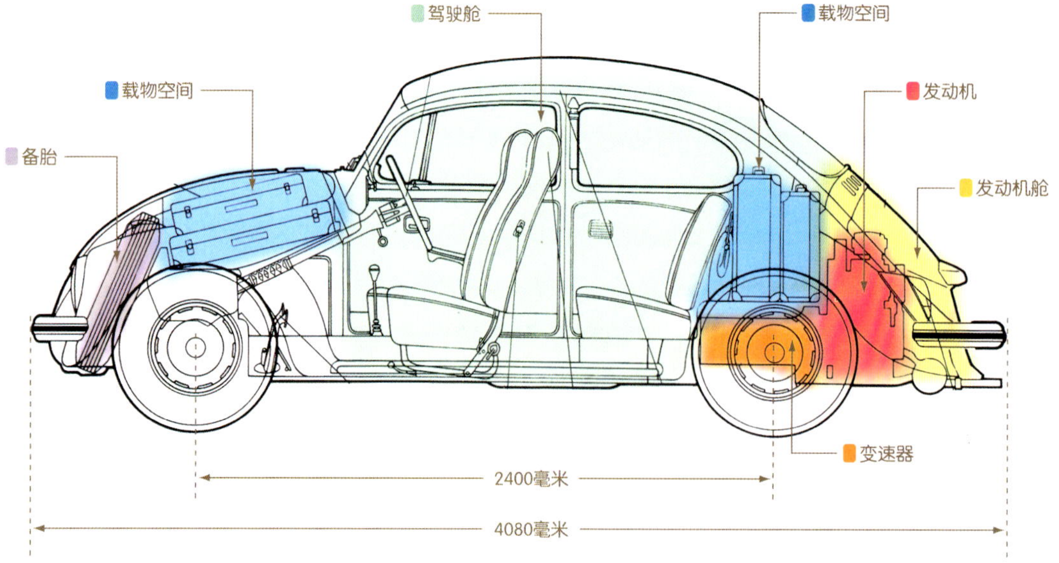

发动机位于后轴之后，这需要足够长的后悬，因此不可能把车轮完全“放在四个角上”；前轴之上有一个载物空间，后座之后、后轴之上又有一个载物空间，虽然两个空间相加的总容积不小，但行李只能“拆分式”摆放，不能整合在一起，如果是体积较大的单件行李，就没辙了；而将备胎放置在前部行李舱中，也会占据相当的空间。

甲壳虫的轴距为2.4米，车长为4.08米，对于一家四口的所需来讲，这个尺寸已然紧凑，但与后来的菲亚特500相比，仍显宽松，尚未探至极限。同样采用后置后驱布局的菲亚特500轴距不到2米，车长不到3米，在车内空间的获取上就要“拮据”得多。

菲亚特500的发动机将后座之后的载物空间占据，使那里基本放不下行李。为保持与前座的距离，后座退至后轴上方，这导致后座升高，成年人乘坐就得“顶天立地”。而紧贴着靠背的发动机一来持续鼓噪，二来持续“供热”，冬天还好，夏天就麻烦了——这还只是2缸机。可见，后置后驱虽然给了菲亚特500极小的体型，但“副作用”还是挺人的。

大众汽车 甲壳虫 (1938)

菲亚特 500 (1957)

也许正因如此，伊西格尼斯爵士否定了后置后驱的布局方案，所以，仅比菲亚特500晚两年推出的迷你并没有随大流，而是另辟蹊径，采用了前置前驱布局。此布局使迷你像传统的前置后驱车型一样，将发动机与驾乘人员隔离开来，行李也不再往前放，车身的空间被简单地划分为发动机舱+驾驶舱的两厢形式。

迷你 (1959)

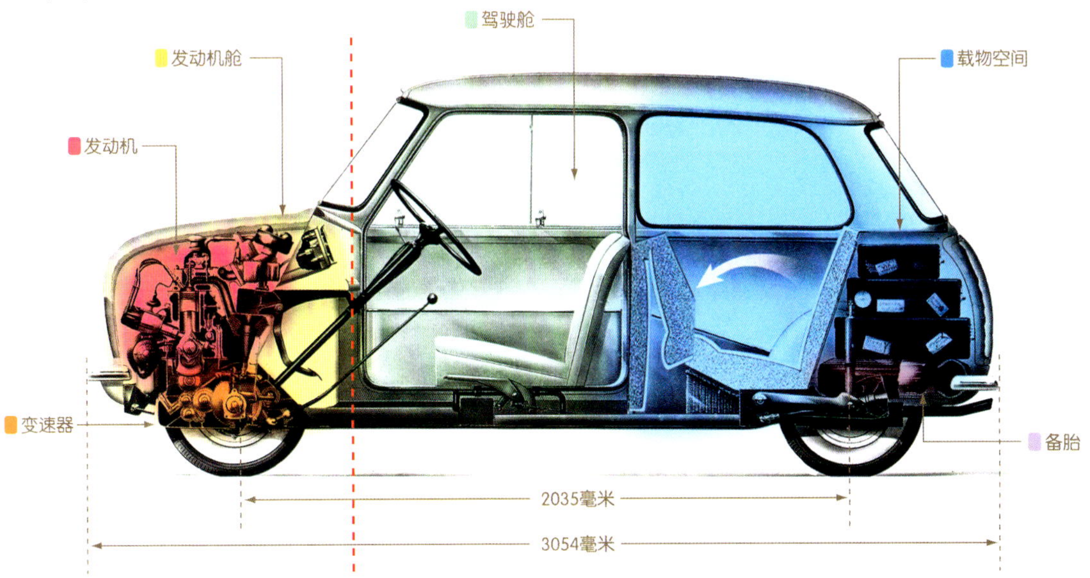

后座并未升高，也没有“烤背”的烦恼。备胎平放在后轴上方，被盖板覆盖之后留下的是一块平整的地板。后座之后有一个不大的载物空间，可以放置小件行李。而当只乘坐1~2人时，可将后座折叠，这样前座之后的空间都被整合为载物空间，轿车就变成了一辆单排座的厢式货车，肚量大，形状也规整。尾门可以大幅度开启，这使装载大体积物件不再困难。与后置后驱化整为零的载物空间相比，这显然是更合理的空间分配方式。

在迷你之前，这样的空间划分已然存在，但为何还会出现后置后驱那种“不得已而为之”的布局呢？根源在于传统的前置后驱布局在空间利用上的“浪费”现象，这在前文“后面的文章”中已作分析。因此迷你真正的贡献并非“发明”了合理的空间分配方式，而是在“手头并不宽裕”的情况下，将已有的划分方式进行了改进与优化，最大限度地趋近于合理。它是如何做到的？其中的奥秘就在于——“横置”与“前驱”。

与传统的纵置发动机不同，迷你的发动机横了过来，这样做的好处有两个：首先，减少了发动机对汽车纵向尺寸的要求，转而充分利用了汽车的横向尺寸，即宽度；其次，发动机输出动力的旋转方向变为与车轮旋转方向平行而不是垂直。驱动轴为前轴，变速器安装在发动机与驱动轴之间，发动机、变速器、前轴三者形成了简单的上、中、下位置关系。这无疑大大缩短了发动机舱的长度，使驾驶舱能够尽量靠近前轮，将本来就短的轴距充分“霸占”。因此，从侧面看，迷你的纵向尺寸真是“一点儿没糟践”，全用上了。

迷你 (1959)

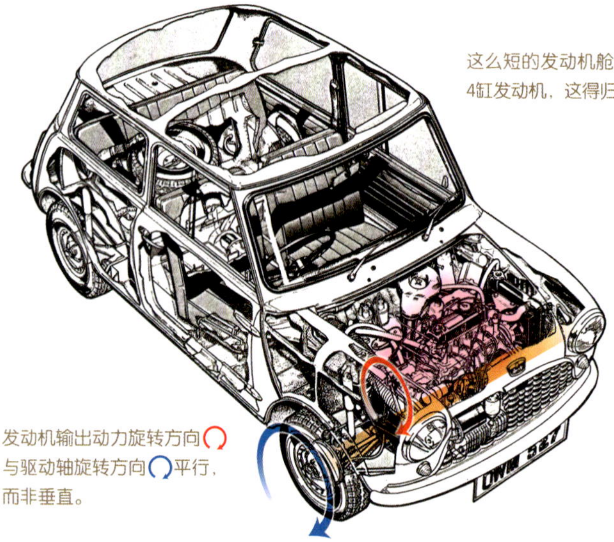

这么短的发动机舱却能放得下4缸发动机，这得归功于横置。

伊西格尼斯爵士的精打细算并不意味着别人就大手大脚，在菲亚特的官方视频中，吉亚克萨说：“由于车身短，我们必须尽力创造车内空间，而把发动机前置是很好的办法。”这里的“前置”就是说把发动机挪到前轴上面去，是针对当时发动机都安装在前轴之后（即“前中置”）而言的，这表明当1936年他设计出Topolino500时，已经在“节衣缩食”了。

今天我们对横置的前置前驱布局已经习以为常，事实上，从“前中置”到“前置”，再到“后置”，最后到“前横置”，设计师们为了找到最合理的布局方案，花费了20多年的时间。

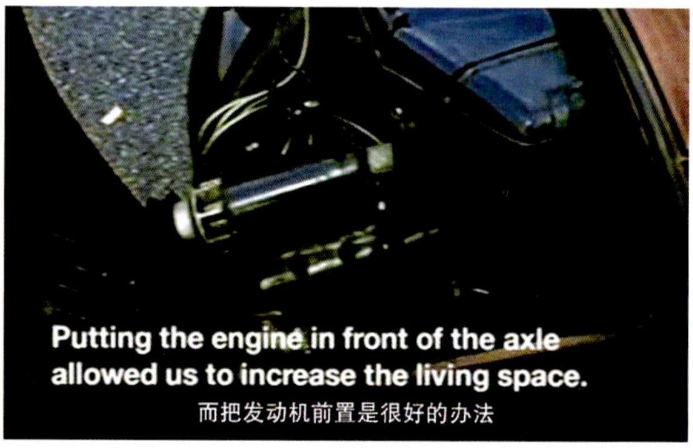

菲亚特Topolino 500 (1936)

菲亚特Topolino 500 (1949)

Cord L29 (1929)

DKW F1 (1931)

花这20多年是值得的，因为这次进化彻底了。今天，前横置布局已经成为经济型轿车的不二选择，但有趣的是，迷你是不是此布局的开山鼻祖却说法不一，赞成与反对的理由都挺充分。

“反对派”的理由是：迷你并非最早的前驱车，早在1929年，美国的Cord L29便已经成为最早的前驱量产车了。迷你甚至也不是最早把发动机横过来的，1931的DKW F1是最早的前横置前驱车型。在迷你之前，名气最大的前驱车是雪铁龙Traction Avant，号称“歹徒车”。与DS一样，这位也是电影明星，在《音乐之声》、《老枪》、希区柯克的《捉贼记》、斯皮尔伯格的《印第安纳·琼斯》里面，都能看到它的身影。从1934年到1957年，“歹徒车”共生产759111辆，几近76万辆，这是一个相当足以自豪的数字了。而后来的DS也是前驱车，再加上“鸭子”2CV，雪铁龙作为那个时代最成功的前驱车厂商当之无愧。

不过，从外表上看，以上前置前驱车型与传统的前置后驱车型没有区别。它们仍然保持着传统的前后比例，驾驶舱照样远离前轴，与后驱车的区别仅在于拿掉了传动轴，车内空间并未因为前驱而尝到甜头。

在迷你出现之后，前驱车型才真正将轴距充分利用于车内空间，尽管并未使用开创性的技术，但伊西格尼斯爵士细心而巧妙地将前横置的“天赋”发掘了出来。从此以后，前驱与后驱的区别不仅仅在于是否有传动轴，而更在于同等轴距上获取车内空间的大小。从这个角度来说，迷你才是开创新局面的先驱，这便是“赞成派”的理由，您觉得谁更靠谱?

雪铁龙 Traction Avant (1934)

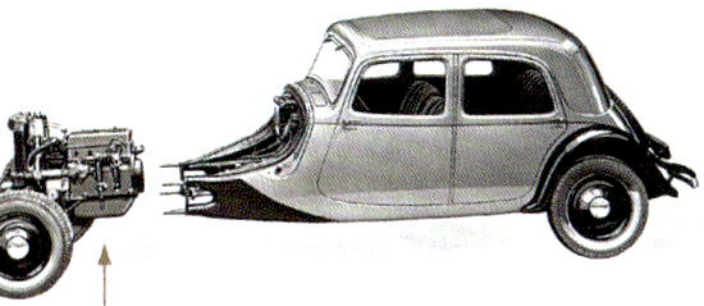

发动机纵置于前轴之前

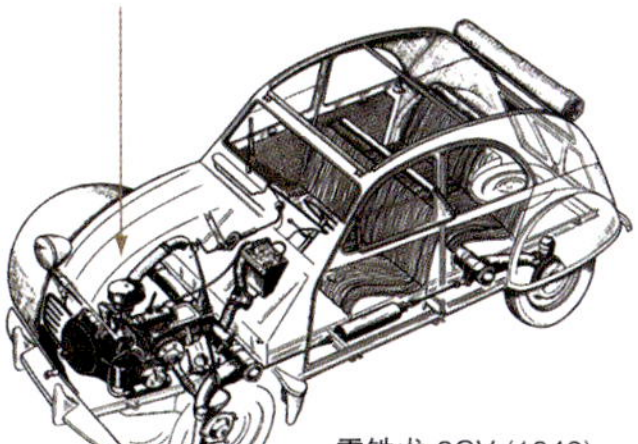

雪铁龙 2CV (1949)

发动机纵置于前轴之后

雪铁龙 DS (1955)

《捉贼记》中的雪铁龙Traction Avant

雪铁龙 DS (1955)

雷诺 Fregate (1951)

雷诺 Dauphine (1956)

雷诺 4 (1961)

前驱对于雪铁龙来说，更像是与众不同的个性体现，而对于另外一个法国品牌雷诺来说，前驱则意味着市场方向的转变。1951推出的Fregate是为当时日益壮大的中产阶级准备的，但1955年雪铁龙DS上市后，Fregate逐渐失去了生存空间，于1960年停产，这是雷诺的最后一款前置后驱车型，此后便安心生产经济型汽车。1956年的Dauphine采用了后置后驱布局，而1961年推出的雷诺4则翻开了品牌历史新的一页，这是雷诺的首款前置前驱车型，共有16个国家生产过这款“法国迷你”，从1961年至1992年，总销量超过800万辆。

观察雷诺4的侧面，不难发现，其前后比例仍为传统式，因为它的发动机并非横置，而是纵置，就像雪铁龙2CV一样。因此，“法国迷你”的称谓并不确切，“雷诺鸭”更合适。不过纵置并未影响雷诺4的销售，也许因为它推出时迷你也才出道两年，大家尚未来得及消化前横置的优点，厂商是这样，消费者也如是。与现在相比，那个年代似乎更通融，街面上跑着的汽车有纵置有横置有前置有后置，连通用汽车都借着雪佛兰Corvair过了一把后置后驱的瘾——现在看来纯属玩儿票，美国地方那么大，犯得着么？凑什么热闹？

前横置还是太新鲜了一些，迷你的“模仿秀”姗姗来迟，并且发生在远隔重洋的日本——本田的N系列。轴距2米，车长3米，4个座位，您瞅瞅，像不像？

本田 N600 (1967)

雪佛兰 Corvair (1960)

本田 N600 (1967)

本田 N360 (1963)

迷你 (1959)

丰田 iQ (2008)

丰田 iQ (2008)

阿斯顿·马丁 Cygnet (2011)

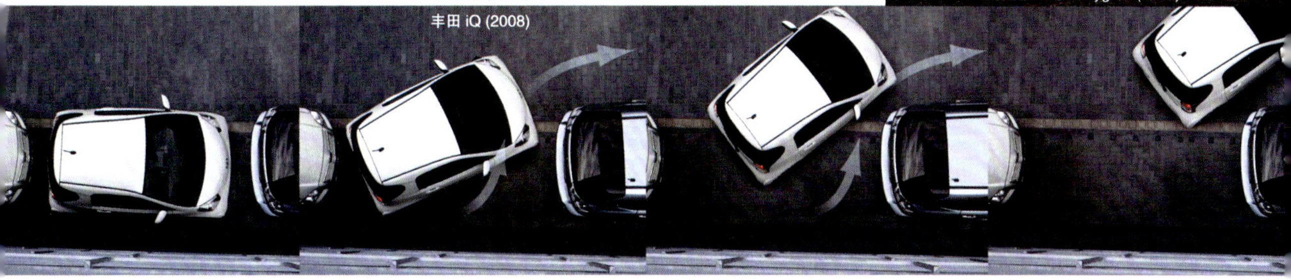

丰田 iQ (2008)

无独有偶，2008年丰田推出的iQ同样也是轴距2米、车长3米、4个座位，这便是迷你创造的代码“234”，它像一个坐标原点，告诉我们一辆前横置的四座轿车到底能有多小。虽然是有点儿挤，但其操控灵活性令人艳羡，这不，豪华品牌阿斯顿·马丁也被吸引过来与丰田合作，使用iQ的技术推出了Cygnet，因此这款小车有两张脸。挂着阿斯顿·马丁的车标，Cygnet恐怕是有史以来最高档的微型轿车了，当年迷你那么小是为了让更多人买汽车，现在阿斯顿·马丁那么小却是为了让富人买更多的汽车，根据交通状况的恶劣程度来选择通勤工具——只有在拥堵不堪时，人们才能体会到小尺寸汽车天生的好，才会想起汽车最基本的功能，就是代步。

如今，绝大部分轿车都采用了前置前驱布局，小到如菲亚特500的微型轿车，大到如大众汽车帕萨特的中级轿车，都在使用横置发动机以谋求更大的车内空间。

当年却没有那么整齐划一，迷你“一个人”孤独地向前进，直到1967年欧洲才出现了前横置的新面孔——法国的Simca1100——听上去就像“手机卡1100”，而1969年菲亚特也通过128加入进来，不过这二位都是预演，真正大红大紫的前横置车型在后面——看看犹抱琵琶的图片，想必您已经猜到是谁了吧？嗯，后文有它的专题。

菲亚特 500 (2008)

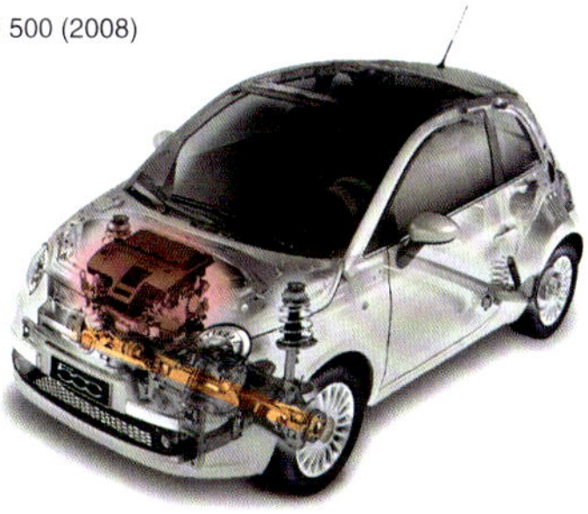

大众汽车 帕萨特 (2010)

菲亚特 128 (1969)

《胡狼卡洛斯》中的Simca1100

那谁……

地中海暖流

前苏联电视连续剧《春天的十七个瞬间》中，德国的将军沃尔夫有这样一段台词：“意大利的声乐是世界一流的，意大利人的嗓子特别，也许由于靠近海——温暖的海，德国的海太凉了。”这席话令我颇有同感，尽管它出自一部战斗电视连续剧，而不是文艺电影。

说完前面斤斤计较的“234”，确实让人觉得有些发凉，接下来应该看看风情万种的意大利设计，顺便放上意国著名女高音西西莉亚·巴托丽（Cecilia Bartoli）的唱片，感受一下地中海的暖流。

意大利最富盛名的设计公司有三个：博通（Bertone，1912年成立）、宾尼法利纳（Pininfarina，1930年成立）、意大利设计（Italdesign，1968年成立）。正是从20世纪60年代开始，它们名声大噪，成为至今仍不褪色的设计明星。

雪佛兰 Corvair Testudo 概念车 (1963)

这辆雪佛兰Corvair Testudo概念车出自1963年的博通，公司掌门人努西奥·博通（Nuccio Bertone）对其青睐有加，曾亲自驾驶这辆双座跑车从都灵前往日内瓦参加车展，因为他也非常欣赏这辆车的设计师：乔盖托·乔治亚罗（Giorgetto Giugiaro）。

乔治亚罗生于1938年，1959年入博通时年仅21岁，雪佛兰Corvair Testudo展出时也才25岁。两年后，即1965年，乔治亚罗离开博通，并于1968年创建了意大利设计公司。

乔治亚罗走后，博通进入了另一位设计天才马塞洛·甘蒂尼（Marcello Gandini）的时代。甘蒂尼没有创立自己的设计公司，一直在博通。事实上，博通几乎也就等同于甘蒂尼，就像科比之于湖人。两位设计大师同出博通门下，博通的江湖地位可想而知。

1967年的兰博基尼Marzal是甘蒂尼最重要的作品之一，而一年后的阿尔法·罗米欧Carabo（意大利语意为甲壳虫）则可以用“骇人”来形容，这便是今天兰博基尼设计语言的开篇。

乔治亚罗的手稿

努西奥·博通与雪佛兰 Corvair Testudo

兰博基尼 Marzal 概念车 (1967)

阿尔法·罗米欧 Carabo 概念车 (1968)

马塞洛·甘蒂尼

乔盖托·乔治亚罗

兰博基尼 Marzal 概念车 (1967)

甘蒂尼与乔治亚罗同岁，都生于1938年，都“属虎”。这难道应了中国那句老话：一山不容二虎?

乔治亚罗的Corvair Testudo采用的是后置后驱布局，但仍然保持着传统的前后比例。长长的车鼻让人自然地联想到下面藏着一台多气缸大马力的纵置发动机，然而留心前脸，却发现两个前照灯之间什么也没有，如果是发动机前置，为何没有进气格栅?

对比迷你，雪佛兰Corvair Testudo严重浪费轴距，仿佛是高富帅在炫富。兰博基尼Marzal就要收敛得多，同样是后置后驱，甘蒂尼在前后轮之间安放了四个座位，因此，A柱的位置前移了许多，但这会使车鼻变短，为了保持车鼻的长度，前悬又长了许多。

如果不过多考虑实用性，抛开4座的羁绊只设2座，发动机就无需放得那么靠后，可以安装在驾驶舱之后、后轴之前，或者干脆说就是安装在驾驶舱里，就像一年后的阿尔法·罗米欧Carabo那样，此即“中置后驱”布局——今天在跑车上常见的布局形式。

阿尔法·罗米欧 Carabo 概念车 (1968)

甘蒂尼的Marzal很快得到量产，一年后变身为兰博基尼Espada——一款高性能跑车。Marzal的4座概念得到保留，但后置后驱布局被否定，还是采用前置后驱布局，这些内瓤被装进了一个现成的外壳里——1967年博通为捷豹设计的Pirana概念车，不过拉长了些，加了一排后座。您别诧异，这种“一稿两投”的事儿对于独立设计公司来说很正常——车子是我设计的，谁出钱就贴谁的车标。

与Marzal对比，可以看见Espada“清空”车尾之后，换取了一个较大的行李舱，实用性显然超过Marzal。但前置后驱使Espada的驾驶舱向后退，将原本设置在后轮之前的后排座椅“推”到两个后轮之间“夹着”，车内空间局促。

捷豹 Pirana 概念车 (1967)

兰博基尼 Espada (1968)

兰博基尼 Marzal 概念车 (1967)

兰博基尼 Espada (1968)

甘蒂尼本来为Marzal的发动机舱设计了一个蜂巢状盖板，随着Espada的发动机前置，盖板也变成了玻璃窗，窗下的行李舱应该挺能装。

紧挨着Marzal后座椅背的是一台横置发动机，后来，这台发动机被纵置于车头，安装位置较为靠前，好给驾驶舱腾地儿。

Marzal的后座位于后轮之前，坐垫高度与前排基本一致，而Espada的后座由于被“推”到后轴上，坐垫不得不升高，导致头部空间紧张。

兰博基尼 Espada (1968)

其实，无论Marzal还是Espada，前后排座椅之间都不可能宽松，根本原因并不在前置或者后置上，而在于车高。Espada的车高仅为1185毫米，这带给车内人员非常低的坐姿。

人在车内的坐姿分为三种：低坐姿、中坐姿、高坐姿。如下图所示：坐姿越低，身体后仰的角度就越大（*a*>*b*>*c*），同时腿部前伸的距离越长，因此对上下空间的要求越少、对前后空间的要求越多（*A*>*B*>*C*）；坐姿越高，身体后仰的角度就越小，腿部前伸的距离也越短，因此对前后空间的要求越少、对上下空间的要求越多（*G*>*F*>*E*）。也就是说，坐姿越低，对轴距的消耗越大。轿车的车高在1.4米至1.5米之间，为中坐姿；SUV与MPV高于1.5米，为高坐姿；跑车为了追求操控性，车高通常在1.2米左右，其坐姿就是这几类汽车中最低的了，对轴距的需求也最大。

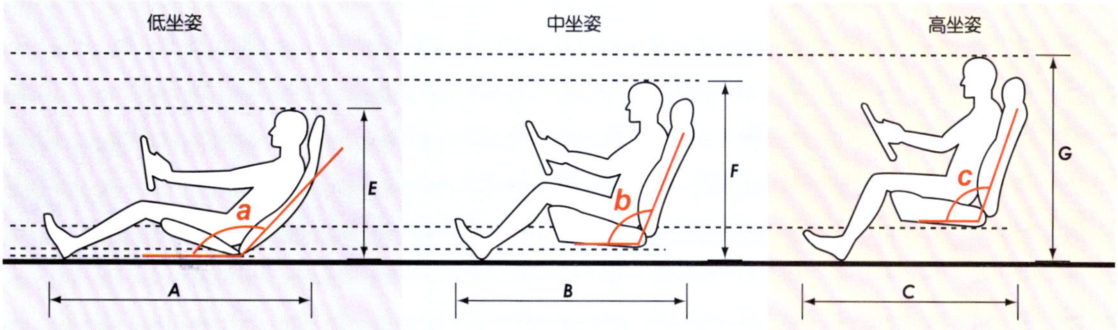

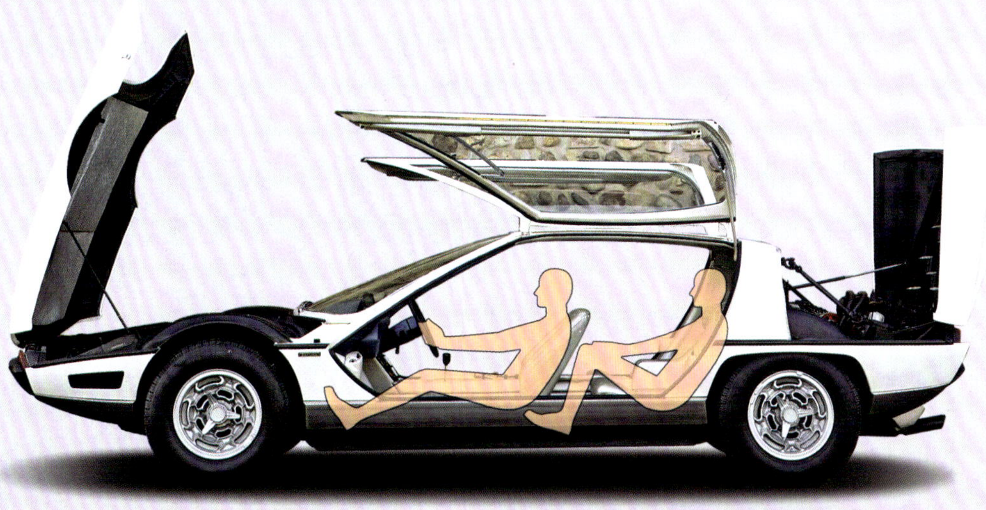

Espada的轴距为2650毫米，与今天大众汽车Tiguan的轴距（2604毫米）接近。Tiguan的前后排之间较为宽松，因为它是SUV，车高1.7米，提供的是高坐姿。而Espada的车高不到1.2米，坐前排还可以把腿向前伸，坐后排就没处伸了，膝盖会抬得很高，肚子会觉得很“窝”，这样坐上一个小时，还不如抱着小马扎去操场看场露天电影。不过……看看右图，前排也好不到哪儿去。

兰博基尼 Marzal 概念车 (1967)

看来，甘蒂尼做的是一道“死题”——无论前置还是后置，后排座椅都很挤，跑车与后座似乎不可兼得。然而有趣的是，Espada持续生产了10年，销售了1217辆，是兰博基尼第二成功的车型——第一是谁？后面再说。

前人栽树后人乘凉，今天的汽车厂商不会再在拮据的轴距上费脑筋费时间，高性能四座跑车，前中置后驱布局是不二选择，如果还想要宽敞一些，方法简单粗暴不明觉厉——加长轴距就是了。

法拉利 FF (2011)

2011年推出的法拉利FF是一款4座跑车，轴距达到2990毫米，车长达到4907毫米，配合1379毫米的车高，应该够用了吧。否则，就有点穷凶极……不，富凶极恶了。

乔治亚罗的Corvair Testudo虽是后置后驱，但外形上并没有体现，甘蒂尼的Marzal探索了使用后置后驱的可能性，答案是整不成。这道关于后置后驱的题是怎么出出来的呢？原由在于前面提到的那辆“凑热闹”的美国车——雪佛兰Corvair，乔治亚罗的Corvair Testudo正是以它为基础。

相对于前置后驱或者前置前驱，后置后驱总有一些神秘色彩，加之甲壳虫又取得了超乎寻常的成功，这便让人有些心痒痒，跃跃欲试。

事实上，美国是最不适用后置后驱布局的地方，因为一来美国没有经济型小车，对车身尺寸满不在乎；二来作为三厢轿车的发源地，旅行轿车在美国也已逐渐普及开来，而后置后驱会使轿车的旅行款失去意义——“封阳台”之后却发现里面还放着一台发动机，这感觉大概相当于掀开自己的被子却发现里面躺着一个不相干的人。不过，美国人喜欢新鲜事物，厂商倒也承受得起——试一把，不赚钱的话大不了不玩儿了呗。

雪佛兰 Corvair 700 Lakewood (1961)

雪佛兰 Corvair (1960)

太脱拉 T77 (1934)

在非经济型轿车上尝试后置后驱，Corvair也不是先驱，翻翻黄历，早在1934年，捷克厂商太脱拉（Tatra）便已经玩儿了一把。样子很雷人，尽管轴距被充分利用，驾驶舱内很宽敞，但是圆圆的短鼻子随时让人受不了。

现如今，一直将后置后驱传统保留下来的品牌就只有保时捷了。1963年，绰号“Butzi”的费迪南德·亚历山大·波尔舍（Ferdinand Alexander Porsche，前文中曾提到他）设计出了保时捷356的替代车型901（后改名为911，因为标致认为这个名字中间的“0”侵犯了他们的权利），一个经典的跑车传奇由此拉开了帷幕。

几十年过去了，911的外形经典依旧，其后置后驱布局也一直未变。急加速时发动机的重量使后轮紧紧“咬”住地面，夸张的时候甚至会冒明火，这是专属保时捷的驾驶乐趣，当然，挺极端。

保时捷 901 (1968)

“Butzi”波尔舍与保时捷901

保时捷911的经典延续源于它独特的魅力，不过独特就意味着少数、小众，其他厂商可不敢照单子抓药，大家默契地维持只有一个后置后驱跑车品牌甚至车型的局面。

如果要兼顾实用性，后置后驱不是最佳方案，这在甘蒂尼的Marzal身上已得到验证。还是不要管后排座椅了——如果需要坐着舒服，那干嘛要选跑车？高性能跑车的后座一般人根本受不了，训练飞行员倒合适。

如果仅从操控性考虑，911的发动机也太靠后了，导致汽车尾部太重，不易驾驶，也许保时捷的底盘调教功力就是这么练出来的。而把发动机放在后轴之前，汽车便可以获得更好的前后重量分配，这种中置后驱布局20世纪60年代之前仅出现在赛车身上，比如1936年的汽车联盟Type C“银箭”赛车——又是费迪南德·波尔舍博士设计的。

汽车联盟 Type C (1936)

兰博基尼 Miura (1966)

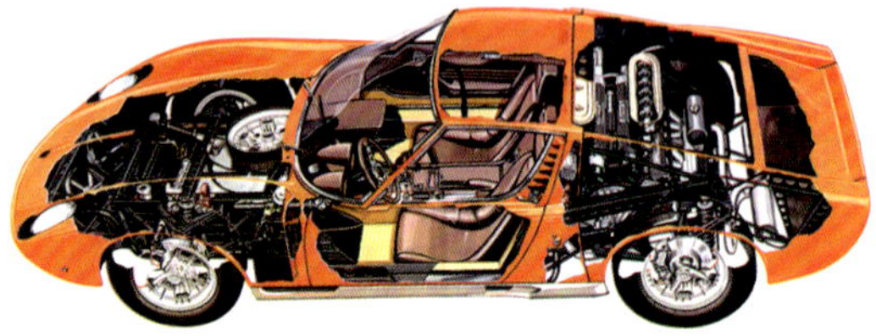

兰博基尼的第一款中置后驱产品是1966年推出的Miura，在当时，将专属赛车的中置后驱布局引入高性能跑车，是一个狂野的举动。Miura也由甘蒂尼设计，其外形比例与传统的前中置后驱车型差别不大，车鼻很长，如果不“开盖”，很难猜准它的发动机在哪里。驾驶舱的位置依然较为靠后，在它与前轴之间安置着备胎——好像也就只是放放备胎罢了，显然，这样的布置方式无谓地消耗了轴距，与其这样，还不如采用前中置后驱，至少座椅后边可以放放行李。

虽然空间利用上不尽合理，但中置后驱带来的操控感却是很新鲜的，Miura取得了不错的成绩，从1966年到1972年，销售了760辆，这使兰博基尼坚定了发展中置跑车的决心。1971年日内瓦车展上，Miura的后续车型Countach惊艳亮相，甘蒂尼声称希望仅仅通过外形就让其展现出骇人的速度感，他说到做到。

其实对于甘蒂尼来说，Countach的设计并非一道难题，这道题他在1968年就已经做过了——Countach兑现了阿尔法·罗米欧Carabo的设计语言。备胎被移至车头，驾驶舱前进紧贴前轮，此时出现了最刺激神经的视觉效果：从侧面看，车鼻与前窗倾角一致，连成一根直线，这与早年汽车“车鼻水平线、前窗垂直线”的传统形象形成强烈的视觉冲突。前窗与“发动机舱盖”（下面已经不放发动机了）整合成一个大斜面，车头变得细而尖，汽车就像一把楔子，随时准备狠狠地扎进空气中。从此，“楔形设计”、“楔形时代”这些在汽车设计史上风光无限的的常用词产生了，而马塞洛·甘蒂尼，当然就是“造楔之人”。

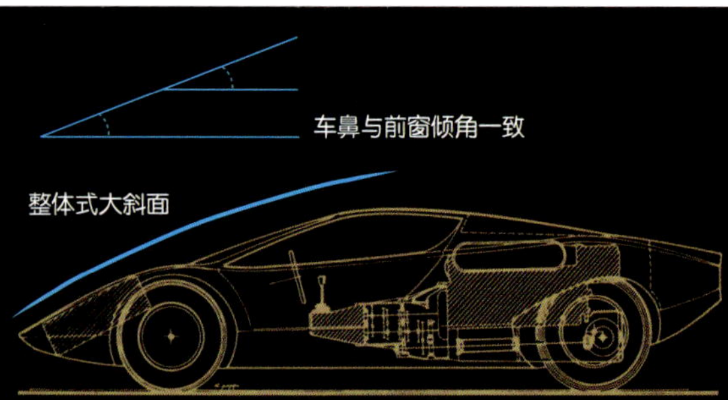

兰博基尼 Countach (1974)

兰博基尼 Gallardo (2013)

对比Gallardo与Countach，身段、做派都差不离，区别好像只是在于“穿的鞋”不同——Countach的年代时兴穿厚底的“胖胖鞋”，还是“亮皮”的。

看看今天的兰博基尼，忠实地坚守着当年Countach开创的设计语言，因此，甘蒂尼亦有“兰博基尼之父”的美誉。不过，甘蒂尼激进设计风格的背后，需要一个“锐意进取，开拓创新”的买家，这就是兰博基尼的创始人——费卢西奥·兰博基尼（Ferruccio Lamborghin）。这位靠生产拖拉机起家的意大利人，从跨入汽车界的第一天起，就以击败法拉利为目标。

费卢西奥于1963年创立兰博基尼，为了得到最好的发动机，他请来法拉利的著名工程师吉奥托·比扎里尼（Giotto Bizzarrini），并把设计工作委托给博通的新锐设计明星甘蒂尼，这种“一步到位”的策略很快威胁到了法拉利。很难说是兰博基尼成就了甘蒂尼还是甘蒂尼成就了兰博基尼，反正，一个巴掌拍不响。

Countach从1974年至1990年共销售了2041辆，是兰博基尼最成功的车型，当然，还有好几款并不成功的车型，这里不提也罢。对于一个后入行的汽车企业来说，想要迅速有所斩获，激进的产品策略可能是唯一的途径，但风险极大。兰博基尼于1980年破产，此后几经倒手，直到1998年归属奥迪集团（其实也就是归属大众汽车集团），才算安定下来。

费卢西奥被称为“犟老头”，内心似乎总是熊熊燃烧着激情之火，他带给兰博基尼一段激情燃烧的岁月，莫非，这也是源于地中海温暖的海水？

费卢西奥·兰博基尼

兰博基尼 Countach (1988)

“犟老头”身后是他的不成功产品——Jarama，身边是他的成功产品——拖拉机。
除了楔形车身，被传承下来的还有“剪刀门”，当然，这也是来自阿尔法·罗米欧Carabo。
直到今天，Countach看上去也那么刺激人，不知为何，觉得它和费卢西奥长得倒是挺像的。

兰博基尼 Countach (1985)

法拉利 250 GT 原型车 (1960，博通)

法拉利 250 GT (1962，宾尼法利纳)

博通的客户也包括法拉利，不过兰博基尼出现之后由博通设计的法拉利就很少见了。上图中这辆1960年的法拉利250GT原型车便是出自博通，两年后的量产版本改由宾尼法利纳设计。对比两个版本，除了前脸有改动，其余部分几乎一样。

在兰博基尼出现并与法拉利叫板之后，宾尼法利纳真正成为法拉利的“御用”设计公司，主导了绝大部分法拉利车型的设计工作，即便没有亲手操刀的，也置身于其风格规划之下，时至今日，未曾改变。

除了欧洲的客户，宾尼法利纳与美国厂商之间一直有业务往来，前文提到的那款尾鳍壮观的埃尔多拉多的车身便是由其制造的。在美国人眼中，出自宾尼法利纳的法拉利带来了地中海温暖的阳光，充满异国情调，而在欧洲的设计公司里，宾尼法利纳又显得最有美国味儿。

法拉利 275 GTB Carrozzeria (1964)

法拉利 275 GTB/4 (1964)

法拉利 400 Superamerica (1962)

菲亚特 Abarth 2000 概念车 (1969)

20世纪60年代开始，意大利厂商热衷于展示各种充满未来色彩的概念车，这是三大设计公司比拼想象力的竞技场。

在美国备受富翁追捧的法拉利也确实几乎卖给了美国人，这位赛道高手在生意场上并不得意，多年来一直忙着找东家。1964年，创始人恩佐·法拉利单方面终止了与福特的收购谈判，因为他决定还是“肥水不流外人田”，1969年，菲亚特最终将法拉利纳入旗下。如果福特收购成功，可能就不会出现宾尼法利纳几十年如一日把握法拉利设计方向的传奇了。

在兰博基尼推出咄咄逼人的Miura后，恩佐转变了中置后驱不适合量产跑车的观念，并以1968年推出的Dino作出回应。由此，前中置后驱与中置后驱正式成为高性能跑车的两种固定布局形式，而同在1968年推出的365 GTB/4上，使用了暗藏式前照灯，从此宣告法拉利“大圆眼”时代的结束。

法拉利 Dino (1968)

法拉利 365 GTB/4 (1968)

克尔维特经过宾尼法利纳的“重新包装”，散发出一种独特的气息，这是收藏者的宠儿。　雪佛兰 Corvette Rondine Coupe (1963)

Cisitalia 202 (1947)

标致 404 (1961)

宾尼法利纳的客户当然不仅仅只有法拉利，1947年那款平整侧面的Cisitalia 202便出自宾尼法利纳，虽是小众车型，但在当时这样的设计充满了前瞻性，这也是如今人们谈到宾尼法利纳时必然提及的一件作品。除了小众品牌小众产品，宾尼法利纳也与大厂商常年合作量产车的开发，标致便是其中之一，其历史上好几款重要车型都是由宾尼法利纳设计的。

还有一件作品同样充满前卫感，但今天却不太被提起。在1960年的菲亚特X概念车上，宾尼法利纳尝试了四个车轮的菱形摆放方式，侧面形态仿佛一辆拖着小拖斗的三轮车，多少有些滑稽。用现在的眼光来看，它的行李舱肯定不好用，除非按照“男左女右”的规矩来摆放行李——事实上，车尾右侧几乎不能放下行李，因为那里得放发动机。可以想象，这辆车的高速稳定性不会好，过弯时外侧唯一的车轮必将承受很大的负荷，有点儿“千金重担我独挑”的孤胆英雄气质。这需要加强“中轴”（也是唯一的车轴）的强度，而且左右两个轮胎也会经常因磨损而更换。

欧洲进入了一个新的探索期，独立设计公司的这种大胆尝试对汽车设计的发展很有意义，至少，可以搞清楚哪种做法是行不通的。

菲亚特 X 概念车 (1960)

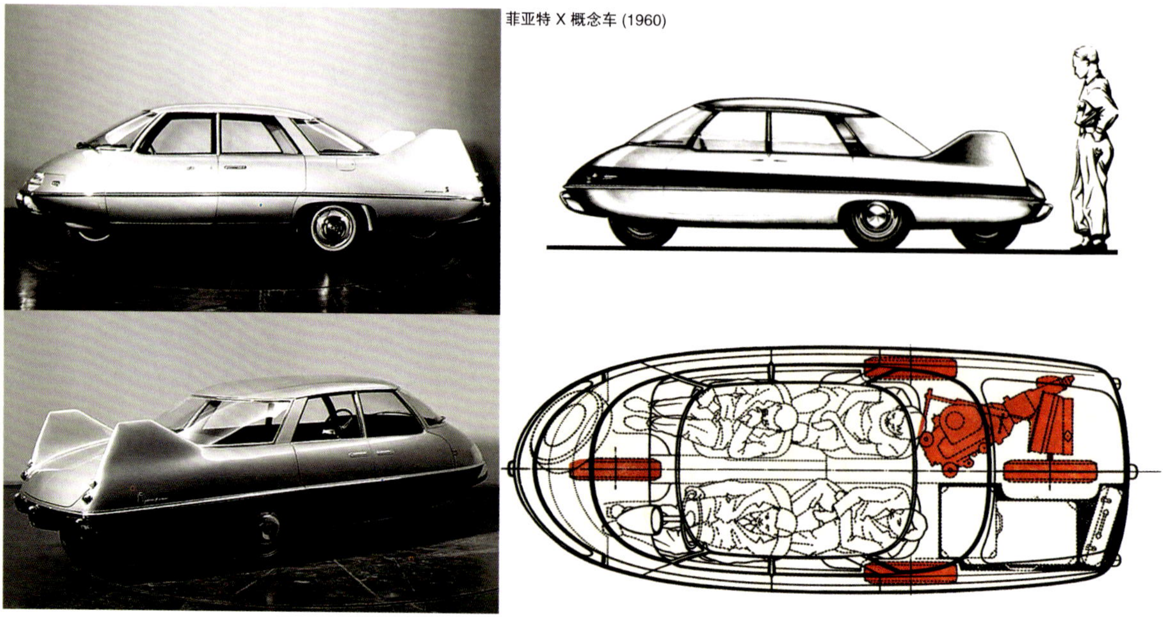

Bizzarrini Manta 概念车 (1968)

1968年乔治亚罗创立意大利设计公司之后，第一件作品也充满了探索的意味，项目的甲方是前文提到的那位著名工程师吉奥托·比扎里尼。

比扎里尼于1964年创立了自己的跑车品牌，并将Manta的设计工作委托给乔治亚罗。这辆中置后驱跑车的车身侧面裙边上遍布圆孔，据说这是20世纪二三十年代赛车为了减轻车重而采用的设计手段。

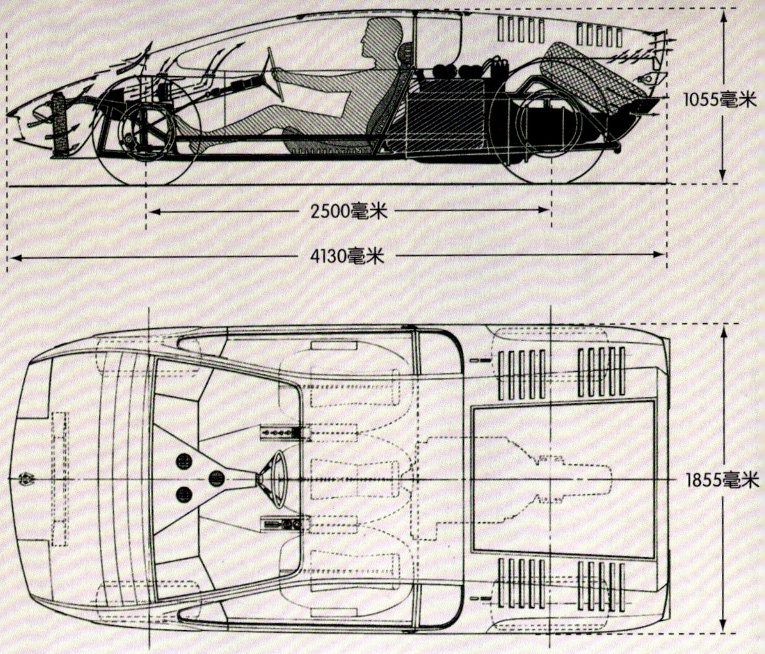

Manta的独特之处在车内，乔治亚罗并排放上了三把座椅，驾驶人居中，左右“护法”各一。3座使车宽接近1米9，但这并不意味着两位“护法”就能舒适地乘坐。如前文所述，坐姿越低对前后空间的要求就越大，说白了就是脚要使劲向前伸。Manta仅仅1米出头的车高使人几乎等于坐在地上，驾驶人的脚已经踩在前轴上了，而两位乘客的脚只能安置在前轮后方——不用再描述，想想都憋得慌，车内坐满三人，不仅“摩肩”，一定还会“擦踵”，身上没点儿功夫的人绝对受不了。这个看上去很美的布置方式其实并不可行，根本原因在于坐姿，坐姿直接影响人在车内的舒适度，它们之间的关系请见下一页的分析。

意大利设计公司成立之初，客户便来自五湖四海，铃木是最早与其发生业务往来的亚洲厂商。而本土的阿尔法·罗米欧则像一个认证，倘若没有为其做过设计，仿佛说话就硬气不起来。

阿尔法·罗米欧 Iguana 概念车(1968)

铃木 Carry 概念车 (1969)

高坐姿时，大腿几乎呈水平状态，与坐垫大面积充分地接触，人体自身的重量能够均匀地分摊在整个坐垫上，因此不易疲劳。

低坐姿时，大腿向上抬起，对坐垫前端的下压力减小，这意味着在坐垫前端对身体的支撑作用也在减小。身体重量产生的负荷向后——即臀部、尾椎的位置“汇聚”，时间长了，臀部、尾椎以及腰部便很容易疲劳。

中坐姿的舒适度则介于高坐姿与低坐姿之间，既没有高坐姿舒适，也没有低坐姿疲劳。

而如果坐在兰博基尼Marzal的后排或是Bizzarrini Manta的左右，则是最糟糕的情况：低坐姿，腿却无法前伸。这会导致大腿与坐垫完全不接触，处于悬空状态，此时身体的所有重量都“凝聚”到臀部、尾椎处，让这个区域承受过大的负荷。此时哪怕是小牛皮座椅、电加热按摩座椅，对身体的支撑都爱莫能助，人坐在上面基本上等同于受罪。

纸上谈兵么？是的，不过我也有切身体验，这倒不是说我坐过Marzal或者Manta，因为无需它们出马，我就已经败了。让我投降的是雷克萨斯RX350，2011年6月我曾坐在它的后排出远差，从昆明向西，一路高速。两小时之后我开始感到尾椎很不舒服，仿佛擅自伸出了体外一般。不适的同时我又感到疑惑：RX350是SUV，车高1米7呢。以我的经验以及1米7的身高，车高达到1米5我就能坐得比较舒坦，按说RX350已经超标了，我怎么还在里面“磨皮擦痒”（云南方言，意为坐不住）？身在福中不知福么？这可是真皮的嘎！

带着满肚子疑问，到保山服务区加油时我下车来仔细观察，找到了问题所在——地板。RX350的后排地板中间没有“鼓包”，这说明什么？说明它的地板比较高，比“鼓包”还高。地板的升高使坐垫与地板之间的垂直距离与轿车差不多，但后排坐垫并未像轿车那样稍稍翘起，仍与SUV的坐垫一样，几乎水平。于是，我抬高的大腿与坐垫几乎不接触，加之臀部可能又比较敏感，所以……唉，就是没有坐好车的命，只配坐坐中巴，那倒是高坐姿。其实只需将后排坐垫稍微翘起一点儿，应该就会好许多，老款途锐的后座也有类似问题。当然，每个人的情况不同，您未必像我这样“啮筋”（云南方言，意为难缠），可能坐到腾冲服务区才会不舒服。

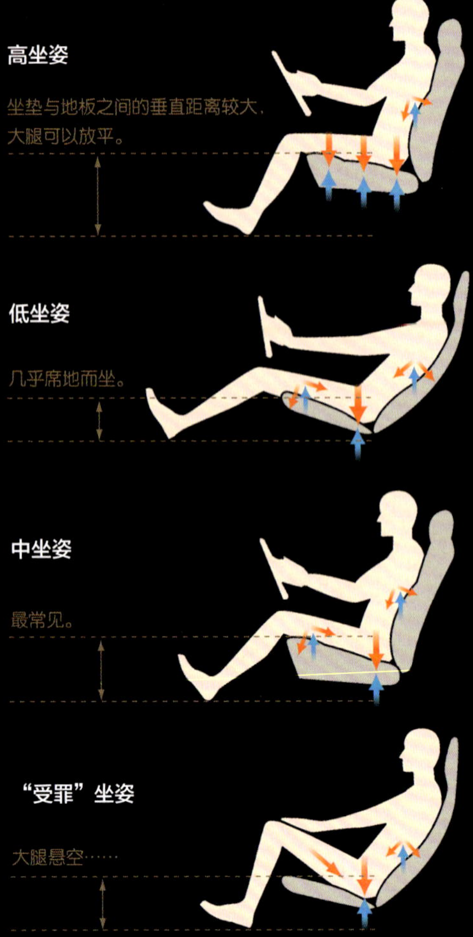

雷克萨斯 RX 450h (2009)

由于坐垫与地板之间的垂直距离太短，导致大腿悬空，因此后座的高坐姿只是名义上的。

Manta毕竟是概念车，相当于一张立体的图纸，因此其“受罪坐姿”也仅停留在理论层面。设计就是在不断的尝试与修正中发展完善的，需要这些有点儿“不靠谱”的作品，藉此可以帮助人们看清前进的方向。

20世纪60年代以后，意大利的这三大设计公司越来越引人瞩目，它们为汽车厂商提供专业的设计服务，始终身处潮流的前沿，作品遍及全球，成为汽车设计行业中举足轻重的力量。

这股地中海暖流自然也影响到中国，从20世纪末开始，中国厂商与三大设计公司开始合作，在如今的中国街头，很容易便能见到它们的作品。

哈飞 中意 (1999)

华晨 中华 (2002)

可能很多人都不知道，1999年的哈飞中意是宾尼法利纳设计的，这是意式设计在中国结出的第一枚果实。2002年的华晨中华（那时还不叫“尊驰”）出自意大利设计公司，厂商的大力宣传在当时引起了不小的轰动，很多中国人由此认识了乔治亚罗。

以下车型的设计均出自三大设计公司，看看可有您不认得的？

昌河 爱迪尔 (2004，博通)

奇瑞 A1 (2007，博通)

奇瑞 A3 (2008，宾尼法利纳)

华晨 中华 骏捷 (2006，宾尼法利纳)

华晨 中华 骏捷FRV (2008，意大利设计)

一汽 奔腾 B70 (2006，意大利设计)

你的眼神

在跑车的设计中，车头正变得越来越尖，车鼻越来越倾斜。当车头降下去之后，前照灯被孤零零地“遗忘”在车轮之前，就像退潮时裸露在沙滩上的海产品。这并非因为设计师丢三落四，而是因为车灯的形状、大小、位置、角度都必须满足照明的需要，不可随意改变，这一点自汽车发明以来从未打过折扣，否则车灯就成了摆设，不如不要。

萨博 Sonett (1965)

法拉利 330 GTS (1967)

保时捷 904 (1964)

阿尔法·罗米欧 Tipo 33 (1968)

车灯外表的球面接近于垂直立面，与车鼻的大斜面“挨不上”，也对减小风阻系数没有帮助，这个问题怎么解决呢？最直接的办法：在车灯外装一个灯罩，让这个透明的空壳融入车身表面，这样既不会影响照明效果，也不会影响风阻系数。不过，汽车仿佛戴上了一副近视眼镜，不禁让人怀疑它的“视力”。车灯的位置就像挖了一个坑，莫名凹进去一块儿，破坏了车身的整体性。

还有新的解决办法：把前照灯“藏起来”，平时没事儿时先歇着，当需要照明时，再让它“冒出来”。这种“翻盖”的方式让前照灯对外形几乎不产生影响，相当于“消失”了。设计师不用再去费心考虑如何安置它们，它们仅在夜间出来活动，而汽车设计出来绝大多数时候都是供人白天观看的——设计师们一定很喜欢这种好脾气的、可以视而不见的部件。

玛莎拉蒂 Ghibli (1967)

丰田 2000GT (1966)

菲亚特 500 (1957)

“虽然不言不语，叫人难忘记。那是你的眼神，明亮又美丽。”再没有哪一种工业产品如汽车这样被人类强行赋予人类的情感，从车灯被装在车头的那天起，几十年的时光，左右两个大圆灯充当了两只大眼睛，使人们看见汽车时自然地把它与人联系起来，从车灯上读出眼神。人们喜欢清澈的眼神，就像奥黛丽 · 赫本（Audrey Hepburn）、格蕾丝 · 凯丽（Grace Kelly）的双眸，“明亮又美丽，叫人难忘记”，这是主流的审美情趣。

半个多世纪过去了，人类的审美取向一直在悄然发生变化，不过自己并未察觉，以至于当新东西出现时，不知不觉地就接受了。20世纪60年代，随着“潜伏式”新车灯的出现，一种新的眼神也随之而来，这种眼神不再像赫本、凯丽的那么温暖、那么可亲，而是变得有些深邃、有些诡异。就像西部片里的查尔斯 · 布朗森（Charles Bronson）、克林特 · 伊斯特伍德(Clint Eastwood)，细眯着双眼，也挺好看。

阿尔法 · 罗米欧 Iguana 概念车 (1968)

左右各一个前照灯显得有些保守、有些抠门，增加到两个比较新潮、比较酬宾。这两个车灯之间可以是水平关系、垂直关系、斜角关系……或者，说不清的关系。不同的关系对应着不同的眼神，这些组合的可能性被彻底探讨了一遍，此类需要主动尝试以求新意的探讨主要依赖美国车，因为它们仍然保持着极高的更新频率，有足够多的“试验田”，或者倒过来说因果关系也成立。而且，美国最讲关系，地球人都知道。

平级关系，眼神和气

菲亚特 124 (1969)

庞蒂克 Tempest (1961)

上下关系，眼神严厉

梅赛德斯-奔驰 300 SE (1962)

凯迪拉克 Fleetwood (1968)

关系交错，眼神得意

日产 Skyline (1962)

克莱斯勒 300G (1961)

顾左右而言其他，眼神迷离

道奇 Dart (1962)

福特 Mustang (1969)

雪佛兰 科迈罗 (1967)

福特 Country Squire (1968)

道奇 Charger (1968)

关系太多、太复杂，设计师一定给弄得不厌其烦，还不如干脆“不要眼睛”算了。美国人敢想，也确实敢干，最重要的是，敢卖也敢买。确实，三大汽车巨头通用、福特、克莱斯勒都有“无眼车型”出售，看到这些车的面容，估计很多人都会去想：“眼睛呢？”我也在想。后来发现这是个非常弱智的问题，眼睛当然就在眼睛该在的位置，如果一个人戴上眼罩或者墨镜，我们总不能说他没长眼吧。当然，所谓“无眼”也仅限于白天，到了晚上它们自然会出现。

设计师省了事儿，车看起来也很酷，就像U2乐队的主唱波诺（Bono），似乎永远戴着墨镜。其实波诺并非一味扮酷，他有一定的眼疾，受不了强光刺激。车灯倒不怕强光刺激，它本身就是光源，因此这样设计就是为了扮酷。在林肯大陆Mark之后，克莱斯勒帝国将此尊容延续到20世纪90年代。这个我倒是亲眼得见，那是在贵阳一中念书时，偶然看见一辆帝国从南明河畔驶过直奔省委大院，当时的第一反应就是“灯都坏了还满街跑”，仔细看过才明白真相，又本能地想递给司机师傅一副手杖。不由得感叹美国人真是新潮，快到新世纪了，什么都敢弄。现在才发现，早就这么玩儿了——其实还可以更早，还记得YJob么？

Bono

克莱斯勒 Imperial (1990)

林肯 Continental Mark (1968)

别克 YJob 概念车 (1938)

控制尺度

如何“平白无故”地画出一辆20世纪60年代的三厢轿车？元芳说：“大人，此处必有尺度。”是的，只要找到彼时三厢轿车车身上的尺度关系，便能画得八九不离十。这些尺度从那时开始逐渐固定下来，成为今天汽车设计时使用的基本比例关联，不过似乎处于潜水状态，不易发现，所以要画一遍，画完就知道了。

1.画出车轮与地面，
轮间间隔三个车轮。

2.在车轴之下画一条水平线，
在车轮上方画一条水平线。

3.在上方水平线之上再画一条水平线，
在前后轮之外分别画一条垂直线。

4.在前轮之后找到C点，在后轴之后找到D点。
将A点与C点、B点与D点用小弧线连接。

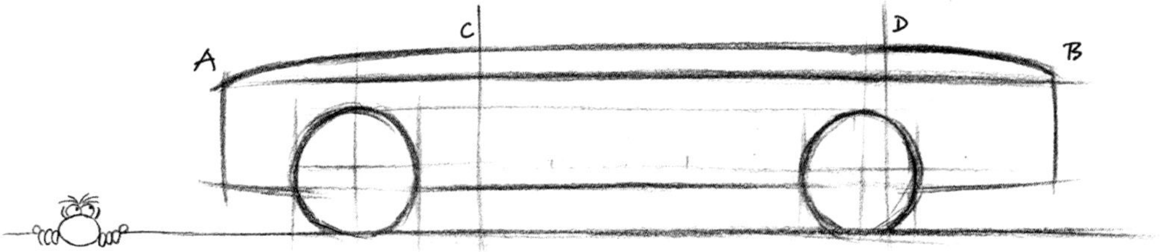

5.在车轴上方画出保险杠，在保险杠上方画出车灯。
在C点与D点之间画出车窗、车顶。
于是，一辆三厢轿车，出来啦！

车头高度通常就是前照灯上沿或者进气格栅上沿的高度。

肩线从车头出发，将侧窗下沿线纳入，并向后延伸把行李舱盖也整合进来，形成两头低、中间高的小幅度弧线。

腰线是一根装饰性线条，高度可自由设置，不一定与车头高度一致。

前肩是指肩线与前轮顶端之间的距离，以“薄”或“厚”来表述，后胯同理。

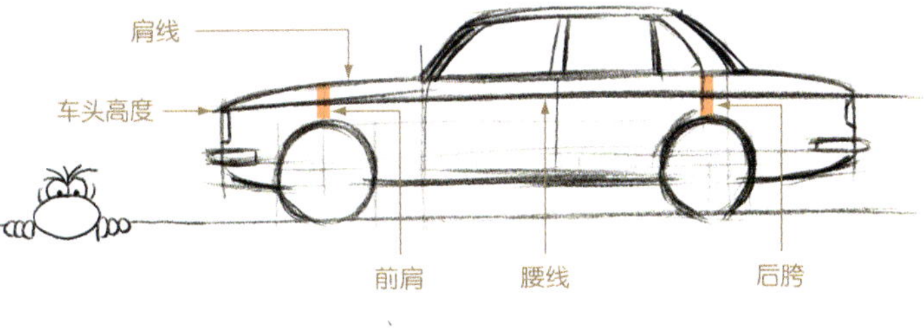

以下三款车都是车头高度与腰线齐平的，由此可见我并非凭空乱画，而是有理有据地乱画。
进气格栅上沿的线条由车头正面转至车身侧面，与腰线汇合，环车一周，这使正面与侧面两个垂直相交的立面被很自然地衔接起来。
看上去就像锅盖扣在锅身上，总感觉“揭得开锅”——可以沿着腰线将它掀起来似的。

阿尔法·罗米欧 Giulia (1965)

宝马 2000 (1965)

雪佛兰 Corvair (1962)

以车轮作为测量车身比例的标尺，车身的各个部位与车轮之间总有专属于自己的位置关系，一旦这些位置关系发生变化，车身的形态也会发生变化。那么，其中有无变化规律呢？

下面让我们来做一个小试验：将车轮设为恒定值，即保持车轮的大小以及间距不变，然后将车头升高或者降低，看看会怎么样？

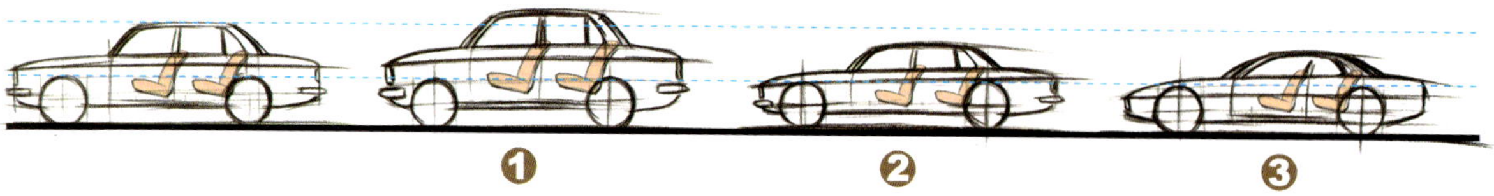

在车头高度变化之后，情况有些奇怪：与“原型车”相比，1号车长高变大了；2号车正好相反，变矮变小了；3号车则比2号车还要矮，这是怎么回事？其实这并非现实中的真实情况，真实的情况是：轿车的车高都差不多，在1.4~1.5米之间，因此应该把四辆车的车高统一后再作对比（3号车可以稍矮一些，理由一会儿再告诉您）。

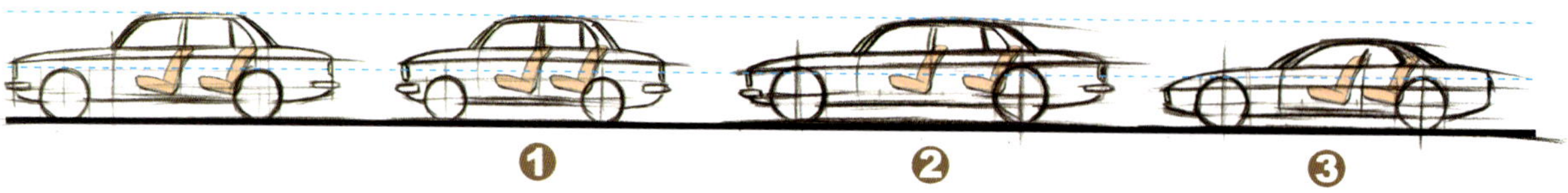

车高统一之后，车轮却不一样大了：1号车的变小了；2号车的变大了；3号车的车轮没有变，车高却变矮了。

在1号车和2号车上，作为标尺的车轮发生了变化，这必然导致车身也随之变化。所以，车轮变小的1号车变短了，车轮变大的2号车变长了。

这些变化不是我空手画着玩儿的，在现实生活中，它们皆有对应。

1号车的情况通常出现在小型轿车或者微型轿车上，因为它们的车轮较小。车轮小，自然就显得车头高，肩线与前轮顶端之间的距离也较大，这就是所谓“前肩较厚”。

2号车的情况通常出现在大型轿车以及轿跑车上，因为它们的车轮较大。车轮大，就显得车头低了，前肩也比较薄。

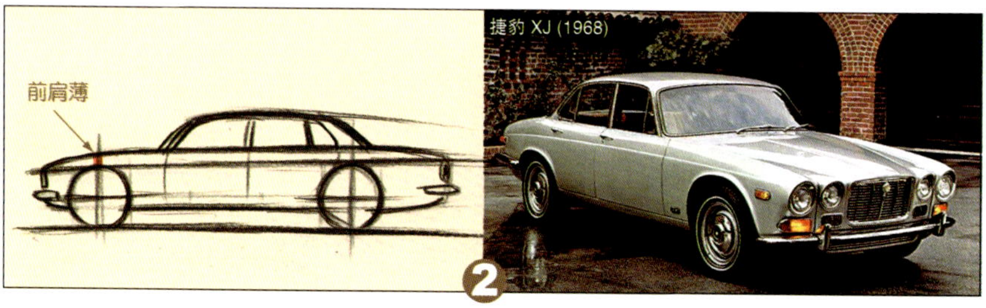

3号车的情况通常出现在跑车上，它们的车轮不小，车头不仅是“显得”低，而是真的低，车高也比较矮，前肩则更薄。

“原型车”的情况较为“常规”，通常出现在中级轿车上，它们的车轮不大也不小，车头比车轮适度地高，前肩不厚也不薄。

由此得到规律：轿车的级别越高，车头给人的感觉越低，前肩也越薄。

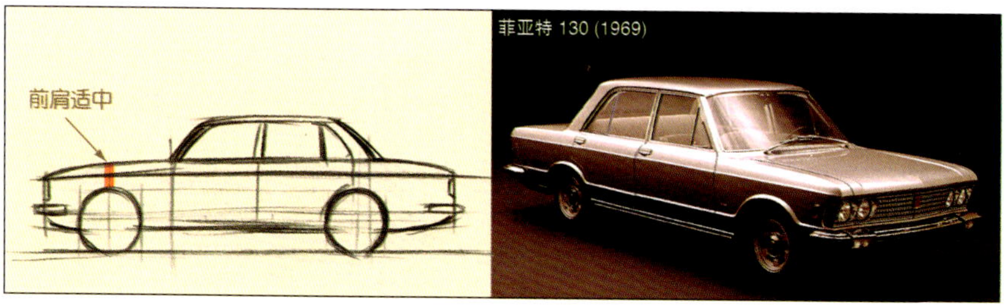

中级轿车

小型轿车

大型轿车

跑车

似乎“低就是好”，这是为何？我们知道，汽车是一种交通工具，是一种移动的、行进的物体。人们对这样一种载着自己“奔跑”的工具，本能地希望它稳定，稳定感越强的汽车给人的安全感也越强。对于运动的物体来说，稳定的必要条件便是低重心，重心高了便会让人感觉不踏实，比方看踩高跷表演；反之，越是低矮的车身，就给人越强的稳定感，是故人们会用“贴地飞行”来形容风驰电掣并且安全可靠的汽车。

增加稳定感的手段之一是降低车身的重心——无论物理上的还是心理上的。赛车或高性能跑车可以将车高定得很低，赛车手是靠比赛吃饭的，他们接受了专业训练来对抗腰酸背疼，而高性能跑车爱好者也做好了花钱吃苦受累的心理准备，因此他们都不会抱怨。常规的轿车可不同，不能为了追求稳定性而无节制地降低车高，只能将其控制在1.4米左右，于是就出现了“级别越高，看上去就越矮”的情况。这也导致了一种固定的审美规律：看着越矮，就越高档，与汽车刚发明时高高在上、目中无人的审美追求截然相反，到现在照样管用。今天，在我们身边，就有通过降低车头的设计手段，“向组织靠拢”，使视觉效果“看上去矮”的产品。

2012年的全新第六代宝马3系将车头降得比前轮（并非指轮胎，而是指轮拱的内壁）还低，使前脸的视觉重心下沉，而由于高度的降低，前脸显得更宽，车似乎也更大。这些设计手段为汽车增加了稳定感，这种稳定感折射至消费者的内心，便是高档感。
当然，这也给了3系一个隆起得有些突如其来的发动机舱盖，不过，看来设计师认为这点儿付出可以承受。

宝马 3系 (2012)

前肩薄也会导致“看上去矮”，下面来说说前肩——在车高一定的前提下，前肩的厚薄与车轮的大小有直接关系，车轮越大，前肩越薄。

从操控性的角度来说，越重、越快的汽车对车轮抓地力的要求越高，因此轿车的级别越高，车轮就越大，前肩也就越薄。跑车的身材虽然不会很大，但速度很快，因而车轮也比较大，加之跑车的车高较低，因此其前肩更是“超薄”。小尺寸轿车自重轻，速度也不快，对抓地力要求没那么高，因此车轮较小，这使其前肩较厚。

从心理感受上来说，车轮就像汽车的脚，脚与由其支撑的身子之间的大小关系是相对的：脚越大，身子显得越小、越矮，越不是负担；脚越小，身子显得越大、越高，越像一个沉重的负担——“三寸金莲，裹足不前”，仿佛一个人踮着脚走路，细细簌簌，能走就不错了，谁还指望它跑。所以，车轮越大越让人感觉“抓得住地”，给人的稳定感更强，而大车轮意味着薄前肩，也就是说，薄前肩带给人的稳定感更强。对于前肩生来较厚的车型，可以想办法让它看起来薄一些，这样也能“向组织靠拢”。

布加迪 57S (1937)

这辆布加迪57S在本书的前文中曾经露过面——“架着势耸着肩”，那会儿汽车还没有肩线，因此也可以说没有前肩。

57S用轮拱充当了双肩，其高度甚至超过了车鼻，这种夸张的做法使车轮显得非常有力，也映衬出车身的低矮。

迷你 One (2010)

作为小型轿车，迷你的前肩自然不薄，但其采用了夸张轮拱、削薄前肩的设计手段，使这辆小车看上去更有力、更高档。

黑色的轮拱包围恰好与轮胎的颜色一致，使人误以为车轮有它宣称的那么大，前肩则削薄了一半——障眼法哈。

凯迪拉克 Eldorado (1961)

降车头、削前肩，这些设计手段多少有点儿“弄虚作假”的意思，大型轿车或者跑车生来脚大，对此不以为然，从前甚至还有反其道而行的：前轮进行了适当的遮挡，刻意让前肩保持一定的厚度。

对于这些车型来说，大车轮、薄前肩仿佛与生俱来的胎记，如果不加遮掩就这么直接示人，还不太好意思。这说明那时的审美情趣与现在的不太相同，人们更含蓄一些，同时也说明，这些车真的很大。

凯迪拉克 Fleetwood (1966)

饼干与雪茄

很多美国轿车维持着车高1.4米、轴距3米的身材，整体比例值能够达到2，也就是说轴距是车高的两倍，因此侧面看过去，汽车很矮、很长。同时，它们的宽度也很惊人，动辄就是2米的车宽，这样的“三围”生成出“扁扁”的效果，就像一片移动的大饼干。

欧洲轿车没有那么“破费”，哪怕大型轿车也对身材控制严格，车宽一般不会超过1.9米，紧凑级轿车的车宽甚至可以不到1.5米。所以，欧洲轿车看起来不像美国轿车那么扁。

雪佛兰 Chevelle Malibu (1964)

奥迪 100 (1968)

如前文所述，上图中奥迪100的肩线是一根中间高两头低的小幅度弧线，车尾微微下沉，侧面看上去像一支雪茄，因此被称作“雪茄型车身”，是20世纪60年代欧洲轿车的主流形象。

“雪茄型”的关键在于车尾的下沉，这与之前的设计语言是相通的，“流线时代”之后，车身线条的“流向”一直是前高后低，与今天的情形恰恰相反。美国“饼干”同样也是前高后低，一些车型的超长后悬使车尾拖在地上一般，仿佛马上要拍婚纱照。

凯迪拉克 Eldorado (1960)

阿尔法·罗米欧 Giulia (1966)

福特 Mustang (1964)

美国车上还有一种常见的处理方式：
肩线行至后排车窗的位置时向上“拱”一下，升高之后复又下滑，
这使人联想到车身被平整之前的后轮拱。
这么一“拱”，一个有力的胯部便出现了，
对于福特野马这样的“肌肉车”（Muscle Car）来说，
无异于一块招牌，饼干似乎变成了汉堡。
当然，并不是只有肌肉车才能拥有这样吸引人的胯部，
“有力”也可以解释为“性感”。
2009年推出的别克君越，就从老前辈那里借来了这么一根折线，
您给断断：是有力还是性感?

别克 Riviera (1966)

别克 君越 (2009)

忘却的记忆

电影《再见列宁》中，阿列克斯的妈妈在民主德国最后的日子里意外昏迷，醒来时柏林墙已被推倒。母亲身体虚弱，病卧在床，心脏也不能再受刺激，因此阿列克斯决定不告诉她民主德国已不存在的现实。但原先的货币必须在规定时间之内“更新换代”，为了让母亲拿出多年的积蓄，阿列克斯编了一个谎言：

“本来想给您一个惊喜，但是时间很紧……车厂来了个电话，说我们的Trabant已经可以提走了。”

“是吗？只等了三年就可以了？”

阿列克斯的妈妈仍活在民主德国的记忆里，在这记忆里，只等三年就能买到Trabant的人是幸运儿，要不就是“有门路”。这辆让20世纪90年代的前东德家庭满怀希望、翘首以盼的601 Universal，是20世纪60年代的车型，名字与阿列克斯儿时立志当宇航员的理想一样远大顺便没谱。

是的，这就是忘却的记忆，也许您也与我一样曾经远大过、没谱过，那么这一小节您可以看看。以下篇幅是与过往的纠缠，与汽车设计其实没有多大关系，我只是想，留个纪念罢，毕竟是自己的青春——万一忘了呢。

电影《再见列宁》中的Trabant 601 Universal

Trabant 601 Universal (1965)

Trabant从1962年一直生产到1989年，从未进行小改款，一直都只有两个侧门，照样供不应求——从设计的角度来看，这真是没什么好说的，从时间本身的角度来看，这也仅仅是一段蹉跎岁月的物证罢了。

“苏联老大哥”的伏尔加（嘎斯M24）同样无敌，1967年问世，跑遍中国大江南北。我小时候常坐这车，可惜那会儿不懂什么叫乘坐感受，今天在银幕上看见它，那些本已忘却的记忆便又反刍似地翻滚起来。

电影《青红》中的伏尔加

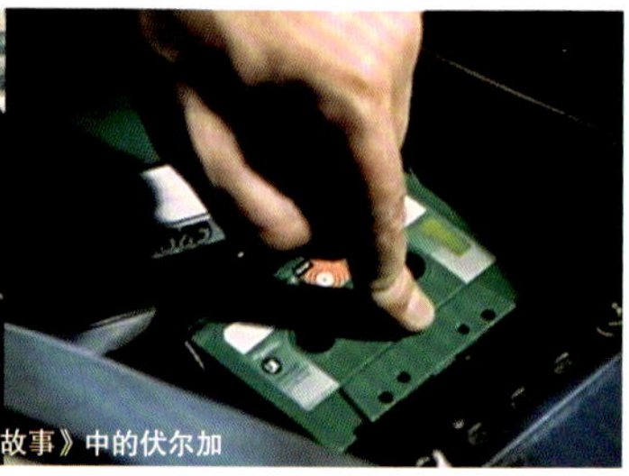

电影《办公室的故事》中的伏尔加

伏尔加 (1967)

~Sit down please。
~这是你的汽车？
~坐吧坐吧！
~真不错！伏尔加？
~新型的！
~简直像小住宅一样！

（磁带放入，轻音乐声起）
~这是什么？
~飞利浦！立体声收录机。
~镶在车上的？
~两个喇叭一左一右。
——《办公室的故事》片段

后置谢幕前驱登场

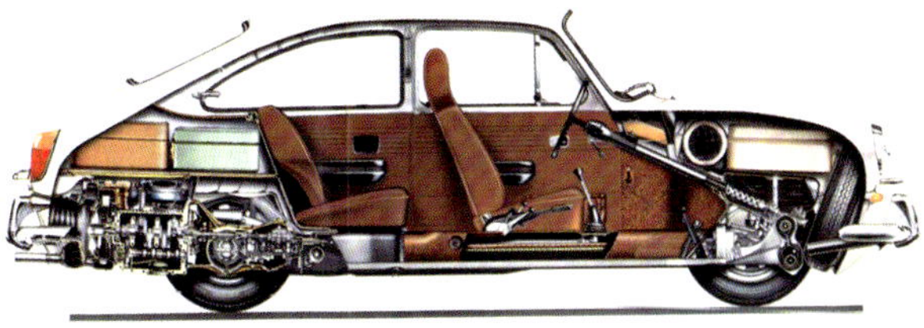

大众汽车 Type 31 (1962)

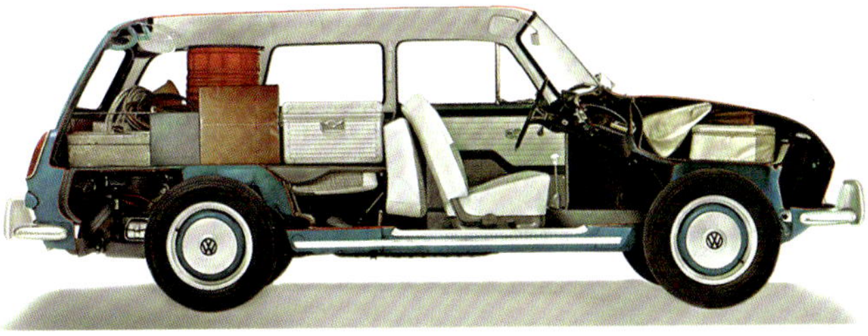

大众汽车 1600 (1966)

每当我看到后置后驱轿车的行李安置方案时，总会想起盖·里奇的电影《Snatch》中那个花了15秒才把自己从车里弄出来的胖子泰隆，类似镜头在宁浩的电影《疯狂的赛车》里也有，很尴尬。

前有转向系统挡道，后有发动机、变速器碍事，行李箱包似乎需要按照存放空间的形状进行定制……看来后置后驱在空间利用上的先天缺陷无法解决，注定会被淘汰。

最重要的后置后驱轿车是甲壳虫，其生产商大众汽车在数十年的时间里仿佛没有其他车型，即便有，也是以甲壳虫为基础的衍生车型。甲壳虫的热销并不能证明后置后驱有足够强的生命力，随着时光的流逝，这种布局形式正在越来越快地衰老。

美国汽车的老大通用汽车通过雪佛兰Corvair“尝鲜”之后，便不再生产后置后驱轿车。Corvair的生命周期横跨整个20世纪60年代，也不算短，这大概是因为没有遇到合适的竞争对手吧。事实上，通用汽车是一前一后两手抓，早在Corvair尚未停产的1966年，就通过奥兹莫比尔的Toronado涉足前驱领域。一年之后，以Toronado为基础，高端品牌凯迪拉克也推出了首款前置前驱车型，并赐予它一个响亮的名字：弗里特伍德·埃尔多拉多，足见通用汽车对前置前驱的期待之情。

而大众汽车虽然在后置后驱上尝尽甜头，但并不意味着它会对后置后驱的瓶颈视而不见，甘做“后进生”。所以，当下一篇文章的主角出场时，它也迈开大步真正开始“向前进”。

雪佛兰 Corvair (1963)

奥兹莫比尔 Toronado (1966)

凯迪拉克 Fleetwood Eldorado (1967)

On Every Street 千百度 高尔夫传奇

大众汽车 高尔夫1
VOLKSWAGEN Golf I
生产周期:1974~1983年
总产量:631万辆

对于喜欢足球的朋友来说，沃尔夫斯堡（也称“狼堡”）与汉诺威这两个名字都不会陌生，它们分别意味着一只德国足球甲级联赛球队，而前者的名气比后者大很多，沃尔夫斯堡是2008~2009赛季的德甲冠军，汉诺威96呢，算是中游水平吧。不过如果撇开足球来谈，情况就不同了，沃尔夫斯堡市位于德国北部的下萨克森州，而汉诺威市就是下萨克森州的首府，沃尔夫斯堡是汉诺威省的辖区，距离汉诺威市80公里。从历史的角度来说差别更大，汉诺威与众多德国城市一样，有着悠久的历史，沃尔夫斯堡呢，建成于1938年7月1日，一个多月以前，大众汽车公司的工厂刚刚在那里落成。

看出端倪了么？没错，沃尔夫斯堡其实就是大众汽车公司的配套设施，就是为了安置公司员工而建的。它是一座“无中生有”的城市，它的选址跟从大众汽车公司并同步完成，它的规划与设计由19公里外的布伦瑞克理工大学完成，希特勒拍板。它诞生时名叫“Stadt des KdF-Wagens bei Fallersleben”，英译是“City of the KdF Car at Fallersleben”——“位于法勒斯雷本的KdF汽车城”。

何为“法勒斯雷本”？——霍夫曼·冯·法勒斯雷本（Hoffmann Von Fallersleben，1798~1874），19世纪的德国诗人、文学家，他最著名的作品是《德意志之歌》，其中第三段后来成为了德国国歌的歌词。法勒斯雷本拥有一座16世纪的文艺复兴城堡，这座城堡坐落于今天的沃尔夫斯堡境内，而它的名字，就叫沃尔夫斯堡（Wolfsburg）。

1945年，英军占领了汽车城，同年6月22日，由英国军政府成立的市议会决定将城市更名为“沃尔夫斯堡”，6月27日，汉诺威省政府承认了这个新名字，并一直沿用至今。

通往沃尔夫斯堡的2号高速公路是不限速的，您尽管以您想要的速度驰骋，不用担心罚款和扣分。这条高速公路与汽车城、大众汽车公司一样，都是当年希特勒“国民车计划”的一部分，它们都是为甲壳虫而生的。

此后的岁月里，甲壳虫从沃尔夫斯堡的工厂里源源不断地驶出，大众汽车也开始在世界各地建厂生产甲壳虫。从1945年到20世纪60年代末，甲壳虫已经生产了20多年，总产量突破千万大关。这20多年里，大众汽车公司除了生产甲壳虫及其种类不多的衍生车型，似乎就没干别的，简直就是“甲壳虫汽车公司”。

甲壳虫与大众汽车公司之间的关系可谓空前绝后，再没有哪款汽车会被厂商如此依赖。虽然单一车型的成功可以极大地节省成本，但风险也极高，一旦产品风光不再，企业将面临巨大的打击。严谨的德国人不会漠视这种隐忧，躺在功劳簿上享清闲，为此，甲壳虫接班人的开发工作在20世纪60年代启动。自然而然地，大众汽车找到了甲壳虫的“娘家”保时捷，

大众汽车在沃尔夫斯堡的工厂

寄望辉煌的创造者延续辉煌。

保时捷给出的方案是中置后驱的概念车EA266，不用说您也猜得到，大众汽车对此并不满意，公司高层清醒地判定前横置前驱才是未来的发展方向。EA266被放在了一边，大众汽车开始重新考虑设计者的人选，并请意大利的经销商杰哈德·冈伯特（Gerhard Gumpert）协助联系当地最优秀的设计公司。1969年的都灵车展上，冈伯特陪同时任大众汽车集团的CEO库特·劳茨（Kurt Lotz）考察了六款他最感兴趣的车，其中竟有四款来自刚成立不久的意大利设计公司，这就叫“有眼缘”吧，接下来的情节想必您又猜到了：乔治亚罗被选定为新车的设计者。

或许乔治亚罗的头脑里早就有了一辆经济型轿车该有的模样，因此他仅用三个月便完成了设计。1974年3月的日内瓦车展上，第一代高尔夫正式发布，两年之后，高尔夫1的销量就突破了100万辆，到1983年换代为止，总共销售631万辆。从高尔夫开始，两厢轿车在欧洲成为非常重要的轿车类型，同时，在轿车的级别划分中也真正有了“紧凑级”这个概念。如今，高尔夫被公认为紧凑级轿车的鼻祖、标杆，而在大众汽车集团的内部，这个级别干脆就被称作“高尔夫级”。

通过高尔夫，前横置前驱的合理性得到了更为广泛的认可，这种布局形式今天在经济型轿车领域已然一统天下。对于设计者来说，一旦动力系统的布局形式确定，其他很多东西便随之清晰起来。前横置的空间布置方案不需要原创，参考并修改迷你即可，无非是将其放大，甚至放大后的效果也有参考对象——1967年的Simca1100。事实上，新车开发中的真正麻烦在于大众汽车一直都在生产后置后驱汽车，并无前置前驱汽车的生产经验。因此，这里必须提及一位幕后英雄：奥迪。

1964年，戴姆勒-奔驰集团决定将旗下“产销两不旺”的全资子公司汽车联盟（Auto Union）卖给大众汽车公司，1966年，在花费了2.97亿德国马克之后，大众汽车完全拥有了这位奥迪的前身。除了交易的花销之外，大众汽车还得消化汽车联盟的亏损包袱，用什么来消化？当然是甲壳虫。在1965年5月至1969年7月期间，汽车联盟的工厂共生产了34.8万辆甲壳虫，逐渐走出困境。但是第一年，公司仍然亏损8400万德国马克。汽车联盟有着生产前驱汽车的丰富经验，还记得前文提到的那款1931年的DKW F1么？那是最早的前横置前驱车型，而DKW，与奥迪一样，都属于汽车联盟。这样看来，大众汽车的收购动作，完全是有的放矢、深谋远虑的结果，汽车联盟带来的前驱车生产技术与经验，使大众汽车做好了“由后向前”转型的准备，尽管当时的甲壳虫仍在全球热销。

大众汽车 EA266 概念车 (1969)

乔治亚罗与高尔夫1

乔治亚罗的手稿

奥迪 80 原型车 (1969)

大众汽车 尚酷 (1973)

就在保时捷制作EA266原型车的同时，大众汽车集团内部的前置前驱原型车也在制作之中，它叫做“奥迪80”。对于奥迪来说，这只是又一款新车型而已，没有什么特殊意义，但是对于大众汽车来说，这辆原型车的意义可就大了去了，因为从技术上来说，它极有可能就是未来的甲壳虫接班人。果然，奥迪80成为第一代高尔夫的基础，但其纵置发动机布局被替换为空间利用更实惠的横置发动机方案，配上乔治亚罗设计的车身，开发工作胜利完成。不过，大众汽车对待这款“众中之重”的小车，态度可谓慎之又慎，在1972年先将奥迪80量产上市，为高尔夫试水，就这样还嫌不够，又找乔治亚罗以与高尔夫相同的基础设计了第一代尚酷，于1973年推向市场，结果，这款轿跑版高尔夫火了，大众汽车对高尔夫也终于有底了。

上场之前的热身动作总算即将做完，时局又赶来为高尔夫“添乱”，或者说“助兴”。1973年10月6日，第四次中东战争爆发，阿拉伯世界的几个主要产油国大幅提高原油价格，从而引发了第一次世界石油危机。严重依赖石油的美国与欧洲不得不采取一系列应对措施，包括减少航班、限制车速、禁止周日驾车、禁售大功率汽车等，加油站前排起长龙却无油可加成为平常景象，汽车对普通人来说更像一个负担。

这场危机使世界经济遭受重创，也大大影响了普通人的生活，消费者开始更理性地选择汽车，更关心汽车的油耗与实用性。这对于即将上市的高尔夫无疑是好消息，作为经济型轿车，省油自然是开发宗旨之一，当然，不仅在石油危机背景下，任何时候省油都应该是汽车开发的重要指标。当时没有现在的自动启停、气缸关闭等等复杂而又先进的技术，想要省油，最见效的办法就是减重。高尔夫一定比绝大部分竞争对手轻，为何？因为同等轴距的轿车除了Simca1100之外，几乎都是三厢轿车。三厢轿车的后悬比两厢轿车长，车长也更长，车重自然也更大。这点差别也许以前并不被人在意，但石油危机的到来使人们变得斤斤计较，将这点差别放大了。三厢轿车好比随时随地背着一个大包以备不时之需，而轿车在日常使用中很少有被塞满的时候，两厢轿车虽然在满员的情况下装载能力不及三厢轿车，但大部分时候都是够用的，这就显得三厢轿车的“时刻准备着”有些没必要。另外，两厢轿车的操控更为灵活，对停车位的要求也更低，这在日益拥堵的欧洲街巷里也显出了优势。

其实两厢轿车并非新鲜概念，“小鼠”、迷你不都是两厢车么？也许在人们的观念里那样的车实在是不得已而为之，是底线，既然经济复苏了，就该宽松一些，不过一场石油危机又让大家绷紧了神经。这样也好，考虑问题会更理智一些，反映到对待汽车的态度上，就是希望其务实、干练。所以，当1974年3月高尔夫亮相时，人们有种“瞌睡遇到枕头”的感觉。

也许您会觉得奇怪，高尔夫一不是前横置的先驱——只能算是后来者；二不是两厢轿车的始作俑者；三不是乔治亚罗最早面世的量产车作品——阿尔法·罗米欧Alfasud便是乔治亚罗的手笔，也是两厢轿车，先于高尔夫上市。为何这些并非高尔夫独有的因素却促成了高尔夫的成功？我猜想，是大众汽车的品牌效应起了很大作用，第二次世界大战之后几十年来，通过甲壳虫，人们对大众汽车产生了很强的信赖感，这种信赖感到后来便转化

第一次世界石油危机中，汽车饥渴难耐，加油站却无米下锅。在欧洲，行动自如的两厢轿车更符合人们的需求。

阿尔法·罗米欧 Alfasud (1972)

雷诺 5 (1971)

沃尔特·德·席尔瓦(左)与乔治亚罗(右)

费迪南德·皮耶希

为销量。而反过来说，高尔夫又像一个大舞台，让前横置前驱、两厢、乔治亚罗得到了最充分的展示，更多的人通过高尔夫，认识了这些设计中的重要元素。

1974年诞生的高尔夫“属虎”，与它的设计者一样。近40年里，高尔夫经历了六次换代，2012年底，最新的第七代高尔夫发布，此时，高尔夫的总销量已接近3000万辆了。

高尔夫取得了巨大的成功，这也许出乎很多人的意料，包括大众汽车集团自己现在的老大——对，就是当年依偎在波尔舍博士身旁的那个小男孩：费迪南德·皮耶希（Ferdinand Piech）。1972年，皮耶希离开保时捷转投大众汽车，他以实习生的身份在都灵度过了两个月，虽然住在乔治亚罗的家里，但他并不认为“房东”的作品能够获得成功。事实迅速证明皮耶希的预测是错的，不过这不妨碍他与乔治亚罗之间建立起经年的友谊。

皮耶希认为高尔夫获得成功的关键因素在于设计（尽管最初他并不这么想），或者说得更直接一些，就是在于设计师。因此在1999年，当意大利的设计明星沃尔特·德·席尔瓦（Walter De Silva）离开阿尔法·罗米欧时，皮耶希随即将他招致麾下，并在2007年将大众汽车集团设计总监的重任交给了他。2010年，大众汽车集团收购了意大利设计公司，这回皮耶希得到的可不只是一位设计明星，而是一个传奇，皮耶希与乔治亚罗两位老朋友完全站到了同一条战线上。德国人严谨甚至刻板，因此有很高的机械制造水平；意大利人自由甚至散漫，因此对于外形设计有独到的感觉，而汽车正是需要将理性的制造与感性的外观融为一体的工业产品。德国虽然“海水太凉”，但他们知道请人将暖流带来。2013年，德甲巨头拜仁慕尼黑礼聘巴塞罗那前主帅何塞普·瓜迪奥拉（Josep Guardiola），新版“宇宙队”呼之欲出，这不禁让我联想到大众汽车与意大利设计师的合作。

从高尔夫开始，大众汽车在形象上撇开了与保时捷含混的联系，所以，站在设计的角度来看，大众汽车的历史是由高尔夫开始的，打那时起，大众汽车真正有了自己的身段与脸庞，也就是现在时兴说的“品牌DNA”。德·席尔瓦如是评价第一代高尔夫：“乔治亚罗的设计绝对富于革新精神，它表现出强壮、团结和准确，具有德国的典型特点，因此成为了畅销车。”这多少有些戏剧性，并且有些尴尬：1937年成立的企业，到了1974年才开始拥有一张属于自己的脸？这倒也没什么，正如马克·诺夫勒在歌曲《On Every Street》里所唱：“每一次的成功都伴随着喜忧参半的滋味，我在每一条街上寻找的，正是你的脸庞。”

大众汽车 高尔夫 (2012)

高尔夫的嫡亲兄弟 捷达

第一代高尔夫，1974年面世。

Golf的德语原意为“海湾中的风”，但大众汽车却专为美国市场准备了一个名字“Rabbit”，还好第二代就没再用了，只有第五代还叫过这个煞风景的名字。

第一代捷达，1979年面世。

第二代高尔夫，1983年面世。

第二代捷达，1984年面世。

中国人对它再熟悉不过了,尤其考驾照老是“挂”的“童鞋”们。从1991年开始在中国生产，数度小改款，直到2013年才被“新的新捷达”替换，历时22年。

第三代高尔夫，1991年面世。

第三代捷达，1991年面世，又称“Vento”。

第四代高尔夫，1997年面世。

第四代捷达，1998年面世，又称“宝来”（Bora）。

进入中国后，由于第二代捷达“尚能饭”，没“否”，便出现了第二代与第四代共存的现象，只是第四代无法再叫“捷达”。

第五代高尔夫，2003年面世。

第五代捷达，2005年面世，又称“速腾”（Sagitar）。

第二代、第四代都还健在，第五代又来到中国……没关系，再起个名字就好了。

第六代高尔夫，2008年面世。

第六代捷达，2010年面世，在中国仍被称作“速腾”。

这回新速腾彻底接了班，估计以后在中国就用速腾来跟上三厢高尔夫的换代脚步，否则还得起名字，户口太多，影响形象。

高尔夫的同族表亲

尚酷、甲壳虫、途安、开迪、途观

大众汽车 尚酷 (2008)

降低车身，加大A柱倾角，变身轿跑车。

大众汽车 甲壳虫 (2011)

换上复古套装，参加“甲面舞会”。

升高车身，驾驶舱前扩，变身MPV。

将MPV缩短，加高车顶，变身厢式客货车。

底盘升高，车身加高，变身SUV。

大众汽车 途安 (2010)

大众汽车 开迪 (2010)

大众汽车 途观 (2011)

大众汽车从第四代高尔夫开始采用平台战略，很多貌似与高尔夫无关的车型都来自与高尔夫相同的平台。由此可见，高尔夫这位“众中之重”的大明星绝非浪得虚名，它就是集团内的顶梁柱。

2012年，第三代奥迪A3发布，这是大众汽车集团全新横置模块平台MQB上驶出的第一款轿车，一年之内，同平台的第七代高尔夫、西雅特Leon、斯柯达明锐相继亮相。您看看，它们像不像？答案肯定不会统一，但有一点绝对像：前门线与前轮之间的距离。因为，MQB的加速踏板到前轴的距离都是一样的。

高尔夫的旁系血亲

奥迪A3、斯柯达明锐、西雅特Leon

大众汽车 高尔夫 (2012)

奥迪 A3 (2012)

斯柯达 明锐 (2013)

西雅特 Leon (2012)

20世纪70年代是所谓的“楔形年代”，由意大利设计师引领的楔形设计向汽车世界注入了新鲜活力，汽车设计的景观展现出大跨度的变化，许多对未来产生重要影响的元素在这个时期出现，这是探索阶段的高峰，同时也是尾声，设计中的未知领域正在越变越少。

Jump for Joy

楔形物语 画说1970~1980年

倾斜的A柱

1971年面世的兰博基尼Countach是第一款楔形设计的量产汽车，在当年引起了巨大轰动。这样一辆与传统形象大不相符的汽车，会让很多人短时间内“消化不了”，因为眼睛纳入的新信息太多，不知怎么去看。观看方式很重要，现在我们抽丝剥茧地来看楔形设计，将一些典型特征罗列出来，便有助于“消化”。

Countach惊世骇俗外观的一大特征便是“严重倾斜”的A柱。前窗与A柱像这样大角度地倾斜，在之前的量产汽车上从未出现过，因此人们的视觉神经受到强烈的刺激。今天，如果一款车要以“动感”为销售口号，大倾角的A柱就是必不可少的“标配”，那么，为何大倾角的A柱会让人感觉“动感”？下面以一个小试验来说明：

右图中轿车的A柱的倾斜角度是20世纪70年代最常见的角度，下面将它将做三种改变：
1.“扶正”；2.“前倾”；3.“后倾”。
看看视觉感受有什么变化？

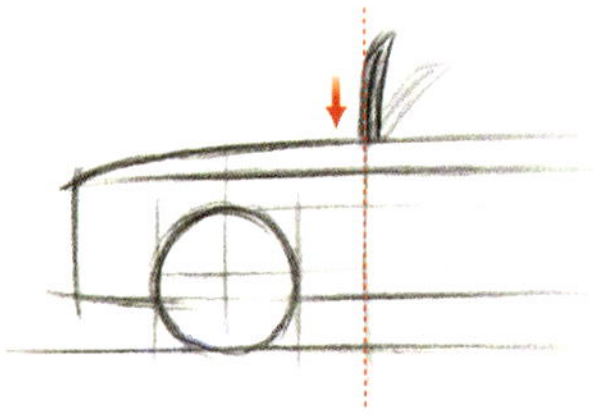

1 A柱垂直，即“无倾角”

A柱的重心垂直向下，
给人的感觉：平衡、静态。

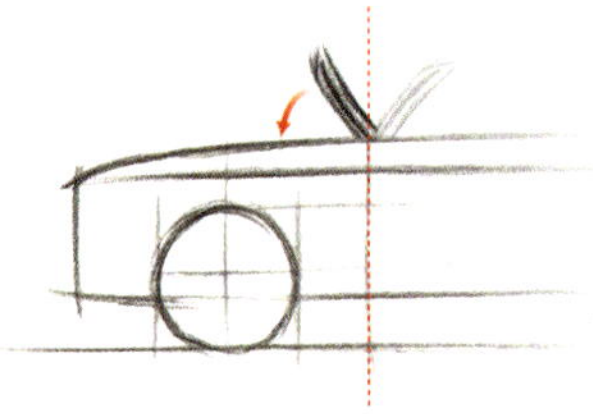

2 A柱向前倾，即“逆倾角”

A柱的重心向前倾倒，
给人的感觉：失衡、动态。

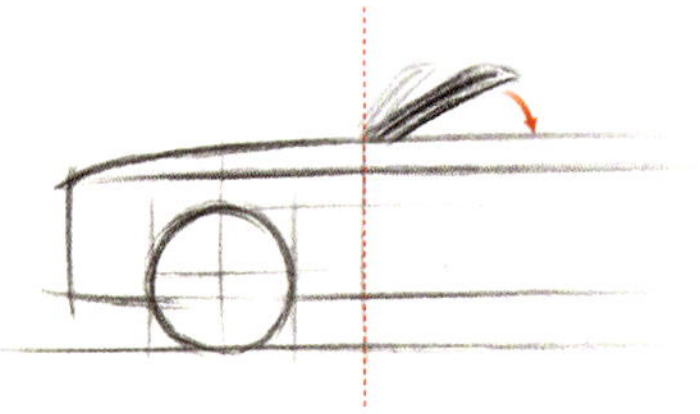

3 A柱向后倾，即“大倾角”

A柱的重心向后倾倒，
给人的感觉：失衡、动态。

由图可见，A柱的倾斜角度会影响人的心理感受。当A柱垂直时，它处于平衡状态，这是一种静止状态，不会产生“动感”。只有当A柱离开垂直线，平衡状态被打破时，才会产生运动的倾向，不过向前倾与向后倾给人的感觉截然相反。向前倾时，A柱倾倒的方向是向“车厢外”，这使人感到不安全，A柱仿佛是紧急制动后留下的“残骸”。向后倾时，A柱倾倒的方向是向“车厢内”，这使人感到是安全的，一种“安全的失衡状态”，这就是所谓“动感”。而向后的倾斜角度越大，失衡就越明显，于是“动感”就越强。

以上三种角度的A柱都能看到实例：第一种情况出现在早期的汽车上；第三种情况就是Countach所表现的；第二种情况有些夸张……但是确实有的。

1 Scion Hako Coupe 概念车 (2008)

2 标致 BB1 概念车 (2009)

3 蓝旗亚 Stratos 0 概念车 (1970)

甘蒂尼在1970年的蓝旗亚Stratos 0概念车上将A柱倾斜到了极致，前窗就是盖在车鼻上的一个玻璃盖子，当它向上掀开时，人员由此出入。我在想，甘蒂尼是否为这车设计了配套的拖鞋，这样上车怕是要换鞋的吧，不然踩到花花草草弄脏座椅多不好。为了“方便”人员进出，转向柱是可以放倒的，等人都坐定了，再“站”起来挥斥方遒。以上这些其实不算什么，大不了上下车麻烦一点儿。Stratos 0最酷的地方在侧面——没有侧门，侧窗只能算是“窥视口”，这是装甲车的派头。A柱远远地伸在前方，严重影响驾驶人的视野，而A柱本身巨大的宽度所导致的盲区对于安全驾驶来说基本就是灾难。

不知甘蒂尼的初衷是什么，“静止状态下的超级动感”抑或“最楔的楔形设计”？我倒觉得如果课题是“A柱对安全驾驶的威胁到底有多大？”，这辆概念车还是满合格的。

从视野的角度来说，A柱当然越细越好，但A柱是要受力的，尤其当汽车发生碰撞的时候，因此必须有足够的强度。而倾角越大的A柱，受力能力越差，为了既保持大倾角又保持受力能力，有三种办法可以选择：

1.使用高强度材料。

2.加粗A柱。

3.增设一个小立柱，辅助A柱受力。

第一种方式可以不加粗A柱，相对还好，第二与第三种方式都会对视野造成影响，尤其是后者所带来的“三角窗”，十分“碍眼”。这三种方式在今天都较为常见。

本田 思域 (2011)

1 使用高强度材料

大众汽车 尚酷 (2008)

2 加粗A柱

欧宝 Astra (2010)

3 增设小立柱

大倾角A柱对视野的影响是能够以“愿打愿挨”的方式消化掉的，消费者会说：“我就是喜欢这种动感的外形，视野好不好没关系，我愿意。”但是另一项影响恐怕就没法化解了，那就是对轴距的消耗。A柱越是倾斜，对轴距的“蚕食”就越厉害，解决这个问题没有其他办法，只有——加长轴距。

如右图所示，A柱倾角加大之后，挤压前排的头部空间，方向盘前方的空间也受到挤压，于是前排座椅与驾驶台不得不向后退，而为了保持前后排的间距，后排座椅也同步向后退，这便导致原来的轴距不够用了，必须加长轴距，车长也被动增加。

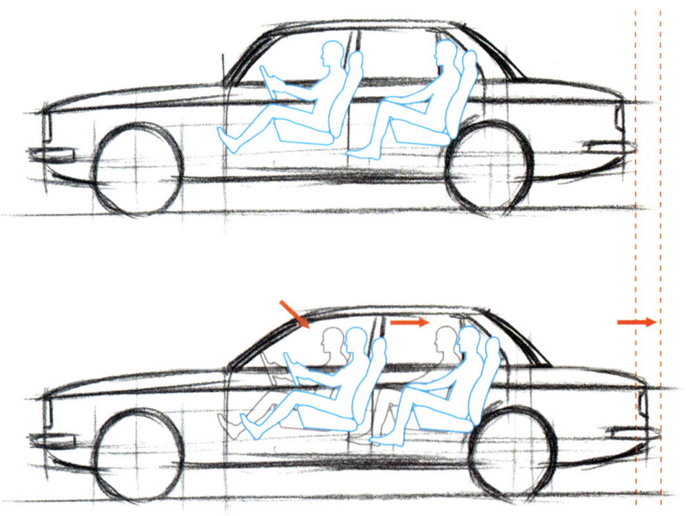

轴距增加后，车内空间的绝对数字增大了，但并无实效，因为增加出来的那部分全都用在驾驶台前面了，那块空间没什么用，顶多能把香水盒换一个大点儿的。不过轴距增加了，车长、车重也增加了，这都是在为“动感”买单，或者说得直白一点儿，就是为A柱买单。没有消费者会说：“我喜欢这种动感的外形，车里窄一点儿也没关系。”事实恰恰相反，消费者希望汽车看起来动感，同时车内还必须宽敞，有这样的前提，车身尺寸的增加便在所难免了。

由于以上“副作用”，在那个年代，普通轿车的A柱还是规规矩矩地保持着一个合理的倾角，大倾角A柱通常只出现在跑车上，或者，仅仅是展示用的概念车上。

兰博基尼 Countach (1973)

路特斯 Esprit (1976，意大利设计)

法拉利 512 S Modulo 概念车 (1970，宾尼法利纳)

玛莎拉蒂 Boomerang 概念车 (1972，意大利设计)

刀尖样的车头

观察雪佛兰克尔维特第一代到第三代的车头，发现变化很明显。诞生于20世纪50年代的C1，车头呈圆弧形，前悬很短，几乎没有；C2是生产周期最短的一代，车头高度与前轮齐平，并以此为转折，车头不再“圆乎乎”的，前悬比C1有所增长；与C2恰恰相反，C3是生产周期最长的一代，也是卖得最多的一代，共销售了54万辆。C3的车头高度降到了前轮下方，前悬也更长，车鼻呈现出向后逐渐升高的弧线，就像匕首的刀刃。

C1到C3纪录了20世纪50年代初到20世纪60年代末跑车车头的转变方向：前悬越来越长、车头越来越尖。前悬的增加并不是因为发动机前移了，也不能说完全是为了降低风阻，很大程度上实际是为了视觉效果。相比C2，C3的车头显得更加“锋利”，反衬出C2的车头有些“愚钝”，也许这就是C2仅仅生产5年就被换代的原因。这次修正很成功，说明克尔维特的设计师对未来走向的把脉很准确，那就是：汽车（尤其是跑车）已经越来越不和善了，变得越来越凶，这可能就是今天人们常说的“进攻性”吧。

20世纪70年代楔形设计里的车头更是刀尖样的冰冷，这导致很多车型从侧面看过去都整齐划一地没有什么人情味儿。人们接受它，因为心理上觉得这样的车头更容易“切”开空气——“快刀斩乱麻”，或者，就是因为看起来更酷。

BMW M1 (1978，意大利设计)

据说乔治亚罗最初与大众汽车接触时，用纸折出了高尔夫的雏形。后来高尔夫问世，也确实就像纸折出来的一般，全车没有弧线，点与点之间都靠直线连接，因此后来这也被称作“折纸设计”。

如果保持高尔夫各个部位的比例关系，但将点与点之间的连接线条改为稍有弧度的曲线，它的样子就不像高尔夫了，像前文中出现的阿尔法·罗米欧Alfasud，这亦是20世纪70年代之前普遍采用的线条语言。

高尔夫是第一款销量巨大的直线条车型，德·席尔瓦所说的“强壮、团结、准确”都与其周身的直线条有关，因为直线更清晰、更坚定。但并不能说直线就一定比曲线更适合汽车设计，其中的玄机其实在于问世的时机，如果人们在对曲线已经产生审美疲劳时看到充满直线的车型，一定会眼前一亮的。乔治亚罗的革新之举更多体现在直线尚未形成风尚时，他便敢于做那个“少数”，皮耶希当初不看好高尔夫的原因在于他认为设计“太超前了”，也许这就是设计师与非设计师之间那层薄薄的窗户纸。

就像喇叭牛仔裤、直筒牛仔裤与小脚牛仔裤轮流时髦一样，谁也不能判定喇叭裤、直筒裤与小脚裤哪一个更能“穿出牛仔裤的精髓。”道理说穿，就是视觉疲劳之后突如其来却又恰如其分的神经刺激——河东与河西的沉默交替。

下图左边的第一代阿斯顿·马丁Lagonda问世于1974年，两年后就被右边的第二代取代。这款棱角分明得不能自理的车型从1976年一直生产到1990年，相比前任可谓益寿延年，英国话说就是“It's your turn”，中国话说就是“活该摊上一个好时代”。

阿斯顿·马丁 Lagonda (1974)

阿斯顿·马丁 Lagonda (1976)

直线也不可能通杀，有些品牌就吃不消。左下图是博通为捷豹设计的概念车，估计捷豹怎么看都觉得这不像自己的样子。右下图是博通为法拉利设计的概念车，法拉利似乎也不该像这样。厂商的态度就像格什温歌里唱的：“They're writing songs of love, but not for me.”有趣的是，这两款车彼此倒是挺像——博通不是第一次这么弄了，你懂的。

捷豹 Ascot 概念车 (1977，博通)

法拉利 308 GT Rainbow 概念车 (1976，博通)

长短与大小

长短，指汽车占据的空间——“外在”；大小，指汽车创造的空间——“内在”。前者越大越麻烦，后者越大越实惠，后者的获取应来自对前者的合理利用，而不是依靠前者的无节制扩张，这是设计的责任。

对轿车而言，空间的“战场”在前轮与后轮之间，前横置前驱的布局形式出现之后，带来了最佳方案。不过，若以空间最大化为标准，发动机舱还是造成了“浪费”。如果把发动机“坐”在屁股下面，“战场”被移至前轮与后轮之上，驾驶舱的长度与车长一致，空间的获取便达到了极值，但此时的汽车就不再是轿车了，变成了中国人俗称的“面包车”。这种方式在甲壳虫的衍生车型T1、T2、T3上便已体现，T1仅比甲壳虫长15厘米，放3排座椅却都还有富余，只是后置发动机使车尾有一个“鼓包”，而前排座椅中间又闲着，不算物尽其用。

大众汽车 T1 (1950)

大众汽车 T2 (1972)

与轿车相比，相同轴距、相同车长的“面包车”车内空间大出许多。
乔治亚罗为阿尔法·罗米欧设计的概念车New York Taxi探讨的就是“小尺寸、大空间”的设计逻辑。
我个人认为乔治亚罗与甘蒂尼最大的不同在于对实用性的重视程度或者说忽视程度，这点区别造就了一位可亲的大师与一位孤傲的大师。
汽车更多时候是给人“用”而不是给人“看”的，务实的日本人对此理解深刻。
中国人曾经非常熟悉的“微面”“微货”便充分体现了这种人车关系，“能装”本就是汽车的优点。

阿尔法·罗米欧 New York Taxi 概念车 (1976，意大利设计)

本田 Acty (1979)

丰田 Hiace (1982)

三菱 Delica (1986)

三菱 Delica 4WD (1982)

20世纪八九十年代在中国随处可见的丰田海斯、三菱得利卡“平头面包车”，现在已经不容易见到。

与轿车相比，“面包车”最大限度地获取了车内空间，这是它的优点，但重心的升高使操控性远比不上轿车。车鼻消失了，变成了“平头车”，第一排乘客仿佛没遮没拦地坐在汽车的最前端，安全性也不及轿车——至少心理上如此。所以，现在不大有“平头面包车”，它只存在于少数市场。

如果折中一些呢？前排座椅仍然放在发动机之后，车高不要升得过多，发动机舱缩短了，驾驶舱就可以向前扩，而后轴上方亦能放下两个座椅，5座变为7座。这样的话，汽车便能获取比轿车更大的空间，但操控性的损失不太大，车鼻也还在，外形更接近两厢轿车或者旅行轿车，让人更容易接受。

这种介于轿车与面包车之间的空间布置方案最早由乔治亚罗通过1978年的概念车蓝旗亚Megagamma提出，这就是后来MPV的雏形。虽然Megagamma并未量产，但1984年面世的雷诺太空完整地使用了这套概念，成为MPV的鼻祖。

Megagamma概念车看上去就是一辆腰线以上部分“拔高”了的两厢轿车，车头高度与轿车一致，这使车鼻变得更倾斜。雷诺太空干脆将车鼻与前窗整合为一个大斜面，后来这被称为“单厢车”，A柱因此前移，后方增设了“二A柱”以保证强度，驾驶它的人必须习惯左右各有两根A柱的“新视野”。车内座椅可以自由变化组合，以满足不同的使用需求，比方开会、喝茶、打“拱猪”等等。

蓝旗亚 Megagamma 概念车 (1978，意大利设计)

雷诺 Espace (1984)

雷诺 Espace (1984)

凯迪拉克 Seville (1975)

丰田 Corolla (1970)

梅赛德斯-奔驰 S级 (1972)

借着第一次世界石油危机的“东风”，以丰田花冠为代表的日本汽车大量涌入美国市场，美国人开始重新审视自己看待汽车的尺度。
面对花冠这样的小车，美国厂商也没什么办法，毕竟与他们多年来形成的汽车逻辑相去太远，但面对梅赛德斯-奔驰S级这样的大型轿车，美国企业必须作出回应。1975年，凯迪拉克推出赛威，对抗欧洲来客，其车身尺寸与竞争对手相仿，
轴距2905毫米，车长5180毫米，车宽1825毫米——美国人管这叫“紧凑”，真是很低调。
您看这辆赛威，有没有觉得它与其他美国车不太一样？
尺寸问题么？不，它够占地方的了。提醒您一下：它的“脚”是不是很显大？
对了，赛威是同时代美国车里极少对车轮不加掩饰而直面世人的。

雪铁龙 CX (1974)

雪铁龙 CX 旅行款 (1975)

其实欧洲车照样存在浪费现象，比如雪铁龙CX，后轮与其前辈DS一样，太靠后，侵占了行李厢的空间。斜斜的车背使CX既非三厢轿车又不是旅行轿车，被称作“两厢半”，斜背下的行李舱空间比三厢轿车的大不了多少，真正要装东西还得靠旅行款。
乔治亚罗设计的第一代大众汽车帕萨特也是这种造型，不过，斜背可以为轿跑车奥迪100Coupe带去运动感，长在普通轿车上却感觉不伦不类，既没有三厢轿车的“尾巴”，也没有旅行轿车的大空间，这种方式渐渐边缘化，在轿车的车身形式的选择上，厂商还是更愿墨守“三厢轿车+旅行轿车”的陈规。

大众汽车 帕萨特 (1973)

奥迪 100 Coupe (1975)

也有不但不浪费，还硬往里塞的。同为中置后驱的Matra-Simca的Bagheera与兰博基尼的Urraco，前者设置了单排3座，后者设置了两排4座，实际使用下来，这两款车其实都是2座车，商家买一送一，消费者未必领情——夹层一般的座位，谁会去坐呢？

Matra-Simca Bagheera (1974)

兰博基尼 Urraco (1972)

前低后高

标致 504 (1974)

如标致504这样的“雪茄型”车身，是20世纪70年代之前三厢轿车的统一形象，如前文所述，其最显著特征是“中间高两头低”。这与我们今天所习惯的“前低后高”不同，这个转变是何时发生的呢？就是在70年代，始作俑者是一辆阿尔法·罗米欧。

阿尔法·罗米欧 Giulietta (1977)

如上图所示，1977年面世的阿尔法·罗米欧 Giulietta打破了雪茄型车身的传统，整车呈现前低后高的走向。

虽然20世纪70年代是“楔形年代”，楔形设计的车身都是前低后高，但Giulietta出现时还是引起了争议——人们不习惯那个又高又短的“尾巴”。事实上，抛开视觉感受不谈，前低后高有很大的实惠，在不影响后方视野的前提下，升高车尾可以使同等后悬得到更大的行李舱空间，换句话说，可以在缩短后悬的同时又保证行李舱的容积，从而更好地控制车身尺寸。

这个“高低”的问题最终影响的却是“长短”的结果，因此，虽然开始时有非议，后来却深刻地影响了三厢轿车的设计，现在不都这样么？为此，前文演示的画车法中，需要作一定的修改：当车头高度与侧窗线确定之后，原来的那根两头低中间高的弧线不存在了，行李舱盖现在位于侧窗线之上。以此为原则画出一辆三厢轿车，您是否觉得看起来眼熟？——嗯，第二代捷达，使用了与Giulietta几乎完全相同的设计手法，车尾甚至更高，在AMS查到的行李舱容积高达660升，我觉得这个数据太离谱，不过，那也是7年之后的事儿了。

大众汽车 捷达 (1984)

大众汽车 捷达 (2010)

如果您喜欢20世纪80年代的汽车，说明您调用的是“老派评价体系”，与今天的不同。今天人们会说：“捷达挺好用的，就是长得方头方脑的。”似乎长成那样是捷达不小心的结果。真实的情况是，如果它不那么“方头方脑”的，它就不会那么好用。与现在相比，80年代的车都挺好用，而且还有好几位长命的“美君子”，它们的美，属于“老派评价体系”，在这个体系里，尽是“含蓄”“内敛”“风度”“优雅”之类的词——早已经过时了。

Even Better Than the Real Thing

实打实 画说1980~1990年

窗线与上下比例

上下比例是指车窗与车肚之比（右图中的*A*/*B*），即通常人们所说的“玻璃与金属之比”。1982年的奥迪80上下比例约为0.6，这是20世纪70年代到80年代典型的上下比例值。在此之前，从“T型车年代”到“流线型年代”，再到三厢轿车成为轿车主流形式的七八十年代，轿车的上下比例经历了怎样的变化?

奥迪 80 (1982)

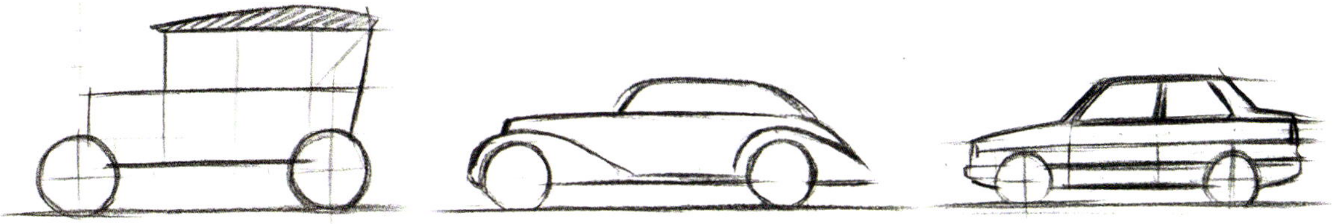

由上图可见，“T型车年代”，汽车的车肚很厚，车窗也很大，上下比例值在0.7左右，车窗大得没必要，给人树大招风的感觉。“流线型年代”，为了减小汽车的截面面积，车顶降低，车窗缩小，上下比例值不到0.4，车肚由此显得很厚，车窗小得有些过分，仿佛在为即将到来的战争做准备。七八十年代，车肚向下变薄，车窗变大，上下比例值约为0.6，车里的人终于可以长舒一口气，享受和煦的阳光了。

较大的上下比例值意味着较大的车窗，这给车内带来了良好的视野。如果您在驾校学的是捷达，那一定有这样的体验：头可以轻易地伸出窗外，观察前后轮的位置；前方视野很好，看得见车头边缘，为判断前方情况提供了帮助。曾在一篇报导中看到一位德国编辑将此称为“水族馆式的视野”，我不禁感同身受，虽然他说的是1972年的宝马2002，我并没开过。

《007–天幕危机》中，当M夫人乘坐1964年的阿斯顿·马丁DB5时，侧窗线与她的肩部齐平；而乘坐2009年的捷豹XJ时，侧窗线却比她的下巴还高。前一种情况开阔明朗，不易晕车，是“人坐车”；后一种情况则类似小朋友乘车，仿佛被困住了，更像“车坐人”。

宝马 2002 (1968)

宝马 5系 (1972)

从20世纪60年代中后期开始，这种较大的上下比例逐渐流行起来，贯穿70、80、90年代，直到新世纪，车窗才开始越变越窄。从驾乘感受的角度来说，这是汽车设计里的好时光，理由是最朴素的：窗线低、立柱细，视野好，不憋屈。不过，好时光之所以叫好时光，就是因为终会失去，虽然三个十年真的不算短，但每当我坐进如今充满隔阂的汽车内并且还要驾驶它们时，还是会不由自主地希望好时光再长一些。

较大的上下比例带给了汽车较高的实用性，让汽车“好用”，除此之外，它对视觉感受有何影响？是否“好看”？让我们来做个“试验”：将三厢轿车的车高、车长固定，仅上下移动窗线的位置，看看会有什么效果。

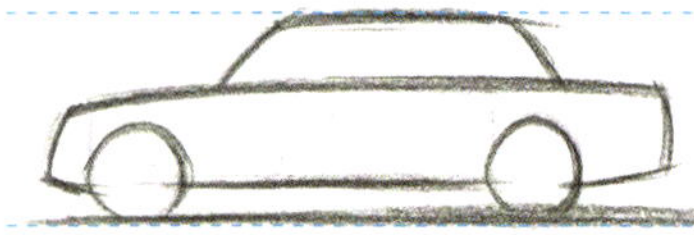

1 上下比例值较大

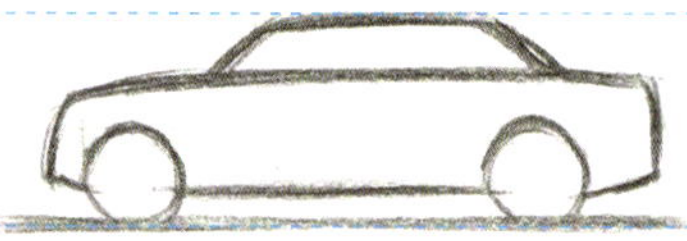

2 上下比例值较小

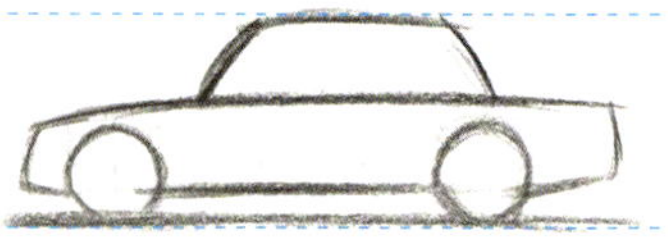

3 上下比例值过大

第一种情况就是“好时光比例”，窗线以下的躯干部分显得修长，使整个车身看起来也显得修长，汽车表现出从容、和谐的体态。这种比例的样本在20世纪80年代很容易找到，几乎满目皆是，貌似玻璃不值钱。

第二种情况类似第二次世界大战前的上下比例，躯干显得厚重，体态……反正不修长。这种比例在新世纪很容易找到，貌似玻璃很贵。

第三种情况已然比例失调，车窗过大，让人感觉头重脚轻。这种比例没有实物，基本上只存在于爱画车的小朋友或新“童鞋”的笔下，是一个很常见的毛病。

底盘编号为W126的第二代梅赛德斯-奔驰S级生产周期长达12年，从1979年到1991年共销售近82万辆。
W126是世界首款成功配备安全气囊的车型，是S级中最成功的一代，亦是最优雅的一代，它身材修长，风度翩翩，庄重而又可亲。
在理查·张伯伦（Richard Chamberlain）主演的第一版《伯恩的身份》中，它载着逃亡的玛瑞与伯恩远离苏黎世，
黎明时分静静驶入一个熟睡中的小镇——再没有谁能如此温热地包裹两颗受伤的心了。
相比马特·达蒙（Matt Damon）主演的新版，
我更钟爱张伯伦的老版，没有刺激的视觉效果，
但充满了人情味，高品质却不张扬，
就像那时的W126。

梅赛德斯-奔驰 S级 (1979)

《伯恩的身份》中的W126

克莱斯勒 300 (2004)

您也许想不到，右图中克莱斯勒300的车长为5015毫米，仅比W126短85毫米。克莱斯勒300的躯干很粗壮，与修长的W126相比，更适合另一个形容词：敦实。这种较小的上下比例如今随处可见，全新企业观致在2013年推出的首款车型观致3便使用了这种上下比例。

与20世纪80年代不同，进入新世纪以后，车窗越来越窄，这种变化是如何发生的？这个问题现在先不展开，留待后文分解。

如果车窗足够大，车顶还足够平，那么后排乘客得到的关心就可谓周全了。看看同样出自克莱斯勒的1988款纽约人，以陡直的C柱最大限度地保证了后排乘客的头部空间，不过，这种台阶式的后部车身您习惯么？是不是感到很突然？这可以说是实用性占据上风的表现，也可以说是对一种新的可能性的大胆尝试，它所带来的新鲜感会吸引人的注意，帮助自己与其他产品区别开来。不管出发点如何，乘客总归是得到实惠了的，这情形也与现在很不同。

观致 3 (2013)

别克 Electra (1985)

沃尔沃 760 (1982)

克莱斯勒 New Yorker (1988)

混型先驱

本田 Civic (1983) 本田 Civic Shuttle (1983)

观察上图中的本田思域3门款两厢轿车与5门款“Shuttle”，可以发现，早在1983年，本田便开始在一个车型上开发衍生产品，使用相同的基础，根据产品的不同定位进行针对性的修改，这与今天各个厂商普遍采用的平台战略是一个意思。

在Shuttle上进行的修改是否有些眼熟？是的，正是套用了乔治亚罗Megagamma概念车的空间方案，升高车身，前扩驾驶舱，使车内空间得以增大，实用性提高，这辆本田思域Shuttle就是一辆小型MPV。只是，它的样子看上去似乎不太像MPV，问题出在哪儿呢？还是用铅笔来回答，请看右图。

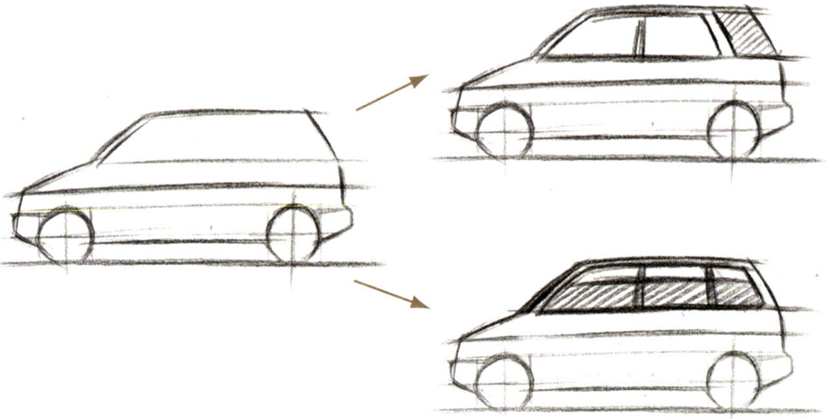

按照Megagamma概念车的原则将车身外轮廓确定下来，再为相同外轮廓的车身配上两种不同的侧窗，看看效果：上面一种方案的C柱很明显地将车身分为前后两部分，整车看起来就像一辆“封了凉台”的皮卡，C柱后的部分仿佛是硬加进来的“外挂”。下面一种方案，侧窗从A柱一直拉通到D柱，是一个整体，很像旅行轿车的侧窗。

“像皮卡”与“像旅行轿车”是两回事，前者让人觉得有特别用途，并非一般人的日常生活所需——“跟自己没关系”；而后者从心理上接近一个平常人对汽车的定位——“跟自己有关系”。

MPV其实就是在轿车底盘上放上了一个加高了的旅行轿车车身，“仍是一辆轿车，但是更能装”，这种身份使普通消费者更容易接纳它。与雷诺太空同年的道奇Caravan，亦被视为MPV的先驱，其外形就与旅行轿车很接近，无非高一些罢了。

普利茅斯Voyager与道奇Caravan是一回事，就像秦汉和秦祥林的关系。

道奇 Caravan (1984) 普利茅斯 Voyager (1984)

普利茅斯 Voyager (1984)

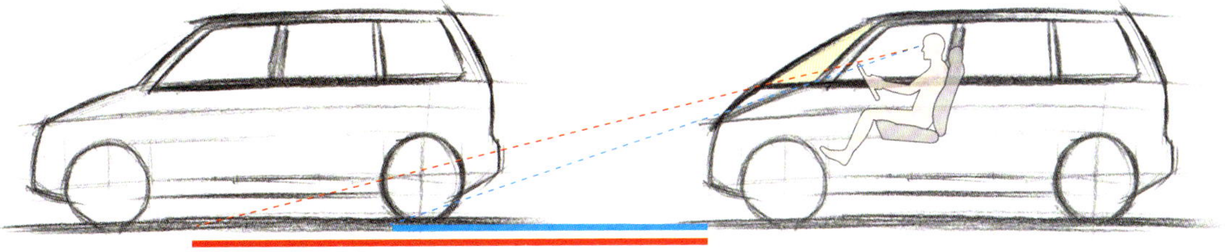

雷诺太空与道奇Caravan的区别在于前窗与车鼻整合为一个大斜面，就像兰博基尼Countach那样。车鼻被“收编”，“两厢”变为“一厢”，因而也被称作“单厢轿车”，现在很容易见到，比如本田飞度、奔驰A级。

整体感更强的单厢轿车视觉效果很时髦，但如上图所示，方向盘前面纵深巨大的驾驶台与前移的A柱影响了视野，另外A柱不但倾角大，而且还很长，对强度提出了更高的要求，所以并非所有的MPV都愿意采用单厢造型。但对于那时的概念车来说就没那么多束缚了，概念车要的就是视觉效果，反正又不一定量产，先养眼。

乔治亚罗的单厢概念车Orbit采用了弯曲度非常大的前窗玻璃，使A柱较为靠后，但是这显然不可能量产，只是弄出来看看罢了。遍布数字、符号的仪表台更是未来感十足，记得儿时第一次看见这张图片（还是黑白的），立刻以为四个现代化实现了。

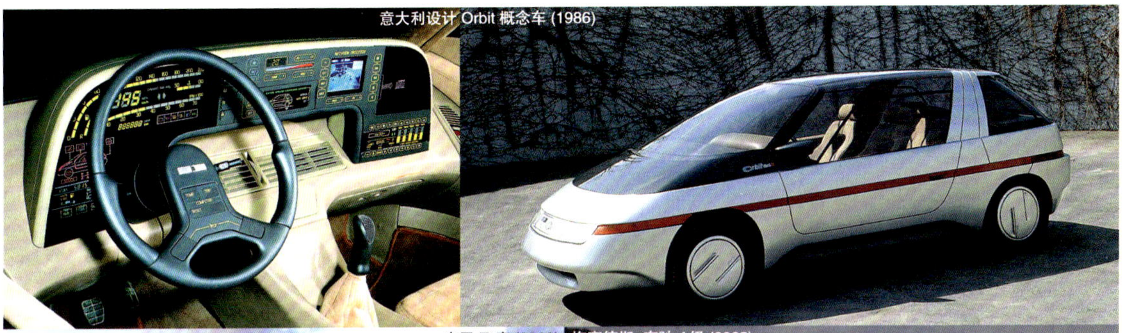

意大利设计 Orbit 概念车 (1986)

本田 飞度 (2008)

梅赛德斯-奔驰 A级 (2005)

现在时兴说“混型”（crossover，又称跨界），MPV就是最早的混型车——轿车与面包车混在一起。1984年还出了另一位混型车的先驱：吉普切诺基，它把轿车与越野车混在了一起，“发明”出了SUV。

SUV的车身像加厚的旅行轿车，放在越野车底盘上，相比越野车更矮，相比旅行轿车更高。与越野车的硬汉形象不同，SUV更文气、更舒适，对于普通人来说，它“仍是一辆轿车，但是更打得粗”。进入新世纪之后，SUV迎来了爆发性的增长，各个品牌都有自己的产品，哪怕是保时捷这样的跑车厂商。男人喜欢它，因为它更有阳刚气，像自己希望示人的形象；女人喜欢它，因为它……更有阳刚气，像自己希望看到的形象。

吉普 切诺基 (1984)

吉普 大切诺基 (2013)

保时捷 卡宴 (2011)

车轮上的游戏

作为交通工具，汽车的作用就是承载人与物品，完成位移。移动依靠车轮，这是所有汽车别无二致的地方，车轮之上呢？那就不一定了，可能性似乎非常多。

乔治亚罗就是一位不厌其烦探索这些可能性的设计师，这两款概念车展示了他的一些独到的想法，是否您也曾试想过如此这般安排车轮上的小天地？

意大利设计 Capsula 概念车 (1982)

意大利设计 Machimoto 概念车 (1986)

克莱斯勒 ES (1988)

大众汽车 帕萨特 (1988)

本田 Legend (1986)

庞蒂克 6000 (1983)

遵守规则

20世纪80年代绝大部分轿车的前脸都遵守着“上中下”三段式水平划分的规则，在此规则之下，前照灯、进气格栅、保险杠、小灯、进气口这几样组成前脸的元素变换着排列组合的方式。除了宝马，很少有圆灯了，方形的前照灯可以是一体式、一大加一小，或者三个并排……进气格栅可以与前照灯同样高、比前照灯矮，或者干脆不要……这所有的变化，都被圈定在“上中下”规则之内。汽车的面部表情平和，甚至有些与世无争，大家看起来都挺像，要分清谁是谁得依靠车标，不过车标都不太显眼，甚至还有本田里程这样干脆不要车标的“无名英雄”……与现在相比，那真是一个谦和礼让的年代。

也有厌恶规则的，第二代凯迪拉克赛威的车尾被戏称为“Slantbacks”，意思是“露脚后跟的女鞋”，好像找不到更恰当的解释方式了。这属于闯红灯，后来再没见过这样的车尾。如果像克莱斯勒帝国那样，先画根线试试可能更保险，如果反响不好顶多属于闯黄灯，暂不处罚。

凯迪拉克 Seville (1980)

克莱斯勒 Imperial (1981)

凯迪拉克 Seville (1980)

何日君再来

把磁带推进卡座，听着邓丽君女士的歌，我们来设计一辆跑车。

第一步：车轮。
在铅笔下，圆就是“田”字，
前后轮之间的间距为2.5个直径，
注意此直径是轮拱内壁的直径，
比轮胎直径要大。

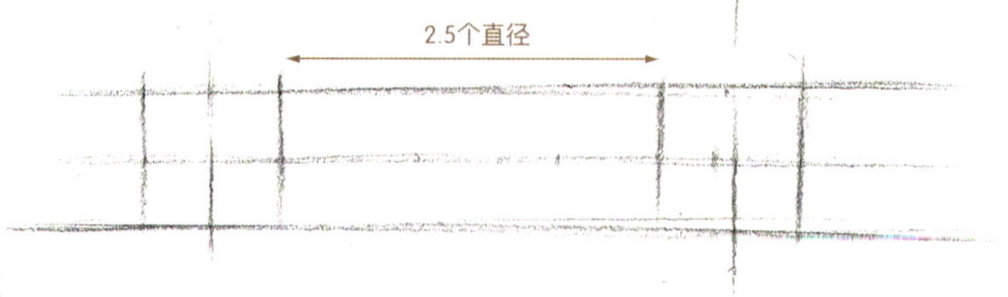

第二步：由下往上画出重要的水平线。
1. 地面：比“田”字的底边略高；
2. 底盘：位于车轴与地面之间；
3. 车头高度：比车轴高大约1/2个半径；
4. 前肩：跑车的前肩薄薄的；
5. 后胯：按照前低后高的原则，
比前肩略高。

第三步：由前往后画出重要的垂直线。
1. 前悬：在前轮之前1个直径的位置；
2. 后悬：在后轮之后1个半径的位置。

第四步：将车头、前肩、后胯、车尾以一条曲线连接，
前肩与后胯之间的曲线基本就是侧窗线。

第五步：糟糕，忘了确定动力系统布局了。
索性设计两辆，
一辆中置后驱，一辆前中置后驱。
中置后驱的A柱比较靠前，
起始点几乎挨着前轮；
前中置后驱的A柱比较靠后，
B柱几乎挨着后轮。
以此原则，为两份相同的躯干
安上两个不同的驾驶舱。
两辆跑车的外轮廓便画出来了。

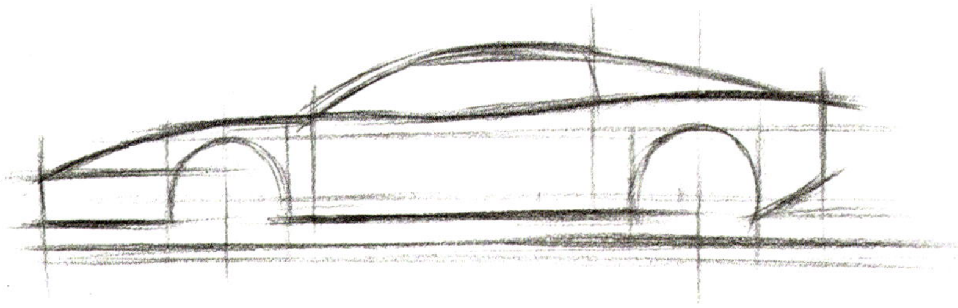

第六步：画出细节：
开出门线，
安上车窗、车灯、
扰流板、保险杠、
中置后驱的进气口等等。

第七步：将侧面图转化为前侧方透视图，设计工作就基本完成了。
马上要去做晚饭，后方的侧视图我就不弄了，您有空时可以自己设计一下。

好像这两张图有些越看越不对劲是吧，怎么很像那谁和那谁？
还是让我解释一下：射手分两种，一种是指哪儿打哪儿的，一种是打哪儿指哪儿的，很显然，我属于后者。
我确实是照着成品“做的设计”，所以根本不是“设计”，但也不是“写生”，
因为您都看见了，这两辆车是怎么一步一步“组装”起来的。
所以，算是“扫描”与“打印”吧。
为什么会选中这两位？
因为它们是我儿时的梦想，画一遍可以“解解馋”……
要去做饭了，下一页再聊。

虽是高性能跑车，特斯塔罗莎仍有着很大的车窗，视野良好，这种“车为人着想”的设计哲学如今看来是本末倒置。

“好花不长开，好景不长在”，这句歌词对本节的两位主角似乎并不见效。

法拉利特斯塔罗莎1984年问世，1991年小改款为512TR，1994年又变为512M，直到1996年才退出历史舞台，在世12年，按中国话讲，有整整一轮。第四代雪佛兰克尔维特1983年问世，1991年小改款，1996年谢幕，产品周期比特斯塔罗莎还长1年。

20世纪80年代好像出“寿星”，前文中出现的W126也存在了整整一轮，那是最优雅的奔驰S级，这个形容词与这两款跑车也同样般配。

我不想去“分析”两款车的外形，事实上我根本不相信它们是设计出来的，如果您喜欢曾经唱遍日本的《Blue Light Yokohama》（蓝色夜光下的横滨），您可能会赞成我。这种歌曲的产生一定不是靠“创作”，而是走在海边，抽着烟或者喝着啤酒，忽然就被“砸在头上”了，此时作者只需将它记录下来即可。整首歌的旋律、结构无懈可击，让人无法修改，甚至无法模仿。石田亚由美从青年一直唱到老年，每次都是3分钟，每次出场都激起掌声一片。天道酬勤，这或许是上苍对辛勤劳作的凡人表达的谢意，不过，不是谁都能被“砸到”，这样的作品，注定只是凤毛麟角。

克尔维特配备了大弧度弯曲的后窗玻璃，所以没有C柱，既然前方视野受制于长长的发动机舱盖，后方视野就应该补偿一下。

1991年小改款时，外观上找不到下手的地方，倒是内饰显得脱节了，于是彻底重新装修了一遍，好歹对得住“改款”二字。

听到多年前的歌声，能让人感受到那个时代的气息，汽车也如是，存储了当时人们的审美取向，今天我们看到这样的两款跑车，就会知道20世纪80年代人们是以优雅为美的。这个词如今在评价汽车的词库中已然找不到了，取而代之的是“霸气”“凶悍”，或者“将暴力美学演绎到极致”之类的听不懂的中国话。就像现在评价一个男人，不会再问他是否有风度，而是说“酷”“型”“炫”。这让我想到《汽车杂志》严绍健副主编的文字“消失的时代”——“这不是我喜欢的时代，没有质感没有风骨”，用这句话去套这两款长命跑车，便是“有质感有风骨”——似乎这两个词也不常见了。它们像两位君子，在汽车的历史长河中留下了翩翩身影，告诉后人，汽车曾经很美过。

“何日君再来？”——“喝完这杯再说吧。”

Chevrolet Corvette

20世纪90年代与今天的时代合在一起写了，因为今天在汽车上看见的很多现象都能在那个时期找到来头。眼下的汽车世界丰富多彩，令人眼花缭乱，就像现在的全球气候，经常让人无所适从。因为，这是一个迷失的季节，只是没有人告诉我们罢了，或者，告诉了，我们也不在乎。

What do You Want

迷失的季节 画说1990~2013年

丰田 Previa (1990)

自由的曲面

韩老师的名句：“忽如一夜春风来，意甲流行三后卫。”话糙理不糙，用来形容车身上曲面取代平面倒还合适。20世纪90年代之后，棱角分明的直线条车身忽然就不时兴了，面与面的转接都被“倒角”处理，仿佛经过了打磨，转角变得柔和。平板的表面变为凹下去或者凸出来的曲面，面与面之间的关系也不再那么泾渭分明。

丰田Previa算是先行者，第一次看见是在念高中时，外贸大楼前有一辆，当时觉得这车太“未来”了，脑子里存储的汽车概念对它无法解释，所以就老想去看看，哪怕多坐一站地看完再走回家。

现在我可以清晰地告诉自己Previa特别在哪里：它是少有的中置后驱但将前座布置在前轴之后的MPV。发动机坐在屁股下面，这与面包车类似；前座在前轴之后，这与MPV一样。但发动机不在前方，前悬因而很短、车鼻很陡，所以，整车看起来既像面包车又像MPV。不过，这些是内在因素，高中时的我不懂，那会儿被它吸引主要还是因为周身的曲面以及大弧度的驾驶台，非常前卫。

第一代Previa从1990年一直生产到2000年，成绩很好，从第二代开始，动力系统布局改为通行的前置前驱，而曲面车身也已风行世界，Previa的外形便不再特别。

丰田 Previa (2000)

由下图可以看见20世纪80年代到90年代，平面向曲面的转变过程。
相比1983款，1987年的日产蓝鸟开始在车灯、A柱C柱与车顶的交接处、后视镜、车窗等等有转角的地方进行“打磨”。进入90年代之后，前面的“小敲小打”已经不过瘾，车身表面开始炫技般地弯曲，整车“圆咕隆咚”的，就像把前面两代放在嘴里含化了之后的样子。

相比日产蓝鸟那颗“融化的糖块”，1996年的福特金牛座可以算是“垮掉的一代”了。车身上似乎去掉了所有挺拔的部位，到处都是圆圈，鼓鼓囊囊的。看到实车感觉更强烈，我们小区里就有一辆，常有人问我“这车怎么这样？”仿佛满车的窟窿都是我戳的一样。

好比F1比赛遇到似下非下的雨，车队决策者必须拿主意：换雨胎还是不换？天上的气象直升机帮不了什么忙，于是，我们会看到总有个别车手率先开回站来换上雨胎，如果后来如愿下雨，那么他就抢了先机，反之，他又会再开回来，换回原来的胎。而就算下雨，也得瞻前顾后地决定到底换大雨胎还是小雨胎，这其实是赌博。

福特金牛座“换胎”的时机不算早——也许正因为害怕自己来晚了，才一步到位换了大雨胎，结果雨没有预想的那么大……这也没什么，以后不用这种画圈圈的手法设计汽车就好了，曲面车身终归是前进方向。

当车身表面变得可以自由弯曲时，最明显的变化就是肩线的模糊，甚至消失。在先前的车身上，肩线是发动机舱盖的平面与车侧立面的交接线，几乎呈直角转折，这使肩线很明显，成为一个重要的造型元素。而进入曲面时代之后，金牛座的肩线被“打磨”得寻不见，仿佛一个人的肩膀塌下去了一样，让人感到没精打采的。

1997年问世的阿尔法・罗米欧156是沃尔特・德・席尔瓦的代表作之一，在156上，德・席尔瓦理清了几条重要的“线索”，由此产生的设计逻辑成为他所偏爱的风格，跟随着他进入大众汽车集团。

阿尔法・罗米欧 156 (1997)

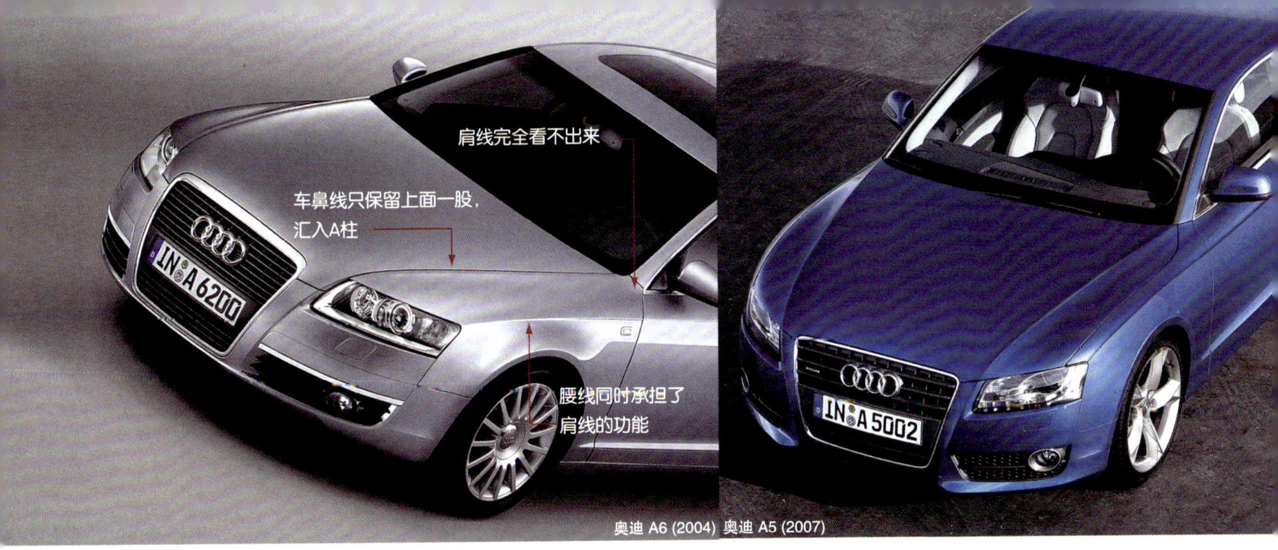

奥迪 A6 (2004) 奥迪 A5 (2007)

2004年问世的奥迪A6是德·席尔瓦的代表作之二，在肩部的处理上，他拿掉了肩线，只留下车鼻线与腰线，这样一来，腰线便承担了肩线的功能，或者说，肩线与腰线合二为一了，在奥迪A5上，能见到同样的手法，这是他升职前留给奥迪的最后一件作品。

升任大众汽车集团设计总监之后，德·席尔瓦最重要的任务就是高尔夫的换代工作，于是，他的代表作之三——高尔夫6诞生了。

尽管好评一片，但高尔夫6实际只能算是高尔夫5的改款，并非一辆全新设计的车，这从高尔夫6的肩部就能看出端倪。

大众汽车 高尔夫 5 (2003)

大众汽车 高尔夫 6 (2008)

如上图所示，高尔夫5的发动机舱盖是中间矮两边高的式样，这是基本结构，高尔夫6并没有将其改动。德·席尔瓦的厉害之处在于虽然只是进行修改，却能让人以为是新车，把原来的底版忘干净。高尔夫6为德·席尔瓦赢得无数赞誉，但是我猜他一定觉得不很尽兴，因为这样的肩部不是他喜欢的。果然，全新的高尔夫7换上了中间高两边低的发动机舱盖，那种熟悉的肩部又随之而来了。

大众汽车 高尔夫 7 (2012)

大众汽车 高尔夫 5 (2003)

大众汽车 高尔夫 7 (2012)

两边高中间低的发动机舱盖就像人耸肩时的样子，正常情况下人们不会耸肩，这个动作往往表示无可奈何；
两边低中间高的发动机舱盖就像人自然放松的样子，这是人的正常状态。如果一个人老是提着肩不放下来，旁边的人看着也会觉得累。
在斯诺克比赛中，选手对白球走位的控制有一个基本原则：让白球的方向向下，避免向上，因为向下才能靠近高分值的黑球与粉球。
这个原则与德·席尔瓦控制视觉重心的原则相似，向下可以让车看上去更矮、更宽、更长，符合“矮即是高档”的大原则。
高尔夫5的肩部给人感觉是“内收”的，车鼻显得很陡，就像MPV的车鼻，是一种“向上升”的趋势，这使汽车看起来高、窄，
至于高档与否我就不好说了，每个人的口味与习惯并不相同，不过，高尔夫5是历代高尔夫中卖得最不好的，这倒是不争的事实。
高尔夫7的肩部给人感觉是“外扩”的，肩线平缓的上扬幅度消解了车鼻的倾斜程度，而经它有力地一“破”，前肩被有效地削薄了。
或许以上种种，便是德·席尔瓦偏爱这种肩部的原因，在完成了并非全新设计的高尔夫6之后，他通过概念车NCC为大众汽车指明了方向。
今天，我们能在大众汽车集团的各种产品上见到风格统一但略有区别的肩部，
就像分散在各地的一大家子人，说话的口气一样，但多少带着当地方言。

奥迪 A7 (2010)

大众汽车 帕萨特 (2011)

西雅特 Leon (2012)

斯柯达 明锐 (2013)

大众汽车 NCC 概念车 (2010)

NCC的肩线外扩，与腰线合二为一，位置比侧窗线低一些，从车头贯穿车尾，将车身上下一分为二，仿佛这里才是计算上下比例的分界线，
躯干部分因而被它削薄，视觉重心下降，就像W126那个年代的上下比例，车身看起来更显长一些。

梅赛德斯-奔驰 CLS级 (2011)

正如梅赛德斯-奔驰CLS级所展示的，今天的制造工艺已经足以支持车身表面九转千回拐弯抹角，很自由。
各式各样的凹凸起伏就像切分音一样，带来跳跃、变换的节奏，汤普森钢琴教材里说：现代音乐的切分音不是太少，而是太多。
这是个强调个性的时代，没有“对不对”，没有“好不好”，但有“雷同不雷同”，自己必须与别人不一样，否则就没有存在的价值。
好在萝卜白菜，各有所爱，这也是一个“马桶盖”发型可以风靡足坛的时代，一个包容度奇大的时代。

福特 福克斯 (2010)

福特福克斯的车鼻线没有通到A柱，另有“半根”与其平行的线条连接A柱，肩线同样也是“半根”，划了一个弧便断了，
腰线位于其下，行至后门把手处，也断了，又续上之前肩线的轨迹……总之，很复杂，像周杰伦的歌“哼哼哈嘻”。

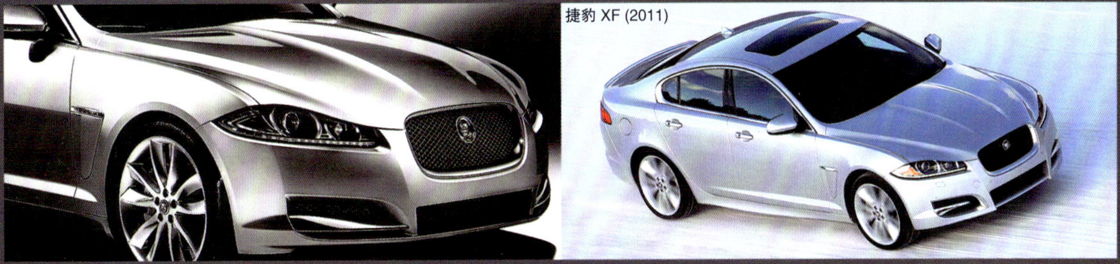

捷豹 XF (2011)

捷豹XF的肩线与腰线合并，紧靠侧窗线，位置较高，这使车肚较厚，不过2米9的轴距能帮助消化这厚度。
线条很少，有大面积的平整区域，显得简洁、清爽。

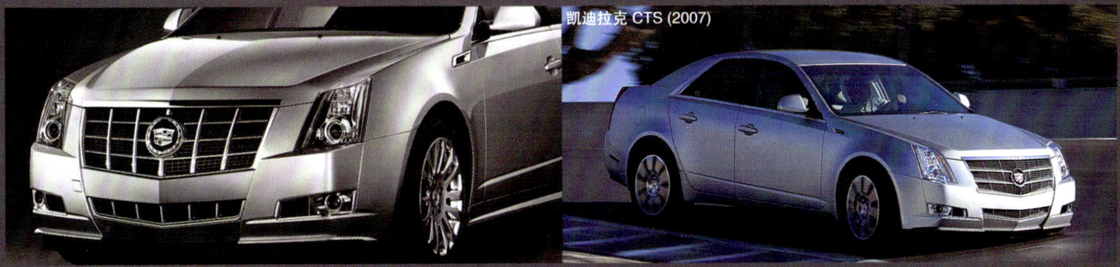

凯迪拉克 CTS (2007)

凯迪拉克CTS的刀削面风格注定它一定会有一个又高又硬的肩部，而且还挺尖，仿佛会割到手。肩线到A柱结束，
腰线在低一些、后一些的位置“另起一行”，其实应该说是“窗套”。车头很高，虽是后驱车，却感觉前部很沉，
车鼻线没有顺着车头立面延伸下来，而是留在发动机舱盖平面，这使它真的很像一个大盖子，盖住了一个大箱子，分量足，很实惠。

阿尔法・罗米欧 156 (1997)

与A柱同行

观察上图中的阿尔法・罗米欧156，可以发现其前窗的底部与侧窗底部不在一条水平线上，这与20世纪80年代的设计不同，那时前窗与侧窗的底部高度一致。以图中红色虚线为分界，测出156的上下比例值约为0.5，相较之前普遍的0.6，有所下降。这正是进入新时代之后汽车设计的普遍现象：上下比例值缩小，原因在哪儿呢？导致这一现象的最直接因素在于A柱倾角的加大。20世纪90年代之后，倾角较小，也就是比较“陡”的A柱越来越显得“不好看”“过时”，倾角更大的A柱开始成为设计的潮流。如前文分析，大倾角的A柱可以使汽车看起来更“动感”，这成为厂商吸引消费者的一个好办法，但A柱的倾角加大后，也引起了一连串的连锁反应。

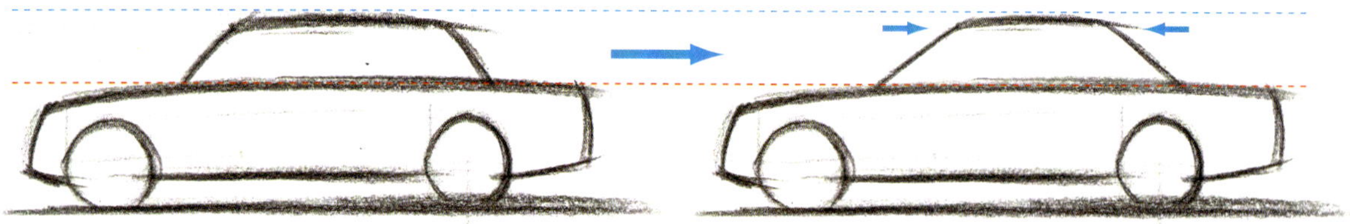

如图所示，在保持车高与上下比例不变的情况下，将A柱的倾角加大，由于三厢轿车讲究对称，C柱也同步向前倾斜以保持与A柱对应的倾角，此时，车顶长度大幅缩减，躯干以上的梯形部分向三角形靠拢，显得“尖”、“高”，
虽然较大的上下比例值保证了视野，但A柱与C柱同步向内倾倒之后的效果就如同板块碰撞引发的造山运动，
车窗部分好像是被“挤”出来的一样。
1988年的日产Cefiro演示了以上变化，10年后的大众汽车捷达（宝来）对此又一次进行了印证。

日产 Cefiro (1988)

大众汽车 捷达 (1998)

那么，这个问题如何解决呢？车窗部分像三角形的原因在于车顶太短，如果车顶长一点儿会不会好些？

在保持倾角不变的前提下，想要让车顶增长，唯一的办法就是降低梯形的高度。不过，不能从上方“削平”梯形，因为那样就会降低车高，但车高是固定的，所以，需要逆向来做：将车窗与躯干同时上提，高出去的那部分就“删掉”，车顶因此增长，但车肚也变厚了。

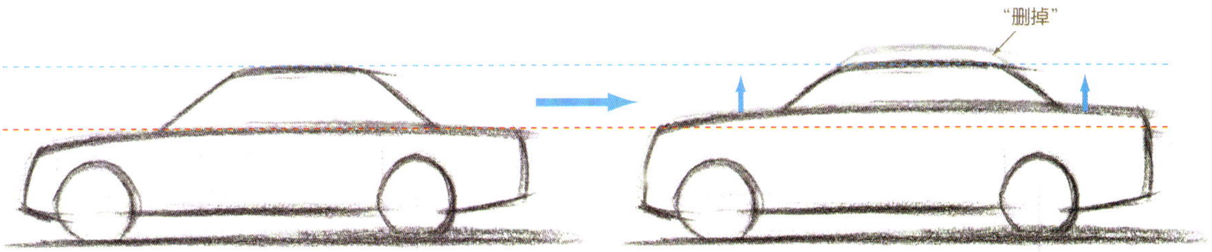

上图演示的结果就是目前绝大多数“追求动感”的轿车采用的上下比例。由20世纪80年代“水族馆”式的大车窗，到现在的窄车窗，证明了大倾角A柱与较高的上下比例不能共存，换句话说就是“动感”的外形与开阔的视野无法兼得。

电影《Snatch》中“钢弹牙”托尼可以用前窗将街头混混的脖子卡住，直到问出实情再降下玻璃把他扔掉，这样的情节在《007–天幕危机》中就无法实现了，因为托尼开的是1979年的捷豹XJ，而邦德开的是2009年的捷豹XJ。

捷豹 XJ (1979)

捷豹 XJ (2009)

捷豹 Daimler (2005)

作为老牌英式豪华车，捷豹多年来一直坚持传统的设计语言，
但是进入21世纪之后，不断被诟病“保守”“缺乏新意”，
这几个字听起来就像“缺乏诚意”一样窝心，销售状况堪忧。
痛定思痛，捷豹来了个改头换面，全面更新设计语言，
A柱、车顶、C柱连为一根大弧线，行李舱盖变短，侧窗线上扬……
与其他品牌相比，其动感程度甚至有过之而无不及。
于是，“保守”的帽子摘掉了，叫好声来了，销量上去了，
007也选它作搭档了——窗子窄，里面的人不容易被子弹打到。

捷豹 XJ (2009)

大众汽车 捷达 (1998)

大众汽车 捷达 旅行款 (1999)

我们有这样的视觉经验：相同车长的三厢轿车与其旅行款相比，后者看起来更长，这是因为旅行轿车的车顶更长，向后的延伸感更强。
在A柱与C柱倾角加大之后，车顶长度变得“紧紧巴巴”“凑凑合合”，三者之间的转折处越清晰，车顶的尴尬就越明显。
将A柱、车顶、C柱整合为一根大弧线，便能有效化解这种尴尬，而C柱可以更倾斜地融入车尾，向后的延伸感也更强。
捷豹XJ的车顶大弧线一直延伸至车尾，与短短的行李舱盖连成一体，除了后悬够长，躯干以上的部位已经不像传统的“三厢轿车”概念了。
侧窗线向后上扬，造成俯冲的效果，并将原本就窄的后窗进一步切削，后排乘客的头部基本就位于车顶线与侧窗线的夹角上，“顶天立地”一般。所有这些所谓“动感”的设计手法，实际都是A柱倾角加大之后引起的连锁反应。

捷豹 XJ (2009)

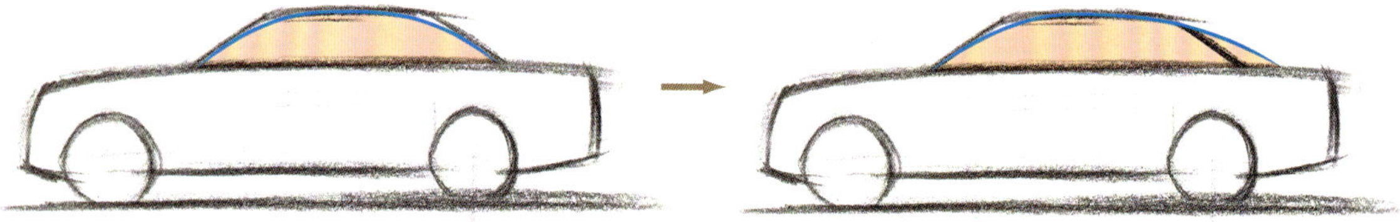

如上图所示，A柱、C柱与车顶连成大弧线之后，原先与车顶的交角被抹掉，但车内的头部空间（尤其是后排的）因此缩水，所以，C柱需要向后挪以保证后排的头部空间，导致行李舱盖缩短，这表明大弧线更消耗车长，因而通常只出现在跑车的设计中，因为跑车只有单排座，也不需要与发动机舱盖对称的行李舱盖，弧线可以一拉到底。进入21世纪之后，跑车的设计语言越来越多地被移植到普通轿车上，虽然导致视野、空间方面的损失，但更像跑车的外观能够很有效地吸引消费者，这也催生了四门轿跑车这种大张旗鼓使用跑车语言来设计的轿车，但究竟是“轿车化的跑车”还是“跑车化的轿车”，谁也说不清。
奥迪A7属于“更跑的轿车”，车高为1420毫米，后排的头部空间还好。阿斯顿·马丁Rapide属于“更轿的跑车”，车高才1350毫米，但这是大弧线最高点的数据，到后排乘客头部时，还得下降，后排的头部空间可想而知。不过，卖方与买方在跑车实用性缺失的问题上本来就是遵守“一个愿打一个愿挨”的和平共处原则，如果喜欢跑车，就要接受跑车的考验。

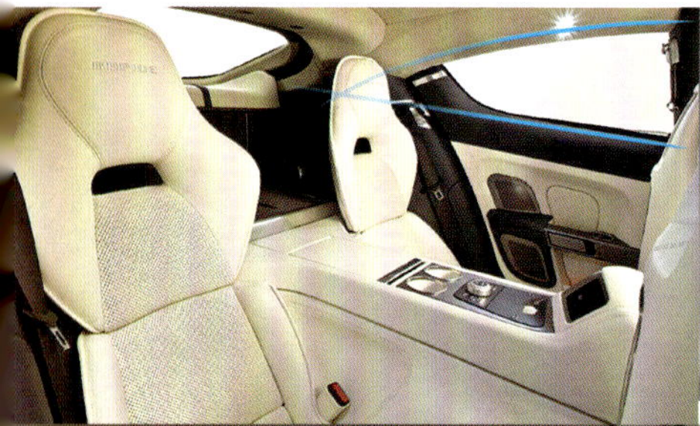

阿斯顿·马丁 Rapide (2010)

奥迪 A7 (2010)

福特 蒙迪欧 (2013)

沃尔沃 V60 (2010)

起亚 K3 (2012)

起亚 Sportage (2010)

“像跑车”是一种见效快的设计方式，当下很流行。
新车型推出时采用这样的设计语言，风险较低；而形象保守的品牌可以用它来摘掉“缺乏激情”的帽子，表明自己“年轻化”的决心；新品牌则可以靠它来打开局面，在消费者眼中迅速建立起紧贴潮流的时尚形象。

2013年福特推出的新一代蒙迪欧，几乎将四门轿跑车的侧窗照搬过来，再加上全新的前脸，引得很多人评说“像马丁”。
只是1480毫米的轿车车高没法“像马丁”，因此侧窗线以下的躯干很厚，车头高、前肩厚、车肚厚、后胯也厚，
与上一页的“马丁”相比，整个车身给人感觉仿佛随时都是“拎着的”，真想用手把它向下“压一压”。
沃尔沃V60则完全摆脱了过去“方方正正”的形象，侧窗在C柱之后更像个窥视孔，只能说是聊胜于无了。
在彼得·希瑞尔（Peter Schreyer）于2006年担任起亚的设计总监之后，这个原本不起眼的韩国品牌很快建立起新的品牌形象，
产品风格统一、鲜明，普遍使用了大弧线、窄车窗的设计手段，甚至不打折扣地运用到智跑这样的SUV上，感觉虎背熊腰的。
这样的设计语言眼下满目皆是，因为大家都在强调自己“动感”，生怕被说成“不动感”，这像是目前汽车上市的准入门槛。

当然，也有车窗不窄的产品，比如宝马3系，一直坚持着“水族馆”式视野，在今天，这成了异类。
也有窗线不上扬的产品，比如奥迪A4，其腰线还向下掉，这是多年前的传统审美取向。也许这两位不用像跑车也不愁卖?
消费者会因为“外观不漂亮”而取消对一个品牌的关注，但很少会因为“视野不好”而否定一个产品，而对于大部分消费者来说，“漂亮”几乎等同于“动感”，所以，至少在眼下，跑车化的动感设计是保险的，暂时不用操心视野问题。
大车窗也好，窄车窗也罢，都是汽车厂商对消费者的需求作出的回应。
What do you want? 这是设计师想问消费者的问题，但消费者自己清楚么?

宝马 3系 (2012)

奥迪 A4 (2012)

门线与前后比例

我曾经请一位朋友用一个理由证明右图中的轿车不是梅赛德斯-奔驰，他想了想，说“设计语言不同”，我觉得这个理由太笼统也太专业，听不明白，他便反问我怎么来证明，如果是您，会怎么证明?

本田 雅阁 (1982)

还是让我来说：这辆轿车是前驱车，而梅赛德斯-奔驰的三厢轿车都是后驱车，没有前驱的产品，即便有，也是在2013年才推出的CLA。那么我怎么知道这辆车不是后驱车？办法很武断：看看前门线，离前轮近就是前驱车，离前轮远就是后驱车。

这是朋友之间的玩笑，并非严谨的判断方法，但对于大多数轿车还是有效的。在甲壳虫出世以前，汽车世界里只有传统的前后比例，这在前文中介绍过。后置后驱的甲壳虫问世后，驾驶舱才第一次贴近前轮，它的前后比例与后来的前横置前驱车型是一样的，同样采用后置后驱的菲亚特500、600、126也如是。随着迷你的问世，前置前驱车型开始普及，汽车世界的前后比例便分为了两种：前置前驱的（前门线靠近前轮）与前置后驱的（前门线距前轮较远）。

宝马 Z3 (1998)

雷克萨斯 IS (2013)

克莱斯勒 New Yorker (1993)

进入九20世纪90年代之后，克莱斯勒推出了“驾驶舱前移”的设计概念，让发动机的位置更靠前，驾驶舱便得以前移，紧贴着前轮。这样做使轴距得到最大限度的利用，车内空间更加宽敞，此概念因而颇受好评。

“驾驶舱前移”概念的着力点虽在车内，却由此对外形产生了显著的影响：A柱前移、前悬增长。

克莱斯勒 Concorde (1993)

克莱斯勒 New Yorker (1993)

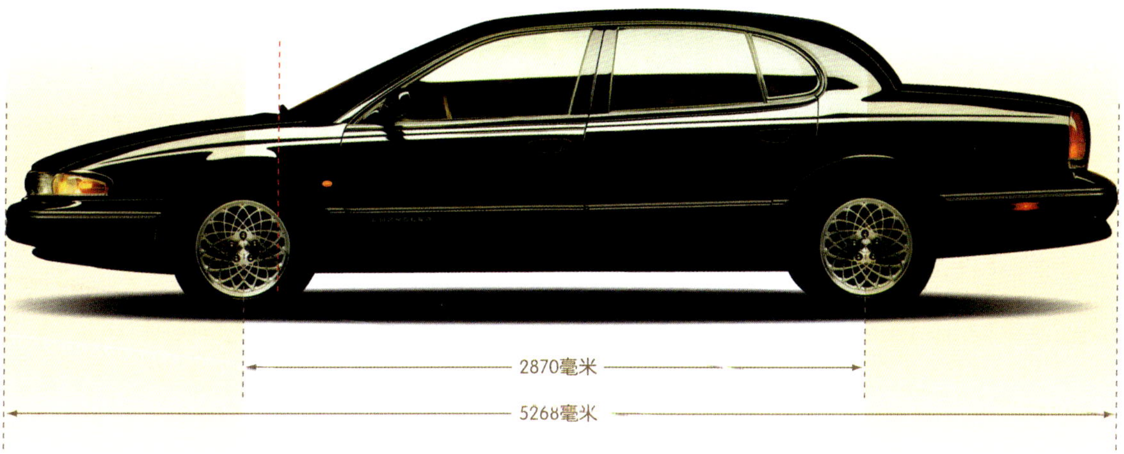

如上图中的克莱斯勒纽约人，从前窗与发动机舱盖的交接处引一根垂直线，竟然已经落到前轮“内”了，这里原本是发动机的“地盘”，现在发动机被推到前方去，必然导致前悬的增长。而前悬增长产生的影响可就不仅仅局限于外观上了，发动机舱不像行李舱是“空心”的，它随时都是“实心”的，前轴要承受发动机与变速器所带来的负荷，这种负荷在行驶过程中会随着速度的提升而成倍地施加给前轴，造成安全隐患。理论上讲，发动机越靠后，前轴承受的负荷就越小，发动机越靠前，前轴承受的负荷就越大，因此，前置前驱车型都“具备”转向不足的特性，也就是通常说的“推头”现象，这是一个硬伤，一种“头重脚轻”的、有害的行驶状态。

这一代纽约人的生产周期从1993年至1997年，仅存活4年，1997年停产之后，纽约人这个1938年诞生的车系也彻底告别了历史舞台，是美国车中连续存在时间最长的车系之一。

加长前悬，略等于“加重推头”，对于小尺寸、小发动机的小车来说，这个缺陷可以忍受，对于大尺寸、大发动机的大车，基本上属于“自杀行为”了。纽约人轴距2870毫米、车长5268毫米，这组数据您怎么看？为了更直观，把别克君越请来作对比：

别克 君越 (2009)

别克君越2837毫米的轴距对应5米长的车身，前后悬的平均值为1081.5毫米，在今天的尺度概念中，属于偏长的。今天的轿车，比如2007年的福特蒙迪欧，轴距2850毫米，车长4784毫米，前后悬的平均值为967毫米，就比较节制。但君越与纽约人相比，又不算什么了，纽约人的前后悬平均值达到了1199毫米，也就是1.2米。同期的好些美国轿车的尺寸数据在今天让人感到不可思议——1992年的凯迪拉克埃尔多拉多，轴距2743毫米，车长却达到5140毫米，前后悬的平均值为1198.5毫米，可见即便驾驶舱不前移，前悬也够长的，所以那会儿的美国车给人感觉像船一样，前仰后合、晃晃悠悠。

凯迪拉克 Eldorado (1992)

梅赛德斯-奔驰 S级 (1991)

宝马 7系 (1994)

凯迪拉克 Fleetwood (1993)

正如前文介绍的，凯迪拉克的埃尔多拉多是美国最早的前置前驱车型之一，20世纪60年代末开始，美国兴起了前驱热，仿佛前驱意味着前进，后驱代表后进一样，后驱车型越来越少。不过与欧洲将前置前驱作为缩短车长的手段不同，前驱对于美国车来说更像是一个加长前悬的理由，车长并未因为前驱而缩减。

第一次世界石油危机之后，梅赛德斯-奔驰S级打开了美国市场的大门，它和后来与其分庭抗礼的宝马7系一样，都坚持着前置后驱的布局，并且将此布局覆盖所有级别的产品，前置后驱成为高档品牌的标志性特征。也许这促使美国厂商又重提后驱的旧事，1993年推出的凯迪拉克弗里特伍德重新使用了前置后驱布局，情况是否有好转？1996年，弗里特伍德停产，这个1936年诞生的车系也“挂”了。

与阳光灿烂的日子相比，新时代里的美国汽车仿佛崔健歌里唱的：“我突然发现我被这场运动弄得……完完全全地晕了。”标准的制定者已经变成了欧洲，“不达标”的产品似乎很难生存，弗里特伍德虽然重拾前置后驱布局，但其车身尺寸令人摸不着头脑：车宽1982毫米、轴距3085毫米、车长……5717毫米！接近6米！您大概明白它为何仅生产3年便停产了吧。

弗里特伍德算是美国对欧洲大型轿车最后的回应，今天，大型轿车市场已被牢牢地掌握在梅赛德斯-奔驰S级与宝马7系手中，市场不大，门槛却不低，其他厂商不敢轻易涉足此领域。奥迪A8算是一个较为接近的追赶者，不过，近况似乎不太妙——最近一代宝马7系2008年推出，晚两年才上市的奥迪A8却先于7系启动了换代产品的开发工作，并且交给了乔治亚罗的意大利设计公司，这只是无人证实的传言，但A8的“能见度”确实不高。再看另一条传言：下一代A8将使用保时捷Panamera的前置后驱平台，联系到前段时间奥迪品牌的设计总监不

前置前驱的前后比例更加“新潮”，前置后驱的前后比例更加“老套”，对于高档中大型轿车来说，这就对了。因为“老套”意味着“摆谱”，而“新潮”顶多就是“靠谱”。

丰田 皇冠 (1999)

雷克萨斯 LS (2013)

宝马 7系 (2008) 梅赛德斯-奔驰 S级 (2006)

奥迪 A8 (2010) 大众汽车 辉腾 (2002)

汽车之间的竞争有时感觉就像体育比赛，运动员出场后，看看身材就能有个判断，而不是看脸。

汽车的侧面就是身材，侧面没弄对，正面怎么设计也是枉然。前驱与后驱的区别在大型轿车上被放大得触目，前驱车的车头明显地发沉，给人感觉一点儿也不像一位身手敏捷的运动员。

知不觉地就“消失”了，由奥迪集团的设计总监接手他原来的工作……不得不让人猜疑：A8的日子也不好过。再加上大众汽车辉腾，2002年出道以来，就没卖出多少，如果不是大众汽车财大气粗支撑着，可能早就停产了。美国朋友可以舒口气了——欧洲照样也会晕，这本就是一个迷失的季节。

事实上大众汽车与奥迪应该向日本同行学习，丰田推出雷克萨斯LS竞争大型轿车市场，从一开始便坚定地使用前置后驱布局，而其传统行政级产品丰田皇冠，也是后驱车。LS与皇冠都有着稳定的市场表现，前置后驱，是高档中大型轿车市场的敲门砖，当然，敲开门之后未必就一定能成功。

后驱车与前驱车的乘坐感受是不同的，简单讲，人坐在车内不是被“拉”着走，而是被“推”着走，对于花得起价钱购买高档轿车的客户来说，这两种感受之间的细微差异却是非常明显的。他们不会在车身尺寸上计较，如果车内空间不够大，加长就是了，因此前置前驱在空间利用上的优势无从发挥。而前置后驱车型特有的“后坐式”前后比例，更是前驱车型先天的不足，后天也无法弥补——如果使用“后坐式”比例，那就又回到雪铁龙DS的年代了。

事实上与辉腾相比，A8的前悬已经缩短了，这源于2007年推出的A5。A5是奥迪“纵置模块平台”上的第一款车型，在此发动机皆为纵置的平台上，前轴前移，从而缩短了前悬，“推头”现象得以减轻。从外观上看，奥迪也拥有了与其他前驱车型不同的前后比例——请您看门线，而出自“横置模块平台”的A3，也没有将驾驶舱尽量前移。这些变化并非德·席尔瓦的创造发明，在“驾驶舱前移”概念出来之前，前驱车的驾驶舱都还是与前轮保持着适当距离的，德·席尔瓦只是将此传统恢复了而已，因为他，是一位不与过往脱节的设计师，没有过往，哪来的将来？

奥迪 A3 (2012) 奥迪 A6 (2011)

奥迪 A5 (2007)

级别与规则

雷诺 Vel Satis 概念车 (1998)

这辆雷诺概念车有些四不像，或者说“四都像”：说是两厢轿车，长了点儿；说是大型轿车，又没“尾巴”；就算说是轿车，前伸的前窗与倾斜的发动机舱盖又让人联想到MPV；如果说是铅笔头，反而挺像。这不是雷诺玩的票，3年后，其量产车威赛帝问世，相较概念车，前悬被缩短，“只有”1065毫米，看起来不那么像食蚁兽了；后悬加长了一些，以保障行李舱的空间；车高也不像概念车那么矮，那个样子就是为了好看，坐人没戏，不过增至1577毫米还是让人有些费解，这已经明显超过轿车的车高了。

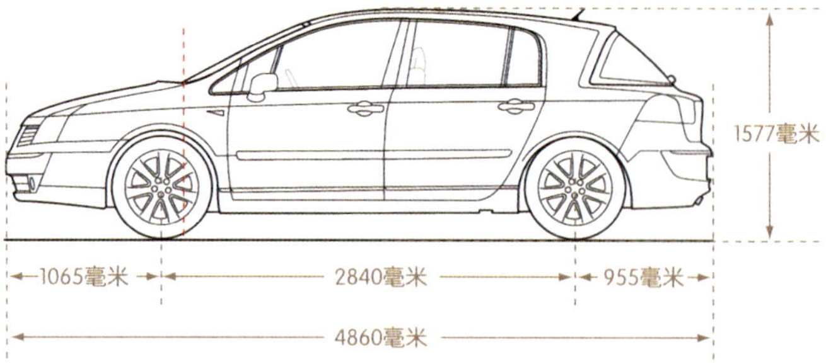

威赛帝是雷诺向大型轿车级别进军的武器，2001年上市，2005年中期改款，改款后显然希望能从中国市场吸点氧，直接开进了上海南京西路恒隆广场的大厅里，但是除了我这种貌似对汽车感兴趣的人，观者寥寥，名字起得再“威武”也没用，2009年停产后，雷诺的大型轿车项目宣告失败。

雷诺 Vel Satis (2005)

现在回过头来放马后炮，能发现威赛帝犯了几个“忌讳”：两厢车身、超长前悬、超高车高，它的失败与这些“犯忌”脱不了干系。

威赛帝采用了两厢车身，这或许是出于对雪铁龙DS的崇敬，也可能是希望沾DS的光让自己好卖，然而，威赛帝所处的时代与当年DS大红大紫时完全不同。DS面市的时候，三厢轿车的概念在美国刚刚兴起，尽管迅速普及，但对于大洋彼岸的欧洲来说只能算是新概念，方兴未艾，这给DS的车身形式提

维姆·文德斯的电影《德州巴黎》

雷诺 Vel Satis (2001)

供了生存空间。今天我们对比DS与三厢轿车，能轻易地看出前者的不合理之处，但当年不是这样，身处变化之中，结果怎会未卜先知？随着时间的推移，三厢轿车逐渐成为“雷打不动”的主力，因为行李舱提供了很大的便利，而车身形态亦愈发深入人心，让人感到这就是“轿车的样子”，尤其美式的“浮夸车尾”，1.3~1.4米的后悬根本不算什么，仿佛尾巴越长就越高档。看看德国大导演维姆·文德斯（Wim Wenders）“公路电影”中的美国公路，如广场一般空旷，这样的交通条件下确实没人会觉得长尾巴碍事。欧洲虽然交通拥挤适合两厢轿车，但三厢轿车给人的视觉均衡感已经深入人心，出于对外部空间的自觉俭省而削掉尾巴，对高尔夫那样的经济型轿车是可行的，在一款立志进军大型轿车市场的产品上控制车长，注定是好心没好报。目标客户会觉得后面光秃秃的，仿佛做了截肢手术，恨不得花钱再请你装一个尾巴上去。

再说前悬，威赛帝的1065毫米有些令人发指，不过动机是好的：为驾驶舱创造空间。这又是一次好心得不到好报的尝试，A柱那么靠前，驾驶人的脚仿佛踩在前轴上，这种局促的“前趋式”比例与傲慢的“后坐式”比例无法相提并论。

第三处“犯忌”是1577毫米的车高，先说它的好处：坐姿更高，更舒服，而坐姿的直立也使腿部更宽松。高坐姿、前移的A柱对应2840毫米的轴距，车内空间一定很可观，但是车身的整体比例却因而无法保持，轴距除以车高约等于1.8，这是属于紧凑级轿车的数字。换言之，相当于一辆等比例放大的紧凑级轿车，这无疑是在掉价，而前伸的A柱与倾斜的发动机舱盖合力塑造出MPV般的车头，更是让自己远离大型轿车的传统形象。

如果从为乘客考虑的角度来说，威赛帝的车高是很贴心的，但是仍然好心没好报，那么在大型轿车上如何解决坐姿的问题？答案很简单：如果要让乘客坐得更体面，加长就是了。比如劳斯莱斯幻影，车高1630毫米，对应的轴距为3570毫米，用超长的轴距来平衡车高，使整体比例值达到2.19，比一般大型轿车的还大些。当然，威赛帝要是弄3米的轴距就更卖不出去了。对于无法拥有劳斯莱斯那般“无限开火权”的“童鞋”来说，车高是不能随便增加的，必须先保证车子好看，体面与否另说，因为目标客户如果觉得不好看，根本不会坐进去。

絮絮叨叨说了半天，其实简单讲就是：威赛帝弄了些“小气”“抠门”的办法来设计大型轿车，张冠李戴的过程导致事与愿违的结果。这也难怪威赛帝，因为之前没有“威赛帝”给它垫背，它是失事的“挑战者号”。如今大家都很老实，没人在大型轿车的问题上越雷池半步，这得感谢威赛帝用自己的身躯划出了那根界线。

劳斯莱斯 Phantom (2003)

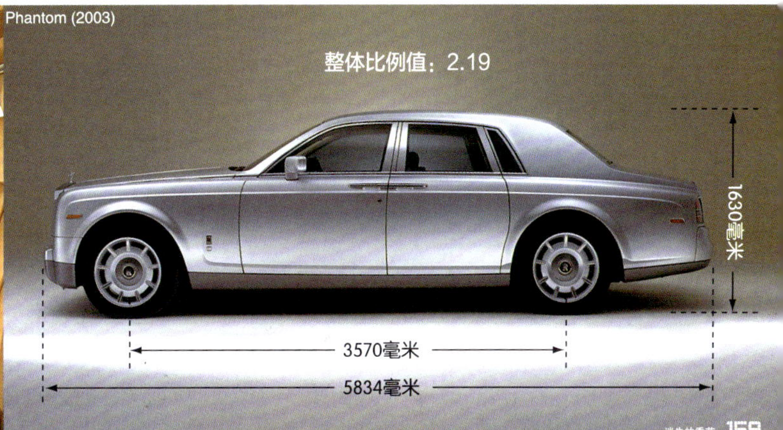

威赛帝并非独行侠，在同时期的欧洲，至少能为它找出两位同伴，它们都在向雪铁龙DS致敬并向三厢轿车概念发起挑战：一位是欧宝Signum，第一版概念车1997年发布，比威赛帝的概念车还早1年，2001年发布第二版概念车，2003年量产车上市，2005年中期改款，2008年停产；另一位是雪铁龙C6，概念车与威赛帝的概念车同年发布，不过量产车2005年才上市，如今仍然健在，活得怎么样不知道，反正没有宣布停产，在街头难得一遇。

欧宝 Signum 1 概念车 (1997)

欧宝 Signum 2 概念车 (2001)

欧宝 Signum (2003)

欧宝Signum轴距2830毫米，前悬920毫米，后悬901毫米，车高1466毫米，相比威赛帝更“正常”，就是一辆两厢轿车简单地拉长，或者说一辆三厢轿车简单地截去“尾巴”，2.8米的轴距对应两厢车身，总让人感觉它出门时有什么落在家里了。

雪铁龙 C6 Lignage 概念车 (1999)

雪铁龙 C6 (2005)

雪铁龙 C6 (2005)

说起向DS致敬，没有谁比雪铁龙C6更名正言顺了，不过，与其说像DS，倒不如说像前文出现过的1974年的CX，二十多年过去了，后轮还是那么靠后，后悬884毫米，行李舱容积421升，比三厢Polo多1升，车高1464毫米，轴距2900毫米，前悬……1124毫米……令我想到蛇在吐舌头，算了，不说了。

也许您发现了，威赛帝和C6的概念车都是1999年发布的，是的，除了是我的本命年之外，那年最有纪念意义的事就是这些概念车的亮相，还有两位没点到名的：大众汽车的D概念车以及跨过概念车直接上量产车的标致607。那么多厂商在同一年异口同声地表达进军大型轿车市场的强烈意愿，简直让人以为大型轿车是最容易造的车了，纸面上讲无非就是把现有的行政级甚至中级轿车拉长，然后往里添设备，似乎没什么太大的难度。

标致 607 (1999)

标致 607 (2004)

大众汽车 D 概念车 (1999) 大众汽车 辉腾 (2010)

与前面几位不同，标致607和大众汽车辉腾的外形都没有什么标新立异之处，与奔驰S级、宝马7系唯一的区别在于长前悬。但这也没什么，前驱大型轿车的先驱奥迪A8在1988年就问世了（那会儿还叫“V8”）。也许就是因为看到A8混得不错，才引得前驱厂商纷至沓来，吵吵嚷嚷热闹了几年，结果却是纷纷落马，原来的还健在，新来的倒先去了。标致607亦不例外，1999年问世，2004年中期改款，2010年停产。大众汽车辉腾2002年问世，2010年中期改款——8年才改款？嗯。改款之后的首发地选在了中国海南，官图上的模特车甚至连“琼B”的牌照都上好了，意思很明显了吧？其实这应该算是“后期改款”，重新装修一下，“拆迁”之前卖一点儿是一点儿。如果2014年换代，第一代辉腾就存活了12年，在此期间，成功并全面地将前驱伙伴们熬了下去。

大型轿车市场就像大浪淘沙一般，拮据的、出格的全都会被拒之门外，这是一个相对保守却又异常挑剔的领域，容不得似是而非的设计。经过前面一干“挑战者号”的“以身试法”，如今大型轿车的设计规则已经不再是潜规则，准入条件非常清楚：后坐、摆谱，这两条必须先满足，然后再谈别的。其实这是W126当年订立的标准，只不过有些“童鞋”想抄近道，结果却是真刀真枪地兜了一个大圈子，最终把自己弄得没气力了，被扔下了。

玛莎拉蒂 Quattroporte (2013) 凯迪拉克 Ciel 概念车 (2011)

雪铁龙 Metropolis 概念车 (2010)

本就有大型轿车产品的厂商，比如宾利、玛莎拉蒂，不会为了“创新”而费脑筋，只要继承自己的传统就好，那是无可替代的宝贵财富。
目前没有大型轿车产品又按捺不住的厂商，比如凯迪拉克，便先弄一辆概念车来试试风向，这样可以避免大投入。
甚至都不用弄车，弄个“车模”就行，就像雪铁龙在上海世博会上展出的Metropolis，就是一件装置作品，省钱的同时还化解了本品牌没有后驱底盘的尴尬。

宾利 Mulsanne (2012)

前置后驱比例（后坐）

前置前驱比例（前趋）

宾利 欧陆 GT (2003)

宾利 欧陆 飞驰 (2005)

传统品牌也有“遭到”创新的，上页中的宾利Mulsanne保持着经典的前置后驱身段，这是豪华老牌应有的气质，散发出一种古典美。不过，在大众汽车集团掌控宾利后推出的首款车型欧陆上，也出现了“亲民”的前置前驱比例，因为大众汽车认为宾利无需坚持传统的前置后驱布局也能成功，把欧陆弄成了辉腾的兄弟车。在辉腾的底盘上换个新壳，注定只会使其长出前置前驱的体型，一晃眼还以为是大号的斯柯达昊锐——倒是同属一个集团。当然，从技术要求和产品定位来说，不提供前驱车型，而是全线武装四驱系统，但这恰恰凸显了前驱的先天不足：四个轮子未必跑得过两个轮子。或者说：既然两个轮子能跑好，何必要用四个轮子？费油、累赘、不清爽。

大型轿车价位最高，因此最挑剔，其下的级别，对驱动形式的敏感度逐级下降。行政级轿车市场的主要产品奥迪A6，便以前驱之身风行多年，至少是风行中国多年。2012年，凯迪拉克推出前驱的新产品XTS入替后驱的老产品SLS，向德国“老三样”发起进攻。XTS轴距“仅为”2837毫米，车长却有5131毫米，前后悬平均值1147毫米，可以想见，美式“船车”又要重现江湖了。凯迪拉克也不是一上来就弄前驱车，可不能说它小气，人家已经用SLS表过诚意，怎奈效果一般，倒不如干脆就不管什么后驱、纵置了，把前横置的别克君越升升级，降低成本后可以多提供一些新鲜的高科技配置吸引目标客户，至于沉甸甸的车头导致的操控问题，没人说也就没人在意，反正这车主要在北美与中国市场卖，遇不到那么多“尺寸控”。

凯迪拉克 SLS (2007)

凯迪拉克 XTS (2012)

凯迪拉克 XTS (2012)

每个级别轿车的设计都有一定的规则，但如今这规则越来越模糊，最突出的表现就是车身尺寸无节制地增大，仿佛《千与千寻》开篇中的爸爸妈妈。这看上去是对规则的挑衅甚至摧毁，但事实上根本原因在于规则本身已经不赶趟了。大型、行政级、中级、紧凑级、小型、微型，这个从大到小的轿车级别划分方式来自欧洲，是的，那个街道老旧，到处用名胜古迹来阻碍现代化进程的顽固欧洲，在那里，尺寸超标并不被消费者认同，厂商亦洁身自好。

但是当今世界最大的汽车市场是北美与中国，并不在欧洲，美国其实压根儿没有轿车级别的概念，或者说所有级别的产品都一边儿大，划分级别得靠售价而不是尺寸。中国呢，老街基本都拆尽了，为“更大气”的车身尺寸腾出了空间，就没有必要像欧洲那么寒酸，况且“小户型”也没什么优势，反正横竖都是一堵。在此背景下，欧洲厂商进入中国市场的敲门砖便是加长，换句话说，他们在中国执行另一套规则。比方1981年面世的大众汽车桑塔纳（第二代帕萨特），作为一款发动机纵置的中级轿车，轴距却才区区2548毫米，车长4546毫米，这组尺寸现在连紧凑级轿车都赶不上，但也仅比2000年面世的上一代奥迪A4短1毫米——A4的轴距2650毫米，车长4547毫米。这说明，控制尺寸是欧洲汽车的传统文化，这也说明，经历了初期在中国的成功之后，如果还端着自己的文化不放，会死得很难看。如今在欧洲销售的第七代帕萨特，轴距2712毫米，仍为欧洲标准，而它的中国版本一汽大众迈腾，轴距则增加到2812毫米，与时俱进、与日俱增。

奥迪 A4 (2000) 一汽大众 迈腾 (2011)

由于后驱的成本高，车内空间又没优势，中级轿车市场只有少数品牌提供后驱产品，因此基本是前驱比例的天下，区别只在于谁把前悬用得更狠。前置前驱三厢轿车的后悬通常比前悬略长，形成一种前后均衡的视觉感受，尤其是美国车，前悬再长也没后悬长。欧洲车则不同，前悬长于后悬很常见，这是因为在车长被控制的前提下，为了充分利用轴距创造更大的车内空间，驾驶舱被前移，导致前悬增长，留给后悬的“余额”就不多了。前悬比后悬长，这使三厢轿车的视觉重心向前移，呈现出轻度的失衡状态，有些类似两厢轿车给人的感觉。

阿尔法·罗米欧 159 (2005)

阿尔法·罗米欧 166 (2003)

雪铁龙 C5 (2010)

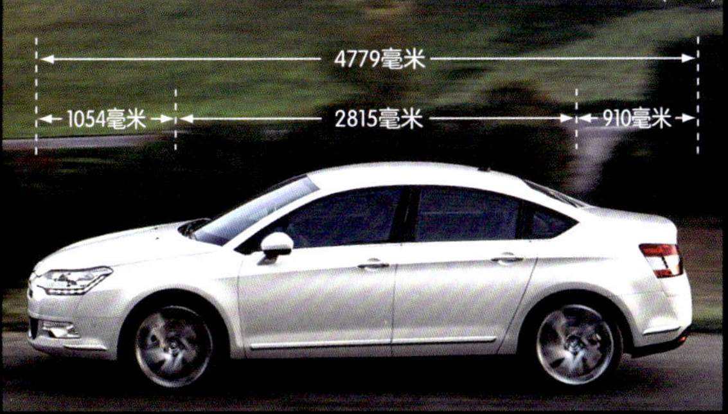

阿尔法·罗米欧159与166的轴距相同，都是2.7米，前悬也相差无几，后悬较长的166看起来更平衡、温和一些，反之，159则感觉“前扑”，较为“紧绷”。

雪铁龙C5继承了前辈们长前悬的“传统”，1054毫米的前悬在中级轿车领域绝对名列前茅，而910毫米的后悬也算是最短的之一了。整个车身与车轮的位置关系仿佛有些错位，就像是制动时没站住，不由自主地向前滑了一截，脱臼了一样。C5的行李舱容积为467升，这个数字与同级轿车相比全无优势，好在比159的大，后者的405升，比不上三厢Polo的420升。

作为一款前横置前驱的中级轿车，2012款马自达6的前后比例有些独特，前门线与前轮保持着一定距离，即A柱较为靠后，这与奥迪A4类似。不过马自达6的前悬并不短，2830毫米的轴距对应4870毫米的车长，前后悬平均值为1020毫米，这是一个前驱中级轿车的常规数字，甚至偏长。看起来马6既没有充分利用轴距创造车内空间，也没有缩短前悬改善操控性，“两头不讨好”。造成这种情形的原因在于发动机的4-2-1排气管，这项技术使发动机与驾驶舱之间的距离增大，说白了就是马6的发动机舱比别人要长一截。如果用尽轴距而将驾驶舱紧贴前轮的话，势必产生超长的前悬，不利于操控。因此折中一些，将前轴适当前移，便生成了A柱也靠后，前悬也不短的前后比例。设计师玉谷聪说“视觉重心后移，凸显了发动机舱的存在感”，仿佛是为了视觉效果而故意为之，您觉得呢？

马自达 6 (2012)

别克 君威 (2008) 别克 君越 (2009)

相比之下，美国厂商没那么多可顾忌的，它们的文化甚至本就是长车身。别克君越5米的车长在中级轿车里绝对一览众山“短”，但2.84米轴距与5米车长的对应关系比起前文提到的凯迪拉克埃尔多拉多2.74米对应5.14米还是收敛了很多。别克在中级轿车同一个级别中准备了两款不同的产品并驾齐驱，分别针对“更个人”或是“更商务”的客户，其实君威与君越都来自欧宝的Epsilon II平台，只不过君威保持了欧洲身材，君越长出了美式体型。而凯迪拉克XTS的推出则称得上变本加厉，将Epsilon II平台用到极致。三款车，同一个平台，跨越两个级别，这种既非美式又非欧式，或者说既美式又欧式的做法，体现出欧洲以外的市场正在修改欧洲制定的规则。

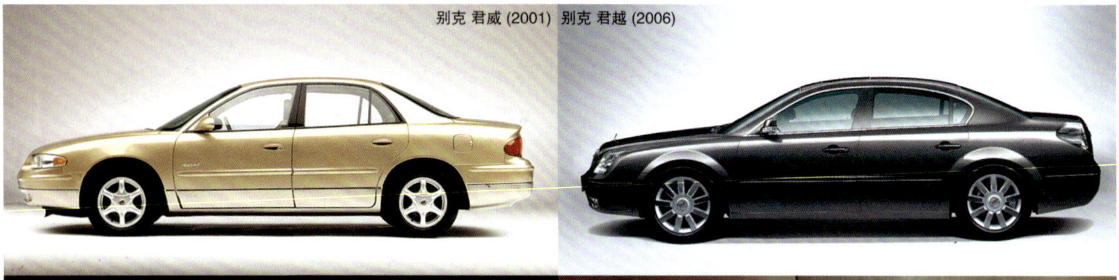
别克 君威 (2001) 别克 君越 (2006)

别克 Invicta 概念车 (2008) 别克 GL8 (2010)

2006年，别克在中国市场推出第一代君越，与君威相比，明显加长，直逼5米门槛，直白的加长方式使其躯干部分又扁又长，看上去仿佛不止5米。尽管汽车的审美规律是越显长越好，但太长了也会有负面效应——不方便、累赘。于是我们在第二代君越的概念车Invicta上看到了设计语言的变化：上下比例明显缩小，窗线大幅上提，车肚由薄变厚，而且是很厚，车窗则由大变窄，而且是很窄。结果Invicta看上去就像不到5米似的——这是在“掩饰”自己的长车身，通过设计达到“反设计”的目的，或者说使用“反设计”的方式做设计。

也许您会觉得这么说有些过头，但我想问问您，看见那窄窄的车窗您是否会油然而生一种坐进去的冲动？反正它让我联想到王启明在纽约租住的那种一半地上一半地下的房间。

窗线提高之后，躯干变得很厚，如果只看Invicta的躯干，与GL8差不多，这姑且可以称作“三厢MPV”，不过却是“有其肚无其窗”，乘客深深陷进去，长腿短身子的好身材在这里反而成了弱项，眼巴巴地，张望外面的世界，很精彩，很无奈。

既长又深，这样的躯干应该很能装才对。奇怪的是，国内各大门户网站的汽车频道都无法查到君越的行李舱容积，我只好告诉您北美版的数据：377升——这是一辆5米长、1.7吨重的大车提供的行李舱容积，与高尔夫7的380升差不多。看来买这车的朋友就没打算带行李，要不就是车重本已够大，理应减负。

别克 Invicta 概念车 (2008) 别克 GL8 (2010)

克莱斯勒 300 (2011)

本田 雅阁 (2008)

“潜伏”在我们身边的尺寸

老说行李舱容积好像有些伤和气，还是说说“潜伏”在我们身边的尺寸：本田雅阁车长4960毫米，克莱斯勒300车长5044毫米，您看出来了吗？

克莱斯勒300这样的产品高不成低不就的，说是中级轿车，车长超过了5米，说是行政级轿车，好像又没人买账，于是，有些尴尬地卡在这两个级别之间。中级轿车市场就像马连良先生唱的《空城计》：“我正在城楼观山景，耳听得城外乱纷纷，旌旗招展空翻影，却原来是司马发来的兵。”一端正在越来越向行政级靠近，另一端又在吸纳发了福的紧凑级加入进来。

2012年到2013年，梅赛德斯-奔驰发布了全新A级及其三厢款CLA，两款车轴距同为2699毫米。CLA的车长达到了4630毫米，比宝马3系还要长出6毫米，不光是尺寸，CLA的售价也比3系高，这不由得让人有些糊涂：紧凑级的比中级的贵？前驱的比后驱的贵？事实上，CLA比2007年面世的奔驰中级轿车C级也要大，C级的轴距为2760毫米，车长4591毫米，刨掉后驱对轴距的“损耗”，车内空间也就是紧凑级轿车的水平。此即前文提到的欧洲汽车文化，全球再没有哪一个地域如欧洲这样对自己的过往念念不忘，这种文化放在欧洲以外的市场却是很危险的，所以欧洲厂商自己也在调整修订原来的标准。

看起来CLA似乎已经“跳级”进入了中级轿车市场，但它不会取代C级，后驱是梅赛德斯-奔驰这样的传统老牌的身份证，不过在中国，这也是个拖累，开了5年奔驰宝马却不知加速时哪个轱辘先转的人有的是。因此，CLA是C级的帮手，可以衔接紧凑级与中级市场，抛开售价不谈，它的尺寸在紧凑级早已司空见惯，比如第六代捷达（新速腾），车长4644毫米，您说它是哪一级？

很难再有车长不到4.7米的中级轿车了，因此4624毫米的宝马3系显得非常异类，它2012年问世，却主动选择了比捷达还要短的车长，这是因为3系还要在欧洲驰骋，到中国之后再“弄个大碗、加点帽子”。这让人感觉诡异：消耗轴距的后驱车在保持身段，“节省”轴距的前驱车却一往无前地加长，一付吃了不认账并总是吃不饱的样子。

将以下四款车放在一起，发现C级执行的是一个已经远去的标准，可看到宝马3系时，却又有还魂的感觉。

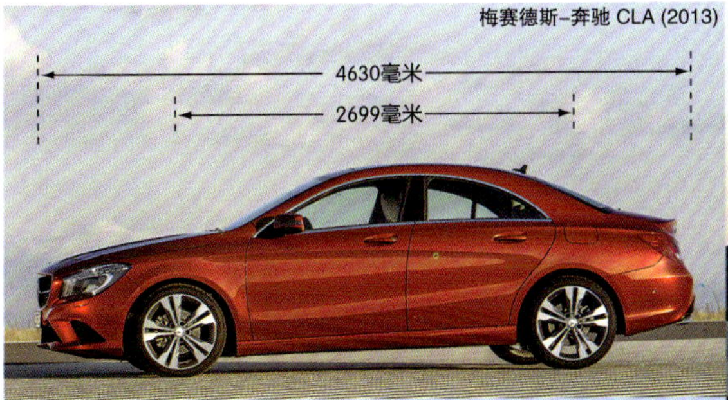

梅赛德斯-奔驰 CLA (2013)

梅赛德斯-奔驰 C级 (2007)

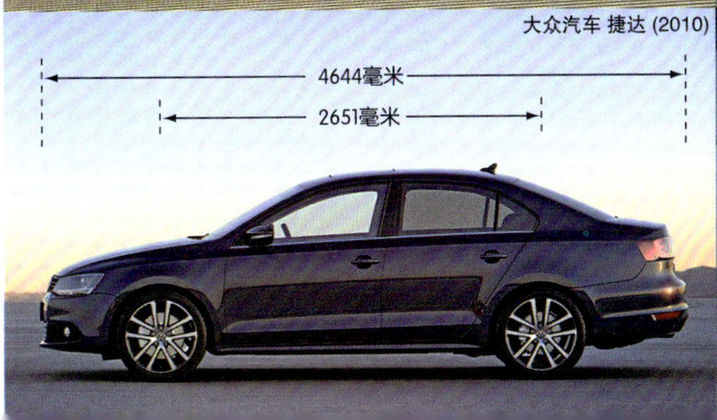

大众汽车 捷达 (2010)

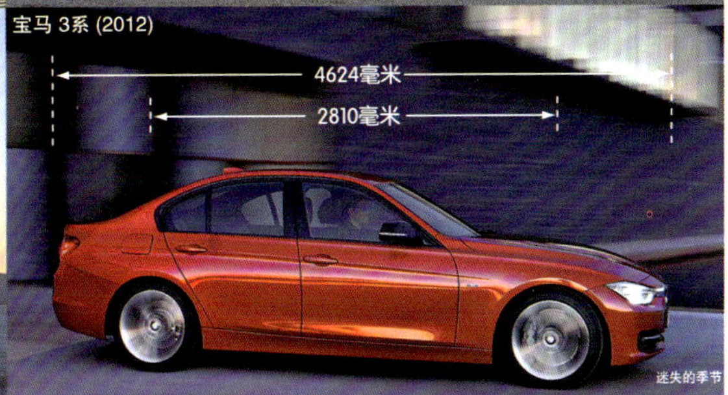

宝马 3系 (2012)

梅赛德斯-奔驰 A级 (2012)

梅赛德斯-奔驰 CLA (2013)

梅赛德斯-奔驰 B级 (2011)

2011年至2013年间梅赛德斯-奔驰连续推出的B级、A级、CLA来自同一平台，它们的轴距都是2699毫米，这个数据如今处于中级与紧凑级的衔接处，配以不同的车长便能兼顾两个级别的市场——至少奔驰这么想。新款A级放弃了单厢车身，回归轿车传统，因此成为梅赛德斯-奔驰的第一款两厢轿车，而CLA则成为品牌的第一款前置前驱三厢轿车。作为一间秉持后驱传统的老牌厂商，梅赛德斯-奔驰会怎样设计它的前驱轿车？这是一个让人好奇的话题，可以仔细一些分析。

看到A级的尺寸数据时，最显眼的是轴距达到了2699毫米，估计很多人便会立即借着惯性说：“车内空间很有优势。”真是这样么？为了不至于空谈，将A级的对手奥迪A3请来帮衬。

蓝色虚线标示两款车的前轴是对齐的，A级的轴距比A3长63毫米，这63毫米的优势会体现在哪里？请看虚线3，显示A级的方向盘比A3的更靠后，从图上测量，大约对应40毫米——这样一来，63毫米的优势便仅剩23毫米了。方向盘靠后的原因从虚线2可以看出，A级前窗与发动机舱盖的交点比A3的靠后，这种情况通常出现在不过分追求车内空间而将驾驶舱适度后退，从而缩短前悬以换取更好操控性的前驱轿车上，比如奥迪A4。看完虚线2与虚线3，给人的印象是：为了照顾操控性，A级“摆了40毫米的谱”，对于奔驰这样的老牌来说，这很靠谱。

后续情节应该向着短前悬的方向发展，可是，奇葩的情况出现了，请看虚线1，A级的前悬竟然比A3长！906毫米，这甚至比上一代A3的881毫米还长。虚线1、2、3显示的信息是：A级既没有因为驾驶舱后退而换来短前悬，也没有因为长前悬而博取更大的车内空间，反而是驾驶舱也后退、前悬也长，两头都不占着，或者说两头都占着。

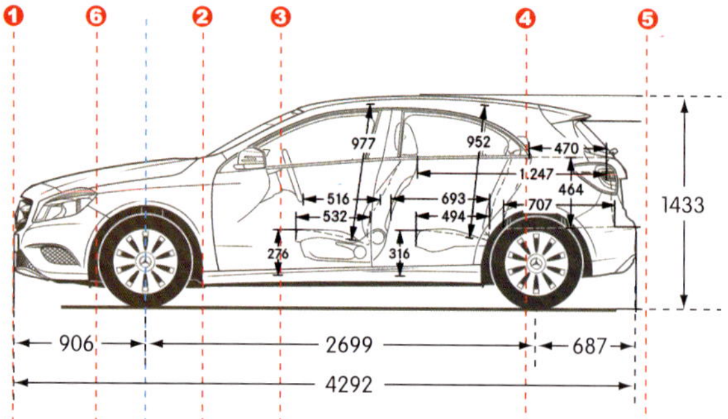

梅赛德斯-奔驰 A级 (2012)

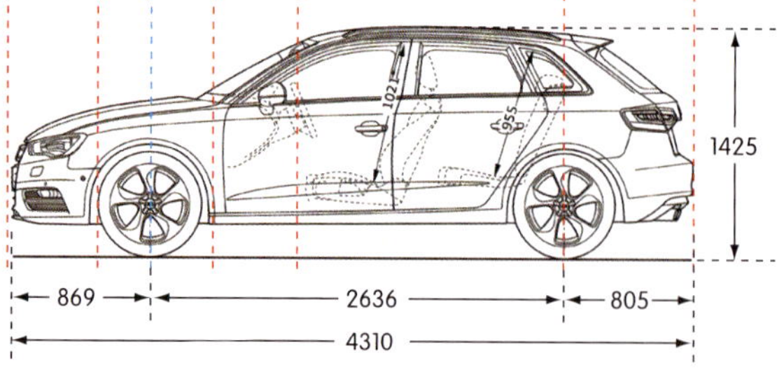

奥迪 A3 Sportback (2012)　　单位：毫米

这种情形类似前文出现的马自达6——发动机舱比别人的长。马自达6的排气管更占地方，因此生成了更长的发动机舱，奔驰A级的发动机舱为何比奥迪A3的长，原因就不得而知了，一种可能的原因是车高较低，低了自然就会长。A级的车高为1433毫米，确实属于低的，可是A3的车高才1425毫米，在现款所有紧凑级轿车中，大约是最低的了。所以，导致A级驾驶舱较长的原因并非来自车高。来自哪里？我不知道，您如果知道，请@我，谢谢！

A级的车长很节制，比四门版的奥迪A3短，控制在了4.3米以内。不过，在前悬与轴距均超过对手的情况下，车长还比对手短，意味着什么呢？意味着后悬一定会很短，而后悬短则表示行李舱空间不会大，请看上图中的虚线4、5，它们之间的区域大概就是A3的行李舱，明显大过A级。

A级的63毫米优势被发动机舱消耗了大约40毫米，剩下的23毫米使后排乘客的腿部空间更宽松，但是长前悬加上长轴距却造成了行李舱的局促。相比之下，A级对待尺寸显得有些顾头不顾尾，不像A3那么精确，并由此展现出一种均衡的美感。不过，均衡是《汽车杂志》陈政义主编对音响的口味，可能不太适合A级的目标客户群，年轻人会说，就是失衡才能“出位”。

前后比例说完，再来看看上下比例。下图中虚线7标示：A级使用了当今流行的上下比例，车窗窄、车肚厚，发动机舱并没有因为长就矮了，反而比A3的更高。前窗下沿的提高更匹配大倾角的A柱，但导致车窗面积变小，车内视野糟糕；虚线8标示：车肚厚，车头就不会低，A级的高车头配上长前悬，生成了一个大体量的车头。

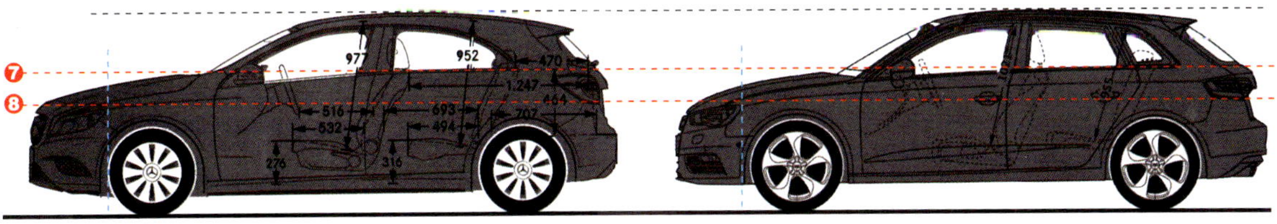

梅赛德斯-奔驰 A级 (2012)

奥迪 A3 Sportback (2012)

再回过头去看上一张图中的虚线6，A级虽然前悬更长，但前照灯却伸得更靠后，边缘已经到了前轮的切线上，保险杠之下的进气口亦距离前轮很近。这样做的目的是什么？我们知道后驱车的前悬短，因此前照灯边缘与前轮之间的距离较之前驱车型的更近，也就是说，如果逆向地来做，将前照灯边缘与前轮之间的距离缩短，便能使前悬的长度被掩盖掉一些，看上去就像短前悬的后驱车。另一个效果是，从前方看去，前脸显得更宽，车身仿佛也就跟着显得更宽了。

A级的前脸不但宽而且高，也就是说更大，大得与前轮不般配，似乎会压坏掉，应该换更大的轮胎。从脸的大小来说，A级确实已经达到中级轿车的水准，而其三厢款CLA的前悬更长，达到了915毫米，因此CLA的脸更大，这样一张脸仍然留在紧凑级真有点儿太低调了。这两款全新的前驱轿车承担着梅赛德斯-奔驰品牌年轻化的重任，看看咧着的嘴角，您是否感觉到一种口无遮拦的青春气息？

梅赛德斯-奔驰 A级 (2012)

梅赛德斯-奔驰 CLA (2013)

面子够大的朋友们

“大面子”的设计手法并不少见，只是这样的比例不能长看，会觉得前脸宽得可疑，不像是自己的。而前脸所“宣称”的宽度超过了车身实际的宽度，躯干像是被“束腰”了一般，前脸则显得孤立。这是在用一种轻度的比例失调来谋求过目不忘，现在很流行。

福特 蒙迪欧 (2010)

日产 天籁 (2012)

马自达 6 (2012)

梅赛德斯-奔驰 GLA 概念车 (2013)

梅赛德斯-奔驰 B级 (2011)

梅赛德斯-奔驰 A级 (2012)

梅赛德斯-奔驰 CLA (2013)

2013年的上海车展上，梅赛德斯-奔驰发布了紧凑级SUV概念车GLA，轴距仍是2699毫米。至此，基于A级平台的四款车型悉数亮相，两厢轿车、三厢轿车、MPV、SUV，尽管姗姗来迟，但这个前置前驱的“标准套餐”终于还是出现在梅赛德斯-奔驰这间老字号的产品“菜单”中。

当尺寸被控制在紧凑级区间时，前驱平台的优势就明显起来，后驱平台一来车内空间小，二来无法衍生真正意义上的MPV，不能做到物尽其用，对降低成本、丰富产品形成了制约。另一后驱老牌宝马正在面对这样的问题，其紧凑级产品1系是这个级别里唯一的后驱车型，虽然极富个性，“后坐式”比例也使其具有很高的辨识度，但前后排之间不宽裕的空间却是无法逃避的硬伤。同平台衍生的SUV宝马X1轴距达到了2760毫米，与轴距2699毫米的奔驰GLA概念车相比，“吃亏”不少，而“后坐式”比例放在SUV上好像就不灵了，看上去像一辆升高了的旅行轿车。

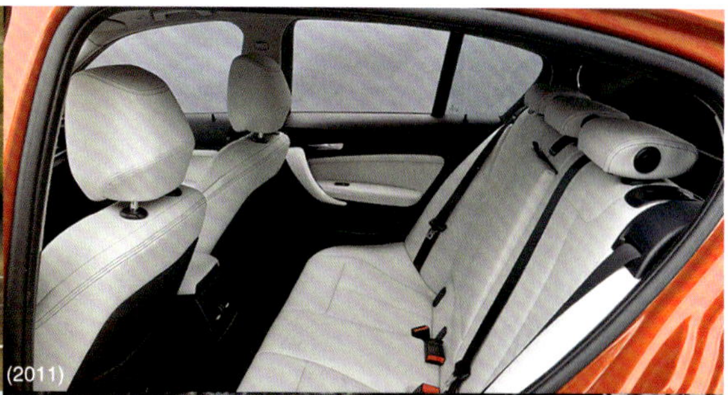

宝马 1系 (2011)

宝马 X1 (2012)

梅赛德斯-奔驰 GLA 概念车 (2013)

宝马 Active Tourer 概念车 (2012)

宝马 Active Tourer Outdoor 概念车 (2013)

宝马 2系 (2013)

2012年，宝马发布了紧凑级概念车Active Tourer，是否电动并不重要，真正的看点在于这是宝马的首款前驱MPV概念车。这个曾经连发动机都只玩直列的经典运动品牌，如今也要推出前驱车型了，其开发顺序与奔驰类似，选择MPV率先亮相，然后再把同平台的轿车、SUV填充进来。宝马经营迷你多年，对前驱技术并不陌生，因此这也是一个意料之中的未来。2013年底，宝马又开拓了一个新的级别——2系，与1系同属紧凑级，不过仍是后驱车型。其实这是将以前的1系产品挪了挪窝，把紧凑级主力的位置腾空，留给即将出世的前驱1系，在未来形成前驱1系携手后驱2系，合力征战紧凑级轿车市场的局面。

厂商的竞争中，各自手里的平台至关重要，市场上很多看似没关系的产品实际在互相分摊着研发与制造成本，而当厂商需要对某些市场进行侧重时，平台又提供了便利。比如2013年发布的斯柯达明锐与三厢款奥迪A3，与高尔夫7来自同一平台。明锐的车长达到4659毫米，突出实用性，配备了590升的大行李舱，而三厢A3则保持着相对矜持的身材，车长4456毫米，行李舱容积425升。明锐针对的是强调性价比的市场区间，三厢A3的目标则明确地指向中国。在传统的两厢款上市一年之后，奥迪选择在2013年的上海车展上推出了三厢款。其实A3最初以概念车亮相时，便是三厢款，开发顺序从被动的“两厢加尾巴”变为主动的“三厢减尾巴”。从设计的角度来说，由三厢变两厢相对更容易一些，可以解释成先将三厢轿车“封凉台”变为旅行轿车，再将旅行轿车的后悬缩短，D柱前移与C柱合二为一。三厢变为两厢之后，产品的形象也更容易被消费者接受，不会像以前，一些品牌在某些级别没有三厢产品，到了中国之后只好把两厢轿车的后部“切开”，生生地插一个“尾巴”上去，还美其名曰“专为中国市场打造”，甲乙两方心照不宣地尴尬。

如今，随着市场区间越来越细化，级别的划分越来越灵活，而设计的规则也在随之调整，这些变化是动态的，会随着时代的发展持续下去。

奥迪 A3 (2012)

奥迪 A3 (2013)

斯柯达 明锐 (2013)

混出来

不止一次被人问到“宝马5系GT是怎么回事？”答得扼要时我会说“是一个出来混的”；答得详细时，对方基本上就晕了，因此在这里重新讲讲这个话题，以后再遇到有人问我，就可以请他翻书。

一句两句确实没法把5系GT讲清楚，光是它的名字就得费点儿口舌，这款车虽然名为“5系”GT，却和宝马5系没什么关系。请看右图，5系GT与7系轴距相同、车高不同，略高一些的5系GT自然前悬可以短一点儿，加上后悬也短了一点儿，所以车长比7系短，而两款车的车宽也是一样的：1901毫米。这些“证据”说明5系GT并非5系的衍生车型，而是7系的衍生车型，那么，为何不叫“7系GT”呢？我猜这是因为大型轿车需要保持其高端大气的形象。如果随便做衍生车型就显得太不矜持并且小气了，比如行政级以下级别的三厢轿车都有旅行款，但大型轿车就没有。这种使用了大型轿车平台然后“不认账”的样本在梅赛德斯-奔驰那里也有：与S级共平台的大型轿跑车，名字却叫“CL”。

宝马没有针对梅赛德斯-奔驰CL级推出大型轿跑车，但5系GT确是对R级做出的回应，这两款车都是来自大型轿车平台，都起了个和大型轿车没关系的名字，并且都不是轿车。那么，它们是什么车呢？目前看来，最接近的答案就是MPV，但是和传统的MPV又不尽相同。前面的文章中我们说过，MPV的特征是升高车高，从而使驾驶舱前扩，由此带来更大的车内空间。不过这个动作在R级与5系GT上做得并不充分，车鼻照样长长的，这是为何？因为这哥俩儿是后驱车，没办法像雷诺威赛帝那样既像轿车又像MPV，反而是既不像轿车又不像MPV。

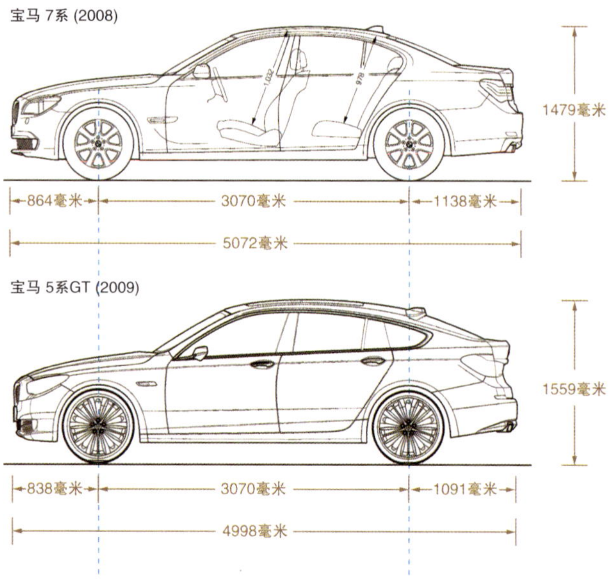

克莱斯勒 Citadel 概念车 (1999)

克莱斯勒 Pacifica 概念车 (2002)

梅赛德斯-奔驰 Vision GST 概念车 (2002)

梅赛德斯-奔驰 Vision GST 概念车 (2004)

这种不来不去的车身形式其实也不是梅赛德斯-奔驰发明的，它真正的源头来自克莱斯勒——没错，那个MPV的鼻祖之一。在20世纪末，克莱斯勒通过概念车Citadel尝试将后驱大型轿车与MPV结合起来，“发明”了这种车身形态。Citadel比较“概念”，车高较低，看上去更像旅行轿车一些。到了2002年又推出长高了的概念车Pacifica，算是将此概念落实了，而奔驰也同步推出了概念车Vision GST，两者遥相呼应，互为兄弟——因为那会儿戴姆勒和克莱斯勒就是一家子，他们2007年才分的手。

克莱斯勒于2003将Pacifica量产，梅赛德斯-奔驰却不紧不慢，在2004年又出了一版Vision GST概念车，这一版本无限接近量产车了，于是，2005年，一个新的级别“R级”正式亮相。而此时，其美国兄弟已经独闯江湖2年，并且进入了生命周期的末端——那么快？情况好像不太妙？是的，Pacifica于2007年停产，仅用4年时间便“挂掉”了。Pacifica的停产意味着当年开拓的这个新领域很凶险，剩下了R级不但没有对手，连小伙伴儿也没了，它孤零零地奔驰了两年，直到2009年迎来宝马5系GT。

不管是朋友还是对手，总归是有个伴儿了，不过，这位对手有些别扭，看外表似乎没人会把它与R级联系起来。R级车内设置3排座椅，可以乘坐5~7人，并至少提供550升的行李舱容积，实用性较强。而5系GT只提供2排座椅，“掀背式”车尾使车尾可以“掀背”，方便摆放大件物品——不过如果后排座椅不放倒也没太大区别，常规状态下其行李舱容积仅为440升，放不下多少“大件物品”。

梅赛德斯-奔驰 R级 (2010)

宝马 5系GT (2009)

宝马 5系GT (2009)

梅赛德斯-奔驰 R级 (2010)

宝马 X6 (2008)

R级概念车Vision GST的“GST”是“Grand Sport Tourer”的缩写，5系GT的“GT”是指“Gran Turismo”，直译就是“大运动旅行”和“大旅行”，它俩都在借用“GT”的概念，这类车的特征就是可以在运动的同时兼顾长途旅行的需求。比较下来，名字里含有“Sport”的奔驰反而更像一辆商务用车，而5系GT看起来更运动，这种运动的感受源自宝马2008年推出的SUV：X6。X6是将X5与轿跑车混在一起的产物，说白了就是把顶子弄成溜背的，这使原本方正的SUV顿时有了跑车的感觉，正对既爱SUV又喜欢跑车的潜在消费者的胃口，一经推出，大热大卖。看看X6与5系GT的侧窗，如出一辙，而两个车身的“厚度”也相当，因此，可以将5系GT看做是将X6的车身安放在轿车底盘上的结果。有些繁文缛节是吧？那就提炼一下：第一步，将SUV的顶子削成轿跑车状；第二步，把这个车身从SUV底盘上移到轿车底盘上去——5系GT大概就是这么回事儿。

SUV的轮拱内径、离地间隙与车轮足够大，支撑这样的车身恰好合适，整体感觉孔武有力。而轿车的这几项数据都要弱些，再安上同样的车身，就显得身子大而脚小了，这与人们平时习惯的比例不同，所以很多人会觉得5系GT看上去怪怪的。

不过，这样与众不同的外形带来的驾乘感受也是与众不同的。5系GT有着SUV的高坐姿，但重心没有SUV高，所以，比轿车的坐姿更舒服，比SUV的操控性更好。而溜背式车顶又摆脱了MPV方盒子一般的印象，看上去更有运动感。当然，这种运动感的获得来自实用性的损失：那么大的车，行李舱容积才440升；那么大的车，后排的头部空间要靠向天花板挖坑来保障。

此即混型车的特质：不完全属于已经成熟的任何一种汽车类型，但是又都沾点边，市场容量有限，因而同类车型不多。如果有一天，市场的接受程度提高了，这种被临时称为“混型车”的汽车类型就会拥有一个属于自己的名称，就像当年的SUV与MPV，彻底“转正”，算是混出来了。

宝马 X4 概念车 (2013)

就像X6与5系GT，还未上市的X4与已经上市的3系GT与也是“一对儿”，3系GT的行李舱容积有520升，比5系GT实在。

宝马 3系GT (2013)

汽车厂商推出混型车的目的是“为了开辟新天地”，于是“让那河流改变了模样”。大胆创新总是令人鼓舞的，也确实需要胆儿大，毕竟风险是明摆着的，汽车发展了一百多年，类型的划分已经很固定，要想改变人们的观念不是那么容易。混好了，开创一个新的汽车类型出来，就像梅赛德斯–奔驰CLS级；混得不好，悻悻地收场，就像克莱斯勒Pacifica；或者就是找不到朋友，在一个车型狭缝里“独占鳌头”“独孤求胜”，比方宝马3系GT。混与不混，厂商对此的态度不同，宝马在这方面总是很有气魄，大众汽车则从不热情，其卖得巨火的紧凑级SUV途观就是典型的“不见兔子不撒鹰”的产物，观望够了再上。

如今街头奔跑着哪些混型车？下面把它们列出来，您看看，是谁和谁混在一起？答案就在本页，为了不方便您检索，我把它打乱，并且倒着放。

斯巴鲁 Outback (2012)

铃木 SX4 (2013)

本田 Crosstour (2009)

迷你 Paceman (2013)

奥迪 A7 (2010)

梅赛德斯–奔驰 CLS级 (2011)

保时捷 Panamera (2013)

宝马 6系 Gran Coupe (2012)

阿斯顿·马丁 Rapide S (2013)

设计迷局

故事要从2004年说起，在日内瓦车展上，奥迪发布了新一代奥迪A6，这款跨过概念车直接亮相的量产车，却引起了比概念车更高的关注度，而上市之后，更是一石激起千层浪，将汽车设计世界弄得得波涛翻滚。波澜因何而起？归根结底，就是A6的前脸，或者再说得确切些，就是前脸中央那个贯通上下的一体式进气格栅，俗称“大嘴”。

20世纪60年代以后，轿车的前脸逐渐进入“上中下”横向划分的时代，保险杠左右拉通，成为前脸上部与下部的分水岭。直至新世纪初，大家都在恪守这种基本的划分方式，几十年不变，顶多将保险杆的位置上下稍作移动。A6的出现打破了这个陈规，进气格栅上下贯通，保险杠被“截断”，前脸也在“上中下”的基础上变为“左中右”的纵向划分方式。这种划分方式其实并不陌生，第二次世界大战之前都是如此，因此初见A6时给人一种怀旧的感觉，而这张“大嘴”的灵感也确实来自奥迪的历史——由费迪南德·波尔舍博士设计的汽车联盟Type C“银箭”赛车。这台声名显赫的速度机器在1936年的赛场上所向披靡，故此，在A6的开发过程中，时任奥迪集团设计总监沃尔特·德·席尔瓦选中了Type C作为奥迪的精神图腾。

德·席尔瓦为何要为一次常规的产品换代注入不寻常的意义呢？因为在他的眼中，这并不是一次简单的换代，他希望通过新款A6，赋予奥迪一个崭新的品牌形象。为何要这么做？因为，奥迪想让它的产品“好认”。

汽车联盟 Type C (1936)

奥迪 A6 (2004)

阿尔法·罗米欧 Brera 概念车 (2002)

宝马 5系 (2003)

梅赛德斯-奔驰 E级 (2002)

在此之前，阿尔法·罗米欧、宝马、梅赛德斯-奔驰是最具识别性的品牌，也就是说最好认。它们的前脸都有着专属自己的特征，尤其阿尔法·罗米欧与宝马，进气格栅的倒三角形与“双肾形”完全就是一个祖传的胎记，世世代代证明着自己的身份。

高识别性使消费者更容易记住自己，对品牌形象的树立起着很大的作用，在阿尔法·罗米欧任职多年的德·席尔瓦深谙此道，他对奥迪的改造成效显著，奥迪迅速通过新款A6成为第四个好认的品牌。这款“洗心革面”的轿车看上去似乎发生了革命性的变化，事实上与前一代相比，车身侧面的改动并不大，上下比例、侧窗线条基本照旧，不过由于前脸的变化太明显，产生的视觉效应覆盖了全车。这也说明，想要耳目一新，对前脸做手术是一个立竿见影的好办法，因此，A6推出之后，奥迪的其他现款车型随即“整容”，整个品牌开始以独有的、前所未见的统一形象走上街头。

街头本是汽车厂商最实在的广告发布平台，市场占有率意味着曝光率，但如果不能让人将自己的产品区分出来，曝光也是白曝，浪费了巨大的广告资源；反之，则抓住了让品牌植入人心的巨大机会。在奥迪统一“大嘴”形象之后，很多并不懂车的消费者也能远远地认出奥迪，这个品牌仿佛从天而降，又仿佛卧底暴露了一样，到处都是它的身影。

A6的成功让人感到“大嘴”是一条投资小、见效快的近道，因此有些品牌迅速跟进，仿佛它们早有此意，只是在等人率先捅破这层窗户纸，又想起“大嘴”老师的名句：“忽如一夜春风来……”。

奥迪 A6 (1997)

奥迪 A6 (2004)

奥迪 A4 (2004)

奥迪 A3 (2005)

罗孚 75 (2004)

三菱 Lancer Evolution 概念车 (2005)

宝马 3系 (2005)

欧宝 Insignia (2008)

是的，窗户纸被捅破了，左中右的划分方式很快成为一种时尚，不管是否“张开大嘴”，都可以将保险杠“切断”以谋求新意。奥迪成为被其他品牌效仿的楷模，一时间，仿佛“嘴”不够大就不好意思出来混似的。即便在大众汽车集团内部，亦呈现出母公司向子公司学习的景观。大众汽车品牌的设计风格向奥迪品牌靠拢，车鼻线延伸至保险杠下端形成一个“U”形回路，并采用夸张的镀铬件“武装”进气格栅。

大众汽车 C 概念车 (2004)

大众汽车 Tiguan 概念车 (2006)

当年看到大众汽车的这款C概念车时，U形进气格栅令人印象深刻，仿佛一只永远吐着舌头的狗狗，不禁杞人忧天：这总监，怕是要下课。
大面积的镀铬件放在美国车上好像没问题，放在欧洲车上怎么看都有一种暴发户气息扑面而来。
后来途观的量产车卸下了这块明晃晃的“牌匾”，但基本没有做其他的改动，因为德·席尔瓦到来时，这车马上就要投产了。

奥迪的业绩在节节攀升，大众汽车的销量却显得不痛不痒，尤其是2003年推出的第五代高尔夫，这款历来都是“众”中之重的紧凑级轿车并未展现出这个级别标杆的风采，虽然集众多高新技术于一身，却是历代高尔夫中销得最不好的。高尔夫5问世时，奥迪A6引发的“大嘴潮”还没到来，因此设计语言有些含糊，前不着村后不挨店的，仿佛一落生就老气了。而2005年第六代帕萨特推出的时候大家都已经开始争先恐后地“咧嘴”，因此C概念车上的那块“不锈钢预制板”被毫不犹豫地镶在了帕萨特的车头，这块“大气”而又俗气的“门面”也成为了大众汽车新的品牌特征，逐渐在旗下各种车型上普及，大家陆陆续续地更换了门头。

大众汽车 高尔夫 (2003)

大众汽车 帕萨特 (2005)

大众汽车 途安 (2006)

大众汽车 途锐 (2007)

奇怪的是，大众汽车最为重要的车型高尔夫却被排除在这个统一进程之外。这是为何？因为从2007年2月1日开始，德·席尔瓦正式出任大众汽车集团的设计总监。对于高尔夫5这款已经上市4年的车型，本应来一个中期改款，但也许是前任留下的空间太大，这次改款变成了一次换代。2008年的巴黎车展上，第六代高尔夫亮相，这款新车对于大众汽车的意义不亚于当年A6对于奥迪的意义。通过高尔夫6，德·席尔瓦向世界发布了又一个好认的品牌形象。

第一到第六代高尔夫，如果问您哪一位最不像高尔夫，您会选谁？

正如本书前面讲述高尔夫的部分所言，站在设计的角度来看，大众汽车的历史是从高尔夫开始的。德·席尔瓦再次回到历史中寻找品牌的基因，他自然选中了乔治亚罗的第一代高尔夫作为大众汽车的精神象征。于是，一件有趣的事情发生了：正当大家发现“左中右”打开的拓展空间而热火朝天地实施“改扩建工程”时，大众汽车却兀自恢复了传统的“上中下”水平三段式前脸。直到今天来看这个过程，我仍然感到一种诡异，简直就是“明修栈道，暗度陈仓”。结果呢？栈道也修了，陈仓也度了。

高尔夫6身上整合了来自第一代与第四代高尔夫的基因，上市不久便被媒体称赞“让人重温了大师的风采”，它的设计者也成为了颁奖台上的常客。

沃尔特·德·席尔瓦（Walter De Silva）

1951年生于意大利

1972年进入菲亚特设计中心开始设计生涯

1975年在博通担任内饰设计师

1979年进入IDEA设计室工作

1986年加盟阿尔法·罗米欧设计中心

1994年任菲亚特与阿尔法·罗米欧设计中心设计总监

1999年转投大众汽车任西雅特品牌设计总监

2002年任奥迪集团设计总监

2007年任大众汽车集团设计总监

大众汽车 高尔夫 (2003)

大众汽车 高尔夫 (2008)

作为德·席尔瓦的又一代表作，高尔夫6翻开了大众汽车历史新的一页，但这款号称换代的车实际只能算改款，其基本结构与高尔夫5一样，只是降了点车高罢了，但它的作者就有这个本事让厂商理直气壮地说这是换代，这样的设计总监似乎很省钱。

大众汽车 帕萨特 (2005)

大众汽车 帕萨特 (2010)

高尔夫6至少还把内饰重新设计了一下，两年后的帕萨特车内干脆就是换换方向盘，车身上则换脸换屁股，然后就说是B7上市了。——“真是省钱省到家了，安的什么绳控灯”。其实内部改进是有的，而且很实在，B7把电子驻车制动器与电动车窗的位置挪了挪，立马比原来顺手得多。这我很清楚，因为两款车我都熟，B7的后视镜与倒车影像明显比B6更好，于是渐渐地我相信这是换代了。栈道已修，陈仓亦度，当其他厂商忙着“左中右”时，大众汽车不知不觉将“上中下”占为己有，并很快覆盖旗下所有产品，现款车整容，新款车则使用新语言设计。

帕萨特 (美规，2011)

CC (2012)

途锐 (2010)

Up (2011)

大众汽车 波罗 (2010)

西雅特 Toledo (2012)

斯柯达 昕锐 (2012)

上海大众 桑塔纳 (2012)

一汽大众 捷达 (2013)

大的设计原则定下之后，品牌的“家族性”特征开始显现，各种产品聚在一起就是“瞧这一家子”。而德·席尔瓦负责的是全球最大的汽车集团之一，“家大业大，有的是骡马”，因此设计语言不仅限于大众汽车品牌使用，还要辐射集团内的其他品牌，让整个集团的不同品牌也保持不同程度的相似性，这样弄下来，就成了“瞧这一大家子”。

大众汽车品牌无疑承担起了整个家族基因的“研发”重任，单个产品的设计元素不但被同品牌的其他产品使用，也会被集团旗下的其他品牌分享，因此，德·席尔瓦只要把握好大众汽车品牌，整个集团的设计工作就会轻松许多。

2012到2013年，大众汽车集团连续推出了四款新车：西雅特Toledo、斯柯达昕锐、上海大众桑塔纳、一汽大众捷达，四管其下、来势汹汹。其实它们都出自加长的三厢波罗平台，车身结构确定了，设计的基本原则也确定了，各个品牌拿回去贴上自己的脸，这完全是“批发设计”，外观还好，车内除了方向盘不同，几乎一模一样，真心省钱。

西雅特 Leon (2012)

斯柯达 明锐 (2013)

大众汽车 高尔夫 (2012)

与高尔夫7同平台的西雅特Leon和斯柯达明锐虽然各有性格，但整体风格与大众汽车保持一致，这在内饰设计上提现得很明显，各有偏向，但基本结构相同。

在高尔夫7身上“研制”成功的肩、腰线组合被移植到Cross Blue Coupe概念车上，这也许会是下一代途观的雏形。

大众汽车 Cross Blue Coupe 概念车 (2013)

从2008年起，那么多的“上中下”前脸开始在街面上亮相，当又一种新的设计语言被大众汽车这样的巨头张嘴说出来时，不可能不对整个汽车设计行业产生影响。于是，大家又纷纷开始强调“横向连接”“水平延伸”，于是，前面提到的那两位变成了下面的样子，曾经断开的保险杠又复原了。2008年上市的欧宝Insignia迎来中期改款，完全看不出“左中右”的切割痕迹，过了5年就闭口不提这茬儿了。宝马3系则将前照灯的内侧引至双肾格栅旁接上，形成了左右各一套“前照灯+单肾”的组合，单独看其中一套，总让我想起徒手吃螃蟹时的情形。

宝马 3系 (2012)

欧宝 Insignia (2013)

理论上讲，水平横向连接使汽车看起来更宽，能起到降低视觉重心的作用，但这不足以解释近年来前脸为何忽而断开、忽而连上。与服装一样，汽车设计总有一个流行趋势，那么大部分厂商就是流行什么就弄什么呗。不过前提是：保持“家族特征”，也就是说不管怎么变，必须让人认得出来你是谁，因此可变空间很小，但是又必须要“出新”，难度可想而知。喏，有些同志都不分大小眼了……

雪铁龙 C4 Picasso (2013)

吉普 Cherokee (2013)

雷诺 DeZir 概念车 (2010)

雷诺 Clio (2012)

2009年，马自达前任设计总监劳伦斯·范·登·艾克（Laurens Van Den Acker）出任雷诺的设计总监，就像新教练接手新球队，上任后总要推出自己的新打法，范·登·艾克迅速通过概念车DeZir向外界展示了雷诺的新脸，既有大车标又有横向连接，“打法”紧跟时代潮流。有了这张脸，新车的设计工作相对简单些，照单抓药就行，但对于前任留下来的车型就有些麻烦。2011年，SUV科雷傲进行中期改款，老的前脸被移除，不过换上的却并非DeZir展示的新脸，看上去不知是何来头。仅过了两年，这款SUV再一次进行前脸改造，将进气格栅与前照灯连接贯通，并加大车标。两年整一次容，这频率似乎高了点儿，也许您会说：怎么不把那张新脸直接换上？费这些事儿干嘛？我猜是因为科雷傲差不多该换代了，新一代产品肯定会用新脸，得先雪藏着。

雷诺 科雷傲 (2008)

雷诺 科雷傲 (2011)

雷诺 科雷傲 (2013)

前脸是一辆汽车最具识别性的部位，没有相貌的厂商很苦恼，抓紧为自己“长脸”，有了相貌的又不敢随便“易容”，生怕丁点变化就会不像自己，也很苦恼。

设计元素开发出来之后，要在各种级别、各种类型的产品上普及，以保证品牌特征的统一性，同时，还要人为地制造差异，以保证产品的个性。这听起来有些神经质，但事实就是如此，否则就会被称为“套娃”。

家族化的始作俑者奥迪已经在2012年初无声地完成了设计部门的换帅，由奥迪集团的设计总监沃尔夫冈·艾格（Wolfgang Egger）来负责奥迪品牌的设计工作。当年，德·席尔瓦为奥迪塑造了一张脸，同时也为接班的设计师挖了一个坑，似乎尝试了所有可能性，却仿佛进入了死胡同，未来的奥迪会是什么样子？恐怕厂商自己也在焦急地期待。

作为A7的概念车，Sportback的前脸却没舍得给A7，留着给A6了，资源紧张啊，伤不起。

奥迪 Sportback 概念车 (2009)

奥迪 Quattro 概念车 (2010)

奥迪 A2 概念车 (2011)

2012年的奥迪Crosslane Coupe概念车是艾格的作品，找到出坑的路径了么？

奥迪 A6 (2011)

奥迪 A3 (2013)

梅赛德斯-奔驰 A级 (2012)

梅赛德斯-奔驰 CLA (2013)

梅赛德斯-奔驰 A级 (2012)

梅赛德斯-奔驰 GLA (2013)

“家族式”设计要求产品既要有统一的特征，又要有各自的个性，而品牌既要有历史又要跟上甚至领先潮流，这确实不易，尤其对于历史悠久的品牌，保守或者激进，都蕴含着风险。

梅赛德斯-奔驰近几年一直致力于品牌形象的年轻化，借助全新的前驱平台，推出了针对年轻人的产品。如图所示，A级与CLA的侧窗有着漂亮的弧线，但如果您的身高超过1.75米，上下车时就得当心这弧线。设计总监戈登·瓦格纳（Gorden Wagener）说：“A级的运动风格比丰富的功能更重要。”也就是说，奔驰认为这是年轻要付出的代价，为了让外形更运动，牺牲一部分实用性是必须的。在MPV、两厢轿车、三厢轿车悉数亮相之后，紧凑级“套餐”中的另一重要角色GLA也于2013年9月的法兰克福车展上正式发布。GLA的设计多少让人有些意外——这款SUV的车高仅为1494毫米，和新款S级一样高，这使GLA的外观与人们习惯的SUV不太搭界，更像一辆换了大轮胎的四驱版A级，内饰则完全照搬，也许就是想好了把它当A级来卖？——其实宝马X1也没多高。

正当我感叹：“黑皮，你说得对，运动……”时，却意外地发现一个以运动著称的品牌，安静地保留着目今最陡的A柱，并提供平直的车顶、大面积的车窗。即便是轿跑车，也没有加大A柱倾角，门上的储物格足够大，能放下喝茶人的水瓶子。它在以自己的方式诠释“运动”——如果看不见外面，怎么会好开？如果不好开，怎么能运动？如果光运动不喝水……想了一下，才明白这种诠释方式是它的品牌传统，哪怕在这个迷失的季节里，它也照样坚持。

您知道我说的是谁吧？

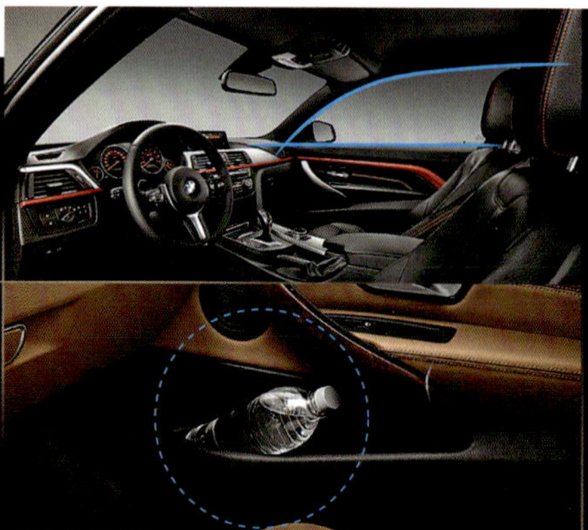
宝马 4系 (2013)

作为3系的轿跑车，4系的A柱、车顶几乎没有变化，只是到了B柱之后才开始加大倾斜角度，在一片“运动”声中，充耳不闻，自说自话。

宝马 4系 概念车 (2012)

宝马 4系 (2013)

小倾角A柱、大视野车窗、短前悬，这些是宝马品牌的DNA，一直被坚持，与前脸是左中右或者上中下无关。大家热衷于讨论汽车的前脸是否“霸气”、是否“可爱”，因为那是最容易引起关注的地方，就像对一个人的面相议论纷纷。而人的面相决定的是他“是谁”，他“能做什么”却是靠身材来决定的，比如把我整容弄成姚明的样子，我照样打不了NBA。

还是那句话：“看车，要从侧面看起。”这侧面，就是汽车的身材。

《汽车杂志》主编陈政义先生嘱我在书的尾声谈谈对汽车设计未来的看法，承蒙陈主编抬爱，我还真没什么看法。德·席尔瓦认为一个优秀的设计师应该有能力前瞻15年甚至20年，可见设计的未来不是我这种仅在纸上说说闲话的人可以预见的，那是设计的乙方做的事情，而我处于设计的甲方，与您，与任何一个消费者在一侧，只不过我的话多点儿，画得也多点儿。

消费者花钱买汽车，就买到了设计。对设计是否满意？对未来的设计有什么期望？这倒是可以说一下，其实很简单，就是两个字——务实。希望今后的汽车A柱细点儿、陡点儿；车顶平点儿；窗子大点儿；手机、停车卡、水瓶子、随身的包都有地方收纳；尺寸节制点儿；自重轻点儿；油耗低点儿；行李舱可以多装点儿……还有就是，能不能不要总是一付让你吃不了兜着走的表情？都在世面上走着，谁比谁容易？人与人之间、人与车之间，甚至车与车之间，能不能友善一些？

设计工作不仅仅是为了好看，或者好记，这些都是相对的概念。设计更有其本真的意义，那就是好用、好开，这却是绝对的。

从1886年到2013年，汽车这一百多年来的故事算是囫囵吞枣地说了一气，但愿没浪费您的时间。该跟您说再见了，2013年以后的事情……那就以后再说吧。再见！

标致 208 (2012)

470升，“肚量”够大。

标致 308 (2013)

看样子应该挺能装。

其实去年推出的208上便已采用了这种新的仪表板布局，会不会推广呢？拭目以待。

2013年9月的法兰克福车展上，标致发布了最新的308，目前还没上市，所以也算是一款“未来”的车吧。

我为什么要说它？因为：

1. 车身由上一代的“近MPV”形式回归传统的轿车形式，A柱没那么斜了，车高由1.5米以上降至1.46米，车长甚至还缩短了一丁点儿；

2.车身没有增大，行李舱容积却比上一代增加了122升，达到有些骇人的470升，比高尔夫7大90升；

3.仪表板被移至更远、更高的位置，有点儿类似“抬头显示”，这挺让我好奇，因为我一直觉得现在通行的仪表板位置有安全隐患，不过这样会不会导致驾驶台太高而影响视野呢？

虽然目前只能看到几张官图，但我仍能感觉到设计似乎在向着务实的方向回归，向着“人开车”而不是“车开人”回归，但愿如此吧。

附录 Rocking in the Free World

微博“童鞋”绘

一年以来，由于《汽车杂志》的连载，使我在微博上认识很多爱画车的“童鞋”。他们有初中生、高中生、大学生、武警“葛格”……大都天生手痒，和我当年同款。

他们把画好的车发过来，我就“点评”一番，然后转发。其实我只是就自己明白的那点东西唠叨一下罢了，这里高了那里矮了之类的，真怕对不住“孩纸”们对我的信任。

一个“小盆友”如果喜欢汽车，还能随手画汽车，这就很富于乐趣了。至于以后能不能成设计师，先不用想那么多，那得靠机缘。万幸，大家都还画得高兴，在本书的结尾，挑选一些变成印刷品，再高兴一下吧。感谢《汽车杂志》。

我的新浪与腾讯微博：@纸上车影。

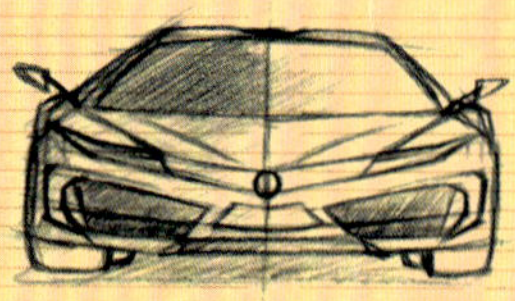

金博勋“童鞋”和Herry“童鞋”作品，初中“小盆友”，其中一位喜欢哭。

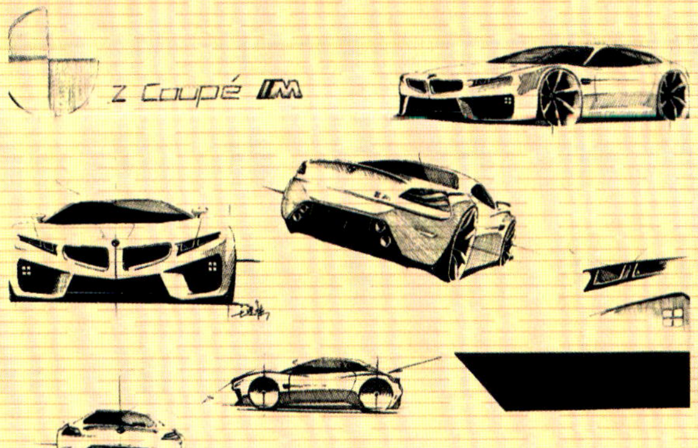

“打印机”栋子“童鞋”作品，
高一，经常出来吓人，
打印机中的战斗机。

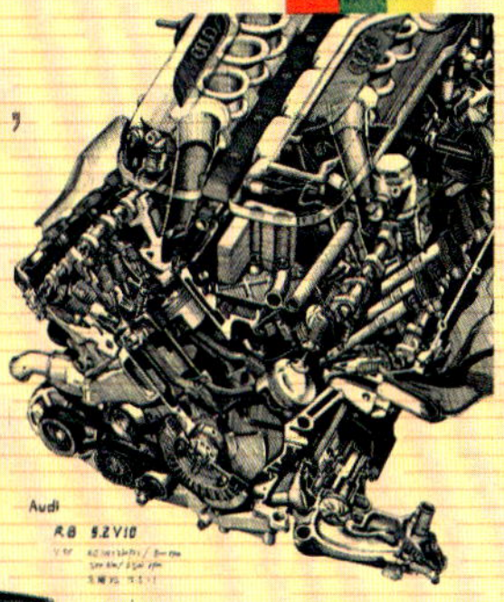

guestyin“童鞋”作品，高三，也是“画唠”一个。

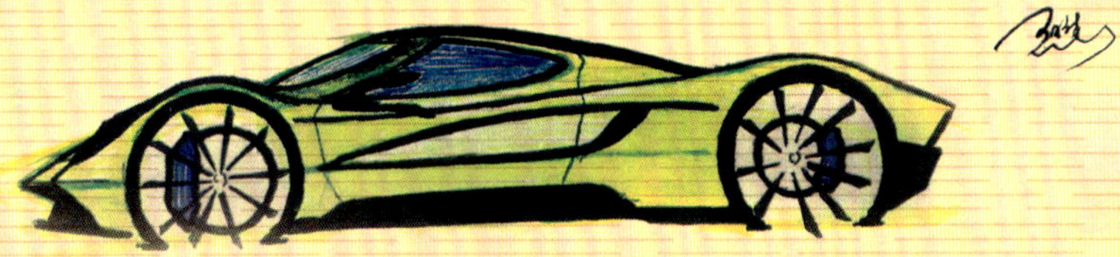

陈豆豆“童鞋”作品，
好像是武警“葛格”，
青藏线上还画呢。

王厚灵与杜泽“童鞋”作品，
大学生，
据说心情差时画得较好。

fafa_golf“童鞋”作品，
线条清爽，自动铅笔控，后轮经常比前轮大。

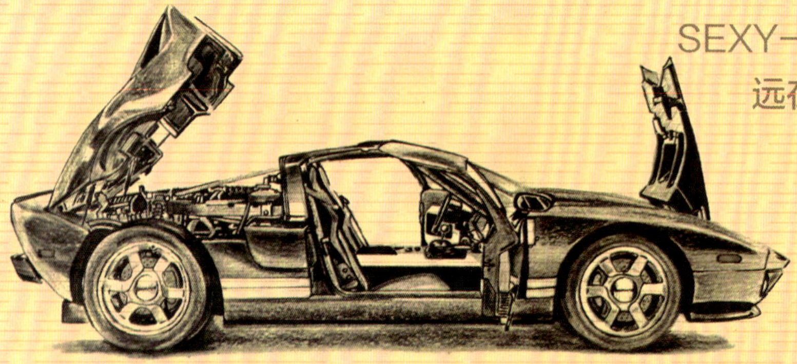

SEXY-UN大叔“童鞋”作品，
远在“加国”，喜欢把所有
能掀开的都掀开再画。

李玮恒“童鞋”作品，
高一，
前一段画的车老走“内八字”，
现在矫正成功。

路路“小盆友”，
11岁……
啥也不说了，
价格都标好了。

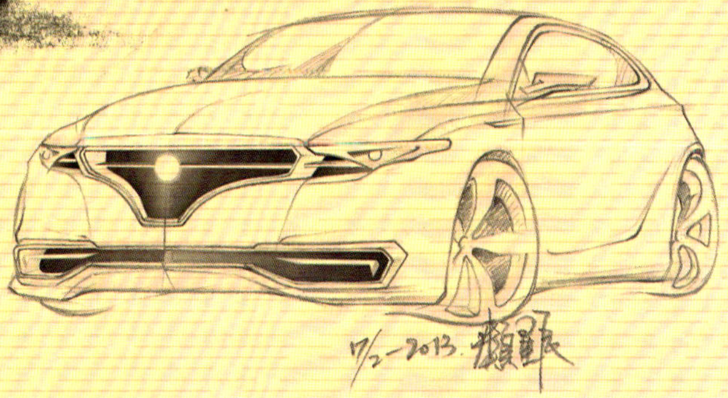

星辰“童鞋”作品，
给人感觉特爱干净，后轮……

HHLLZ“童鞋”作品，
线条让好些“童鞋”无处“泪牛”。

BMW，i-Boy 激情梦想，灵感天成。 周铃“童鞋”作品，毕业设计。

一位德国的汽车编辑叫它“跳蛋”
我干脆叫它“滚蛋”
不说不知道
一说吓一跳
如今在豪华车领域挥斥方遒的宝马
竟是靠着个蛋走出了当年的困境

前面的都是票友唱戏，
这才是吃专业饭的，
上官图~~

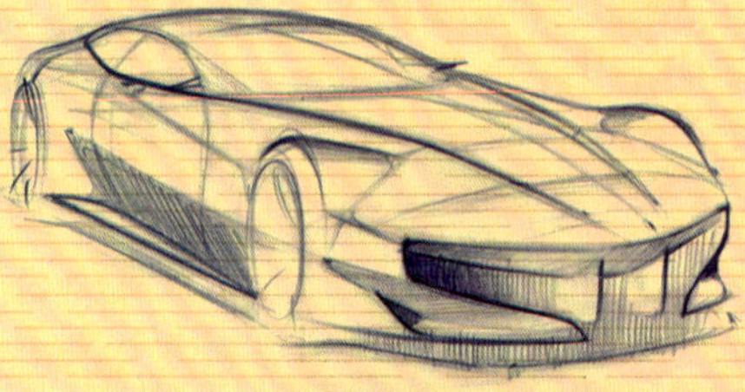

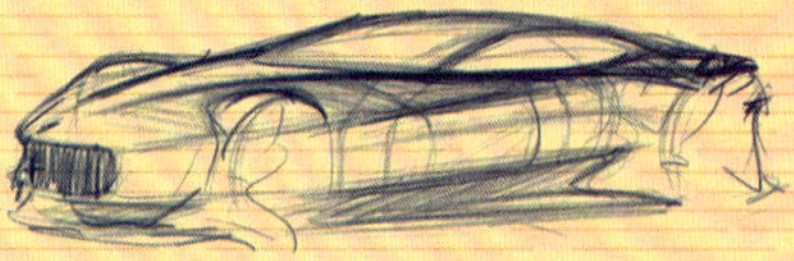